ŒUVRES COMPLÈTES DE J. MICHELET

# HISTOIRE DE FRANCE

ÉDITION DÉFINITIVE, REVUE ET CORRIGÉE

TOME HUITIÈME

RÉFORME

PARIS
ERNEST FLAMMARION, ÉDITEUR
26, RUE RACINE, PRÈS L'ODÉON

Tous droits réservés.

# HISTOIRE

# DE FRANCE

VIII

IMPRIMERIE E. FLAMMARION, 26, RUE RACINE, PARIS.

ŒUVRES COMPLÈTES DE J. MICHELET

# HISTOIRE DE FRANCE

ÉDITION DÉFINITIVE, REVUE ET CORRIGÉE

TOME HUITIÈME

RÉFORME

PARIS
ERNEST FLAMMARION, ÉDITEUR
26, RUE RACINE, PRÈS L'ODÉON

Tous droits réservés.

# AVERTISSEMENT

J'ai pour l'histoire des trente-deux ans que contient ce volume un rare et heureux avantage : c'est d'entrer le premier dans une masse immense de documents nouveaux, qui changent cette histoire de fond en comble et la renouvellent entièrement.

J'y entre le premier et le seul, je puis le dire, puisque M. Mignet, l'habile explorateur des mêmes documents, ne se rencontre avec moi, dans cette période, que pour un fait : l'élection de Charles-Quint.

C'est dans les douze ou quinze dernières années que les lettres, dépêches et actes de tout genre ont été publiés d'ensemble et dans une abondance, une variété qui nous permet de juger ces pièces elles-mêmes, en les contrôlant les unes par les autres.

Jusque-là on n'avait guère d'autre guide que les chroniques du temps et les collections partielles de Ribier et Legrand. La plupart des chroniques ne donnent que l'histoire militaire ; elles sont peu exactes sur le reste ou tout à fait muettes.

Les points essentiels de l'histoire politique étaient encore controversés. Le connétable, par exemple, eut-il ou n'eut-il pas un traité écrit avec l'empereur? Les avis étaient partagés. Quelle fut, pendant la captivité de Madrid, la flottante politique de la régence et de Duprat? On ne le savait pas davantage. Tout s'est trouvé dans les *Papiers Granvelle* et dans les pièces réunies sous le titre *Captivité de François I*[er] (1841, 1847).

L'histoire des mœurs de la cour et du prince était-elle mieux connue? On en était réduit à glaner dans Brantôme. Les deux faits moraux les plus graves et du plus intime intérieur sont éclaircis maintenant par les lettres de la sœur du roi (*Éd. Génin*, 1841).

Les actes les plus cachés, niés et démentis devant l'Europe, sont maintenant en pleine lumière, spécialement les rapports secrets du roi avec le sultan. Cette circonstance dramatique est connue, qu'ils furent un coup de désespoir et datèrent du champ de Pavie. Grâce à l'importante publication de M. Charrière, nous pouvons compléter, dater et préciser les faits donnés par Hammer, d'après les rapports, souvent vagues et défigurés, des écrivains orientaux (*Négoc. du Levant*, 1848).

Le point capital, décisif, pour toute la fin du règne, c'est la crise de 1538, qui changea subitement la politique française, la fit définitivement catholique, rétrograde et, pour ainsi dire, espagnole. C'est le gouvernement nouveau de Montmorency et des cardinaux de Tournon, de Lorraine, on peut dire l'éclipse de François I<sup>er</sup>, sa mort anticipée, et déjà l'avènement de la petite cour d'Henri II. Qui décida cette crise? Lequel, du roi ou de l'empereur, fit les premières démarches? Sandoval disait le roi, Du Bellay l'empereur; les modernes hésitaient. Il n'y a plus lieu de douter depuis les publications récentes (*Weiss*, 1841; *Lanz*, 1844; *Le Glay* et *Van der Bergh*, 1845; *Alberj*, 1839-1844). Tout est clair maintenant, et par le rapport de l'ambassadeur Tiepolo au sénat de Venise, et par la lettre intime où la sœur de Charles-Quint révèle ses terreurs, les embarras extrêmes et l'état effrayant de sa situation.

A ces publications d'actes et de lettres ajoutons les importantes chroniques que nous avons maintenant entre les mains. L'histoire intérieure de Paris qu'on cherchait dans Félibien, Sauval, Du Boulay, etc., n'existait point pour cette époque. Elle s'est révélée à nous dans la précieuse chronique anonyme publiée par M. Lalanne (1854). On en peut dire autant de l'histoire de Genève, qu'on a connue par les chroniques, imprimées récemment, de Bonnivard, du syndic Balard, et surtout de Froment, que M. Revilliod vient de donner (1855).

En possession de ces riches matériaux, la critique peut maintenant examiner, juger, choisir.

Parfois la lumière se fait d'elle-même. Au premier coup d'œil, par exemple, on voit, pour les exécutions des protestants en 1535, que le narrateur sérieux est le bourgeois anonyme de Paris qui a tout su (et peut-être vu) jour par jour. Bèze et Crespin évidemment ont suivi de lointains échos. Le récit catholique éclaire l'histoire protestante.

Nuls documents ne méritent une attention plus sérieuse que les rapports des envoyés vénitiens. Seuls ils offrent des chiffres et des renseignements statistiques. Ce sont généralement de pénétrants observateurs. Osons dire cependant qu'ils se trompent parfois. Contarini, par exemple, a bien vu Charles-Quint. Il décrit à merveille cette mâchoire absorbante, ces yeux avides (*occhi avari*). Il n'en juge pas moins que l'empereur est modéré, peu ambitieux. Cela, en 1525, au moment où le jeune prince se lâche et se dévoile dans ses vastes projets par sa lettre à Lannoy.

Songeons aussi que ces rapports d'ambassadeurs au sénat de Venise sont souvent combinés pour plaire à ce sénat. Nicolas Tiepolo, par exemple, qui sera si sérieux dans sa relation de 1538, l'est fort peu dans l'éloge qu'il fait de Charles-Quint en 1532. Longue énumération de ses vertus. Il est si généreux, si peu ambitieux, dit-il, qu'il vient de faire élire son frère roi des Romains. Pourquoi ces puérilités dans une bouche du reste grave? Parce que le parti impérial redevenait tout-puissant dans le sénat de Venise, après la conférence de Bologne, vers la fin imminente du vieux doge André Gritti, qui meurt un an après. Venise dès lors va suivre l'empereur, s'éloigner de la France et se brouiller avec les Turcs.

Ceci donné à la méthode, à la critique, aux sources, il resterait peut-être de tracer une brève formule qui résumât les trente années, permit d'embrasser tout d'un coup d'œil, comme une vaste contrée dans une petite carte géographique.

C'est l'âge adulte de la Renaissance, sa grandeur et son ambition infinies, son précoce avortement, la nécessité où elle est de s'appuyer du principe, essentiellement différent, de la Réformation.

Que n'avait-elle embrassé dans ses vœux? Du premier bond, elle allait, par l'adoption des Turcs, des Juifs, au but lointain du genre humain : la réconciliation de la terre.

D'un même élan, elle embrassait amoureusement la nature, finissait le fatal divorce entre elle et l'homme, rejoignait ces amants.

La merveille, c'est que d'une foule de découvertes isolées, spontanées, un ensemble systématique se faisait sans qu'on s'en mêlât, tout gravitant vers ces deux questions : *Comment se fait et se refait l'homme physique ? Comment se fait l'homme moral ?* Le premier livre qu'on ait écrit sur l'éducation, celui qu'on peut appeler l'*Émile* du seizième siècle, apparaissait dans sa bizarre et fantastique grandeur.

La puissance d'enfantement qu'eut la France à ce moment éclata par l'apparition subite des deux langues françaises, qui surgissent, adultes, mûres, tout armées, dans les deux écrivains capitaux du siècle : l'immense et fécond Rabelais, le fort, le lumineux Calvin.

Cette France de Gargantua, principal organe de la Renaissance, est-elle au niveau de son rôle ? Avec ce cerveau gigantesque, a-t-elle un corps ? a-t-elle un cœur ? a-t-elle cette vie générale, répandue partout, que l'Italie avait dans son bel âge ? La France étonne par d'effrayants contrastes. C'est un géant et c'est un nain. C'est la vie débordante, c'est la mort et c'est un squelette. Comme peuple, elle n'est pas encore.

Donc, sur quoi porte la Renaissance française ? Faut-il le dire ? sur un individu.

Qu'était-il celui qui eut plusieurs fois en main le destin de l'humanité, celui que l'esprit nouveau pria d'être son défenseur contre la politique catholique et le roi de l'inquisition ?

C'est à ce volume à répondre. Mais déjà, dans ce résumé, nous devons faire un aveu humiliant : ce roi brillant, qui dit si bien, agit si mal, mobile en ses résolutions encore plus que dans ses amours, cet imprudent, cet étourdi, ce Janus, cette girouette, François I$^{er}$, fut un Français.

Le peuple est encore une énigme. La noblesse et le Parlement accueilleraient l'étranger (1524). La bourgeoisie prête au clergé l'appui brutal des confréries contre le libre esprit de recherche et la rénovation religieuse.

La France, toute en un homme en qui rayonnent à plaisir les vices nationaux, la France captive avec lui, malade avec lui, on doit attendre que, comme lui, elle ira de chute en chute jusqu'à s'oublier et se renier.

Quelle réponse à cela, et quel remède ? Nul que la voix morale, l'appel aux vertus fortes, au sacrifice, au dévouement. Dans les ravages atroces des armées mercenaires, sans loi, sans foi, sans roi, sous le drapeau de Charles-Quint, le peuple de France abandonné écoute le cantique du bon et grand Luther qui enseigne le repos en Dieu.

L'immense élan de la musique, devenue populaire,

le libre examen de la Bible, la presse décuplée, centuplée, l'épuration du sacerdoce et de la famille, n'est-ce pas déjà la victoire ? Quelque ombre mystique qui reste dans ce nouvel enseignement, la cause de la lumière n'est-elle pas gagnée pour toujours ?

Rien n'est gagné. Tout reste en question. Au mysticisme spontané, spirituel, lumineux du Nord, répond le mysticisme matériel, imaginatif du Midi, son dévot machiavélisme. De la colère idolâtrique, de l'obstination espagnole, du génie d'intrigue surtout et de roman, sort la dangereuse machine des *Exercitia* d'Ignace, grossière, d'autant plus redoutable.

Cela de très bonne heure, quatre ou cinq ans après Luther, vers 1522, et bien avant l'école de résistance que Genève organisera.

C'est tout le sens de ce volume. La Renaissance, trahie par le hasard des mobilités de la France, qui tourne au vent des volontés légères, des caprices d'un malade, périrait à coup sûr, et le monde tomberait au grand filet des pêcheurs d'hommes, sans cette contraction suprême de la réforme sur le roc de Genève par l'âpre génie de Calvin.

Paris, 21 juin 1855.

# HISTOIRE
# DE FRANCE

## CHAPITRE PREMIER

Le Turc. — Les Juifs. (1508-1512.)

Le Turc, le Juif, la terreur et la haine, l'attente des armées ottomanes qui avancent dans l'Europe, le déluge des Juifs qui, d'Espagne et de Portugal, inonde l'Italie, l'Allemagne et le Nord, c'est la première préoccupation du seizième siècle, celle qui d'abord absorbe les esprits et domine tout intérêt moral et politique. Non sans causes : sous deux aspects divers, c'est l'Orient, l'Asie, qui, d'un mouvement irrésistible, envahit l'Occident.

Pensée dominante du peuple, discussion éternelle des doctes, énigme insoluble aux penseurs, scandale pour les croyants, épreuve pour la foi. Car, enfin, il est évident que les mécréants engloutissent le monde. Sont-ils de Dieu, sont-ils du Diable, ces Turcs, ces Juifs? Et leur apparition, est-ce un fléau du ciel, ou une éruption de l'enfer? Tel y voit le démon, et soupçonne que cette engeance n'est rien « qu'un diable en fourrure d'homme ».

L'invasion des Turcs est comme celle des grands ouragans; rien ne dure devant elle; les obstacles lui font plaisir et la rendent plus forte; États, principautés, royaumes, tout ce qu'il y a de plus enraciné, s'arrache, craque, vole comme une paille. Chose bizarre, l'humble invasion des Juifs n'est pas moins irrésistible. C'est comme cette armée des rats qui, dit-on, au Moyen-âge, s'empara de l'Allemagne, l'envahit, la remplit, occupant tout, mangeant tout, jusqu'aux chats. Ici, arrêtée par la flamme, mais passant à côté. Armée silencieuse; sauf un immense et léger bruit de mâchoires et de dents rongeuses, rien n'eût accusé sa présence.

Les invasions turques apparaissent comme un élément, une force de la nature. Elles reviennent à temps donnés. On peut les prévoir, les prédire, comme les éclipses ou tout autre phénomène naturel. Charles-Quint dit dans ses dépêches : « Le Turc est venu cette année ; il ne reviendra de trois ans. »

Les sultans mêmes n'y peuvent rien. Bajazet II, ami des Vénitiens, leur fit dire que rien ne pouvait empêcher les invasions du Frioul et le grand mouvement turc vers l'Italie. De même, le vizir de Soliman disait aux ambassadeurs que l'immense piraterie des Barbaresques ne dépendait pas de la Porte.

Les ravages des invasions par terre, qui semblent

si furieux, n'en suivent pas moins une marche en quelque façon méthodique. C'est d'abord l'éblouissement d'une multitude innombrable, l'infini du pillage, des courses de tribus inconnues, dont plusieurs, comme les sauterelles, viennent de l'Asie même s'abattre sur le Danube ; effroyable poussière vivante qui suit, précède, entoure les Turcs. Tuez-en tant que vous voudrez, ils ne s'en inquiètent pas ; cela ne fait rien à la masse, au fort noyau compact qui se meut en avant. L'effet cependant est sensible. Ces ondées d'insectes humains, ces ravages assidus, découragent la culture, la rendent impossible, font qu'on n'ose plus cultiver, habiter ; un grand vide se fait de lui-même. La masse y entre d'autant mieux, prend les forts dégarnis, les villes mal approvisionnées, quasi-désertes. Les églises deviennent mosquées. Leurs tours, changées en minarets, cinq fois par jour crient la victoire d'Allah, la défaite du Christ. Plus d'impôt qu'un léger tribut ; mais vaste tribut d'hommes, c'est la condition de la servitude. Ce peuple artificiel, qui à peine est un peuple, se continue par des esclaves, par les enlèvements annuels. L'enfant beau et fort est né Turc, né pour le harem et l'armée.

Le Turc est l'ogre des enfants des raïas. Il y a là des destinées étranges. Ces enfants, que le monstre absorbe, n'en vivent pas moins et gouvernent leurs maîtres. Tel devient pacha ou vizir, et l'effroi des chrétiens.

Dieu sait les récits merveilleux qui se font de toutes ces choses dans les veillées du Nord : martyres, supplices, hommes sciés en deux, filles, enfants volés par les pirates! et l'on n'a plus su jamais ce qu'ils sont devenus! La peur croit tout. Les femmes pressent leurs nourrissons contre elles. Les hommes mêmes sont pensifs, et dans une grande attente; les vieillards ruminent dans leurs barbes les jugements de Dieu.

Qui ne voit en effet que le fléau marche toujours? Et, si on le retarde, il va ensuite plus vite, arrive à l'heure. C'est comme une funèbre horloge de Dieu qui sonne exactement les morts de peuples et de royaumes. Vainqueur des Grecs, le premier Bajazet est pris par les Tartares, qu'importe? Constantinople n'en tombe pas moins. Otrante est saccagée et l'Italie ouverte. Rhodes et Belgrade arrêtent Mahomet II; qu'importe? Elles vont tomber sous Soliman, et non seulement elles, mais Bude, et voilà les Turcs à deux pas de Vienne. La Valachie est tributaire; moitié de la Hongrie devient province turque et reste telle. Combien de temps faut-il, si Dieu n'y apporte remède, pour que l'inondation passe par-dessus l'Allemagne? Vingt ans peut-être! Et pour qu'elle pénètre en France, pour qu'elle vienne venger à Poitiers la vieille défaite des Sarrasins? Il ne faut guère plus de trente ans, si le progrès est régulier. Préparez-vous, peuples chrétiens, serrez bien vos coffres et vos caves; le Turc vous arrive altéré. Mères, gardez bien l'enfant. Et vous, jeunes demoiselles, de bizarres romans vous menacent, de grandes hontes, et qui sait? de hautes fortunes! Une Russe gouverna Soliman, une Bretonne enfanta au sérail l'exterminateur des janissaires. Terribles jeux du Diable ! La fille en rêve, et la mère en frémit.

Le fort et fidèle interprète de la pensée du peuple, le consciencieux ouvrier Albert Dürer, qui a mis les récits des rues dans ses cuivres savants, dans ses bois baroques et sublimes, a consacré par une célèbre gravure le canon de Mahomet II, le *grand canon* aux monstrueux boulets de marbre qui lançait cinq quintaux par coup. On voit au fond d'épaisses et ondoyantes moissons, de riches granges à vastes toits allemands, des fermes et de belles cités avec leurs monuments, des colisées splendides ; enfin toute grandeur, art, richesse, vie, bonheur et paix profonde. Au premier plan, le monstre... Ce n'est pas le canon, c'est l'agent de destruction, en tête de ses insouciants janissaires ; c'est le Turc, sec, hâlé, passé au feu de cent batailles, qui, l'œil posé sur sa machine, le menton jeté en avant, et dans un ferme arrêt, se dit : « Bien ! et très bien !... Dans une heure tout aura péri. »

L'œuvre de Dürer et de ces vieux maîtres, comme Altorfer et le forgeron d'Anvers, est pleine de figures à turban, barbes orientales, turques ou juives ; force imaginations sauvages de supplices ingénieux. Ce sont de mauvais rêves, moins le vague. L'une de ces plus saisissantes effigies est un Christ de Dürer, entre le Turc armé qui le tuera et le Juif enragé qui tient la verge pour le flageller tout le jour.

Une chose étonne chez une génération si fortement préoccupée du Juif, du Musulman ; personne de tant de gens d'esprit (ni Luther, ni Érasme) ne remarque que ces deux races qui crucifient la chrétienté, sont crucifiées par elle pendant des siècles. Le Mahométan fut provoqué par nos longues croisades, le Juif plus de mille ans flagellé, supplicié. Et il l'est encore ; roi ici, là il reste en croix.

Que font Mahomet II, Soliman, en Valachie, Servie, Hongrie? Précisément ce que les rois d'Espagne font à Cordoue et à Grenade. Et les ravages n'ont pas été plus grands.

Qu'on songe que les *gastadores* désolèrent, balayèrent, nettoyèrent et déménagèrent si parfaitement le riche royaume de Cordoue, que les colons chrétiens appelés en ce désert n'y trouvèrent pas une paille, et commencèrent par une horrible disette ; il fallut y apporter tout.

Le monde mauresque, réfugié tout entier à Grenade, fit de ce dernier asile le paradis de la terre, sur lequel vint alors camper la dévorante armée de Ferdinand, avec une autre armée d'industrieux *gastadores*, savants ouvriers de la mort, qui l'avaient mise en art, détruisant, rasant, arrachant métairies, moulins, arbres à fruits, oliviers, vignes, orangers.. si bien que le pays ne s'en est jamais relevé.

En même temps, l'on chassa les Juifs, comme on a vu, et, comme on verra bientôt, les Maures, en 1526, par la plus horrible persécution dont il y ait mémoire. On les chassa, et on les retint, mettant des conditions impossibles au départ. Ces infortunés voulaient se jeter à la mer. Le fameux Barberousse eut la charité d'en passer en Afrique soixante-dix mille en sept voyages, dix mille chaque fois. Ce grand acte religieux commença la réputation de ce roi des pirates.

On peut croire que, des deux côtés, chez les musulmans et les chrétiens, la captivité était cruelle. Les galères, cet enfer commencé par les chevaliers de Rhodes, s'imitent en Espagne et en France, d'autre part chez les Turcs. C'est-à-dire que des deux côtés les prisonniers meurent sous les coups.

Rage de haine et de fanatisme. La barrière déplorable qui sépare l'Europe et l'Asie avait paru vouloir s'abaisser quelque peu vers la fin des croisades, au temps de Saladin. Elle se relève plus terrible. Par quelle audace les libres penseurs, les amis de l'humanité, parviendront-ils à la percer? On ne peut le deviner. Les tentatives de la diplomatie pour créer l'alliance des Turcs et des chrétiens, celles des humanistes pour relever les Juifs, en dépit d'un si furieux préjugé populaire, ce sont des choses si hardies qu'on n'eût osé les rêver même. Elles se firent à l'improviste, par hasard ou par nécessité. Parlons des Juifs d'abord.

La révolution religieuse fut ouverte par les gens qui en sentaient le moins la portée, par les érudits. Un matin se trouva posée cette question hardie, de savoir si l'Europe chrétienne pouvait amnistier, honorer ceux qu'on appelait les meurtriers du Christ.

Si elle pardonnait même aux Juifs, à plus forte raison elle adoptait les infidèles, elle embrassait le genre humain.

Je m'explique. Personne n'eût osé formuler ainsi cette idée. Et pourtant elle était implicitement contenue dans l'opinion des érudits : « Que la philosophie rabbinique était supérieure, antérieure à toute sagesse humaine; que les chefs des écoles grecques étaient les disciples des Juifs. »

Relever les Juifs à ce point, c'était les donner pour maîtres à l'Europe dans les choses de la pensée, comme ils l'étaient déjà certainement dans la médecine et les sciences de la nature.

Le jeune prince italien Pic de La Mirandole, étonnant oracle de l'érudition, qui, vivant, fut une légende, comme mort le fut Albert-le-Grand, avait dit audacieusement de la philosophie juive : « J'y trouve à la fois saint Paul et Platon. »

Ses thèses sur la Kabbale furent imprimées en 1488, avant l'horrible catastrophe d'Espagne, qui brisa les écoles juives et dispersa dans l'Europe, dans l'Afrique, jusque dans l'Asie, la tribu la plus civilisée et la plus nombreuse de ce peuple infortuné.

C'est au milieu de ce naufrage, en 1494, quand ses lugubres débris apparurent dans les villes du Nord parmi les huées d'un peuple impitoyable, c'est alors qu'un savant légiste, Reuchlin, publia son livre : *De Verbo mirifico*, dont le sens était : « Seuls, les Juifs ont connu le nom de Dieu. »

Ces misérables, assis sur la pierre des places

publiques, hâves, malades, qui faisaient horreur, qui n'avaient plus figure d'hommes, les voilà, par ce paradoxe, placés au faîte de la sagesse, reconnus pour les antiques et profonds docteurs du monde, les premiers confidents de Dieu.

Dans leurs livres et dans leur langue Reuchlin montrait les hautes origines et des nombres de Pythagore et des principaux dogmes chrétiens.

Le progrès des humanistes avait sans doute amené là. Ils avaient, au quinzième siècle, dans l'Académie florentine, adoré la sagesse grecque et naïvement préféré Platon à Jésus. On pouvait prévoir qu'au seizième la curiosité humaine transporterait son fanatisme à une doctrine plus abstruse, à une langue peu connue encore, et que, de la Grèce, désormais sans mystère, elle remonterait au lointain Orient.

Qu'on estimât plus ou moins les livres hébraïques et la philosophie des Juifs, on ne devait pas oublier le titre immense qu'ils ont acquis pendant le Moyen-âge à la reconnaissance universelle. Ils ont été très longtemps le seul anneau qui rattacha l'Orient à l'Occident, qui, dans ce divorce impie de l'humanité, trompant les deux fanatismes, chrétien, musulman, conserva d'un monde à l'autre une communication permanente et de commerce et de lumière. Leurs nombreuses synagogues, leurs écoles, leurs académies, répandues partout, furent la chaîne en laquelle le genre humain, divisé contre lui-même, vibra encore d'une même vie intellectuelle. Ce n'est pas tout : il fut une heure où toute la barbarie, où les Francs, les iconoclastes grecs, les Arabes d'Espagne eux-mêmes, s'accordèrent sans se concerter pour faire la guerre à la pensée. Où se cacha-t-elle alors ? Dans l'humble asile que lui donnèrent les Juifs. Seuls, ils s'obstinèrent à penser et restèrent, dans cette heure maudite, la conscience mystérieuse de la terre obscurcie.

Les Arabes prirent d'eux le flambeau, et des Arabes les chrétiens. Primés par les uns et les autres, les Juifs subirent, au quatorzième et au quinzième siècle, une cruelle décadence. Néanmoins ils restaient en Espagne (autant et plus que les Maures) le peuple civilisé. Leur dispersion dans l'Europe fut, pour ainsi dire, l'invasion d'une civilisation nouvelle. Tout subit l'influence occulte et d'autant plus puissante des Juifs espagnols et portugais.

L'année même de la catastrophe, en 1492, Reuchlin se trouvant à Vienne près de l'empereur Maximilien, dont il était fort aimé, un Juif, médecin de l'empereur, lui fit un cadeau splendide, celui d'un précieux manuscrit de la Bible, s'adressant ainsi à son cœur, lui disant : « Lisez et jugez. »

A l'avènement des papes, la pauvre petite Jérusalem cachée dans le *Ghetto* de Rome apparaissait, son livre en main, et, sans mot dire, se présentant sur la route du cortège, elle se tenait là avec la Bible. Muette réclamation, noble reproche de la vieille mère, la loi juive, à sa fille, la loi chrétienne, qui l'a traitée si durement.

Ici, dans ce don du Juif à Reuchlin, nous revoyons la Bible encore se présentant au grand légiste, à la science, à la Renaissance, demandant et implorant d'elle l'équitable interprétation.

Et dans quel moment solennel? Lorsque les terribles persécutions du siècle aboutissaient à leur terme, la proscription générale des Juifs. Nul doute que l'habile médecin, habitué à juger sur leurs pronostics ces étranges épidémies, n'ait deviné la recrudescence de la fureur populaire, la ruine imminente des siens, et ne leur ait cherché un bienveillant défenseur.

Il n'y a rien de comparable à cet événement, des Albigeois aux Dragonnades. Les Saint-Barthélemi de Charles IX et du duc d'Albe, qui furent plus sanglantes peut-être, n'ont pourtant pas ce caractère de la destruction générale d'un peuple.

Nos protestants, fuyant la France, furent reçus avec compassion en Angleterre, en Hollande, en Prusse, et partout. Mais les Juifs, fuyant l'Espagne en 1492, trouvèrent des malheurs aussi grands que ceux qu'ils fuyaient. Sur les côtes barbaresques, on les vendait, on les éventrait pour chercher l'or dans leurs entrailles. Plusieurs échappèrent dans l'Atlas, où ils furent dévorés des lions. D'autres, ballottés ainsi d'Europe en Afrique, d'Afrique en Europe, trouvèrent dans le Portugal pis que les lions du désert. Telle était contre eux la rage du peuple et des moines, que les mesures cruelles des rois ne suffisaient pas à la satisfaire. Non seulement on les fit tout d'abord opter entre la conversion et la mort; mais, en sacrifiant leur foi, ils ne sauvaient pas leurs familles ; on leur arrachait leurs enfants. Le roi prit les petits qui avaient moins de quatorze ans pour les envoyer aux îles. Ils mouraient avant d'arriver. Il y eut des scènes effroyables. Une mère de sept enfants, qui se roulait aux pieds du roi, faillit être mise en pièces par le peuple. Le roi n'osa rien accorder et ne la sauva pas sans peine des ongles de ces cannibales.

Les misérables convertis étaient traînés aux églises, n'achetant leur vie jour par jour que par l'abjection et l'hypocrisie. Au moindre soupçon, massacre. Il y en eut un terrible en 1506 à Lisbonne.

En Allemagne Maximilien, Louis XII en France, se popularisèrent à bon marché en accordant aux marchands indigènes qui craignaient la concurrence l'expulsion des Juifs émigrés qui affluaient dans le Nord. Venise et Florence, quelques villes d'Allemagne, montrèrent plus d'humanité. Cependant là même et partout leur condition était cruellement incertaine, variable. A chaque instant, des histoires d'hosties outragées, d'enfants crucifiés et autres fables semblables ; parfois la simple rhétorique d'un moine prêchant la Passion pouvait ameuter la foule, et, de l'église, la lancer au pillage des maisons des Juifs. Arrachés, traînés, torturés, il leur fallait assouvir ces accès de rage infernale.

Elle semblait inextinguible. Même au dix-septième siècle, une Française, madame d'Aulnoy, vit en Espagne, dans un auto-da-fé, les moines qui menaient des Juifs au supplice anticiper sur la charrette l'office des bourreaux. Ils les brûlaient par derrière pour en tirer quelques paroles d'abjuration, ou du moins des cris. Arrivés sur la place, les assistants perdirent la tête ; le peuple, ne se connaissant plus, commença à les lapider ; des seigneurs tirèrent leurs épées et lardèrent les patients pendant qu'ils montaient au bûcher.

On leur reprochait souvent, non seulement d'avoir tué le Christ, mais de tuer les chrétiens par l'usure. Ceux-ci les accusaient là d'un crime qui était le leur. Les Juifs ne faisaient point l'usure quand on leur permettait de faire autre chose. Ils vivaient de commerce, d'industrie, de petits métiers. En leur défendant ces métiers, en confisquant leurs marchandises, en les dépouillant de tout bien saisissable, on ne leur avait laissé que le commerce insaisissable, ou du moins facile à cacher, l'or et la lettre de change. On les haïssait comme usuriers ; mais qui les avait faits tels ?

Ces mystérieuses maisons, si on eût pu les bien voir, eussent réhabilité dans le cœur du peuple ceux qu'il haïssait à l'aveugle. La famille y était sérieuse et laborieuse, unie, serrée, et pourtant très charitable pour les frères pauvres. Implacable pour les chrétiens et se vengeant d'eux par la ruse, le Juif était généralement admirable pour les siens, bienfaisant dans sa tribu, édifiant dans sa maison. Rien n'égalait l'excellence de la femme juive, la pureté de la fille juive, transparente et lumineuse dans sa céleste beauté. La garde de cette perle d'Orient était le plus grand souci de la famille. Morne famille, sombre, tremblante, toujours dans l'attente des plus grands malheurs.

Toutes les fois qu'au Moyen-âge l'excès des maux jeta les populations dans le désespoir, toutes les fois que l'esprit humain s'avisa de demander comment ce paradis idéal du monde asservi à l'Église n'avait réalisé ici-bas que l'enfer, l'Église, voyant l'objection, s'était hâtée de l'étouffer, disant : « C'est le courroux de Dieu !... c'est la faute de Mahomet !... c'est le crime des Juifs ! Les meurtriers de Notre-Seigneur sont impunis encore ! » On se jetait sur les Juifs ; on égorgeait, on rôtissait ; les âmes furieuses et malades se soûlaient de tortures, de douleurs, de supplices. Puis venait l'hébétement qui suit ces orgies de la mort. Tout rentrait dans l'ordre sombre, dans la misère et le servage.

En 1348, par exemple, quand la grande peste sévit en Europe, quand les foules fanatiques des Flagellants couraient toutes les routes en se déchirant de coups pour apaiser la colère de Dieu, ils criaient : « Le mal vient des prêtres ! » Et l'on commençait à les massacrer. Le peuple, du fond de la Hollande jusqu'aux Alpes, s'ébranlait ; on craignait un carnage universel du clergé, lorsque le coup fut habilement détourné sur les Juifs. Il fallait du sang ; on donna le leur.

Au seizième siècle, on pouvait prévoir sans peine un mouvement analogue à celui du quatorzième. Les prêtres avaient tout à craindre. Les paysans se révoltaient partout, spécialement contre les seigneurs ecclésiastiques. Les seigneurs laïques enviaient, accusaient l'énormité de la fortune de l'Église. Menacés par les paysans, ils ne demandaient pas mieux que de détourner leur fureur sur le clergé; et celui-ci, à son tour, devait recourir à l'expédient qui lui réussissait le mieux, de la détourner sur les Juifs.

Il y avait à Cologne, dans la main et sous l'influence du grand ordre inquisitorial des dominicains, un Juif converti, nommé Grain-de-Poivre (Pfeffercorn). Ce dangereux intrigant, voulant se faire jour à tout prix, avait essayé de se faire accepter pour Messie aux Juifs, qui s'étaient moqués de lui. De rage, il s'était donné, âme et corps, aux dominicains, se mettant au service des terribles projets de l'ordre. Inquisiteurs en Espagne, ils voulaient l'être en Allemagne. Il n'y avait pas là de Maures à brûler, mais il y avait les sorciers, les Juifs. Toute machine était bonne pour arriver à ce but. La presse, nouvelle encore, mais déjà arme terrible dans la main de la tyrannie, multipliait les légendes nouvelles, les livres de prières, les pamphlets sanglants des dominicains. Mysticisme et fanatisme, Vierge et Diable, roses et sang humain, tout roulait mêlé au torrent. L'inventeur du Rosaire, Sprenger, publiait en même temps l'horrible *Marteau des sorcières.*

Pour commencer un feu, il faut trouver une étincelle. Pour cela s'offrit Grain-de-Poivre. Il surprit l'empereur à son camp de Padoue et tira du prince étourdi un ordre général pour ramasser et brûler les livres des Juifs. Ces bûchers une fois allumés sur les places, les têtes devaient s'exalter, et bientôt les hommes, pêle-mêle avec les livres, auraient été jetés au feu.

Les Juifs avaient en cour des amis, un entre autres, ce Juif médecin de l'empereur dont on a parlé plus haut; ils obtinrent un sursis et un examen de leurs livres. Parmi ces examinateurs était précisément Hochstraten, l'intime ami de Grain-de-Poivre, le chef des dominicains de Cologne, furieux fanatique, qui très certainement avait tramé l'affaire. Heureusement il y avait aussi le légiste Reuchlin, qui, depuis longues années, s'occupait d'études hébraïques, avait publié une grammaire, un lexique de cette langue, un livre sur le nom de Dieu. Reuchlin était cruellement haï des moines pour avoir écrit une satire de leurs sottes prédications, de plus une farce imitée de notre *Avocat Pathelin*, dont le héros était un moine. Il l'avait fait jouer par les étudiants, qui la représentaient par toute l'Allemagne. Lorsqu'on lança cette pierre aux livres hébraïques, il ne se méprit nullement, il sentit qu'elle l'atteignait. Nommé examinateur, on comptait qu'il n'oserait donner son avis, qu'il signerait en tremblant celui du dominicain. Grain-de-Poivre eut l'effronterie de venir le trouver lui-même, et de le sommer de le suivre dans cette *razzia* de livres qu'il allait faire par toute l'Allemagne.

Reuchlin, ainsi poussé et forcé en réalité de combattre pour lui-même, montra une extrême prudence. Il dit que, parmi les livres des Juifs, il y en avait de très coupables, injurieux pour le Sauveur et pour sa très sainte Mère; il en cita deux nommément. Ceux-là il fallait les détruire, aux termes de la loi Cornelia, *De famosis Libellis*. En invoquant la loi romaine, il remettait la chose aux tribunaux laïques. La part faite ainsi au feu, il essayait de défendre les autres, dont les uns étaient, disait-il, des commentaires de l'Écriture, des livres de grammaire et autres sciences, des allégories et des apologues, un corps de droit appelé Talmud, enfin des livres de philosophie et de théologie spécialement appelés Kabbale. Il y avait, disait-il, beaucoup de choses ridicules, mais d'autant plus devait-on les conserver, pour y trouver les moyens de réfuter les Juifs et de vaincre leur obstination.

Reuchlin s'était bien gardé d'avouer l'admiration profonde qu'il avait pour la Kabbale. A quelle source la puisa-t-il? et comment ce grand humaniste, déjà suspect d'hérésie pour ses études grecques, avait-il eu le courage de plonger plus loin que la Grèce dans cette mécréante antiquité?

Né sur le Rhin, Reuchlin avait été d'abord, pour sa belle voix, enfant de chœur de la chapelle du margrave de Bade, puis camarade de son fils aux écoles de France, élève de Paris, d'Orléans, de Poitiers, puis copiste de manuscrits grecs, et correcteur dans la libre imprimerie des Amerbach, à Bâle. Là vint se réfugier le grand théologien des Pays-Bas, l'un des précurseurs de Luther, Wessel, qui prit plaisir à lui enseigner l'hébreu. De Bâle, Reuchlin alla en Italie, vit l'académie florentine, ce vieux Gemistus Plétho qui promettait un nouveau Dieu, et ce jeune et étonnant Pic de La Mirandole, qui sut toutes choses, et, entre toutes, préféra la Kabbale juive.

L'empereur Maximilien, charmé du génie de

Reuchlin et de son zèle érudit pour les droits de l'Empire, lui avait donné la noblesse et le titre de comte palatin.

Reuchlin eut l'occasion nouvelle d'aller en Italie pour une affaire politique et de parler à Alexandre VI. C'était justement en août 1498, trois mois après la mort de Savonarole. La cendre du prophète était tiède encore; tout était plein de lui en Italie, plein de sa parole biblique, comme si Isaïe, Jérémie, avaient péri la veille. Qu'on juge du souffle qu'en rapporta Reuchlin dans ses études hébraïques. C'est alors qu'il publia ses livres contre les moines et ses travaux en faveur de l'érudition juive.

La superstition des nombres ne pouvait faire tort à la Kabbale dans un esprit qui la retrouvait chez Pythagore et chez Platon. L'importance mystérieuse attribuée aux signes du langage, aux lettres de l'alphabet, nous l'avons revue de nos jours chez de Maistre et de Bonald. Parmi ces folies, l'antique Kabbale a des traits surprenants de raison, de bon sens, entre autres l'adoption du vrai système du monde, si longtemps avant Copernik.

Le *Zohar*, livre principal de la Kabbale, a trouvé en 1815 la preuve incontestable de sa très haute antiquité. Le code des Nazaréens, découvert et publié alors, dont la doctrine est celle du *Zohar*, est, de l'aveu des Pères de l'Église, du temps de Jésus-Christ. Donc cette doctrine n'est pas copiée des néo-platoniciens. Le serait-elle de Platon ? Mais elle lui est positivement contraire, elle est anti-platonicienne. Sa parenté la plus proche, comme l'a si bien démontré M. Franck, est avec les anciennes traditions de la Perse, où les Juifs puisèrent si largement dans la captivité.

Sublime métaphysique, si antique et si moderne! qui, par un côté, est l'écho de la parole d'Ormuzd, de l'autre, l'étonnant précurseur de la doctrine d'Hégel!

Il y a dans cette grandeur des choses d'une tendresse profonde, qui ne pouvaient être inspirées que par cet étonnant destin d'une nation unique en douleur. « L'Éternel, ayant fait les âmes, les regarda une à une... Chacune, son temps venu, comparaît. Et il lui dit : Va!... Mais l'âme répond alors : O maître! je suis heureuse ici. Pourquoi m'en irai-je serve, et sujette à toute souillure : — Alors le Saint (béni soit-il!) reprend : Tu naquis pour cela... — Elle s'en va donc, la pauvre, et descend bien à regret. Mais elle remontera un jour... La mort est un baiser de Dieu. »

La résurrection de la philosophie juive, de la langue hébraïque, par l'Italien Pic de La Mirandole, l'Allemand Reuchlin, le Français Postel, c'est la première aurore du jour que nous avons le bonheur de voir, du jour qui a réhabilité l'Asie et préparé la réconciliation du genre humain. Félicitons-nous d'avoir vécu en ce temps où deux Français avancèrent cette œuvre de religion. Pour ma part, en remerciant Reuchlin et les vénérables initiateurs qui ouvrirent la porte du temple, je ne puis comprimer ma reconnaissance pour ceux qui nous ont mis au sanctuaire. Un héros nous ouvrit la Perse, un grand génie critique nous révéla le christianisme indien. Le héros, c'est Anquetil-Duperron ; le génie, c'est Burnouf.

Le premier, à travers les mers, les climats meurtriers, affrontant, pauvre pèlerin, les effrayantes forêts qu'habitent le tigre et l'éléphant sauvage, ravit au fond de l'Orient le trésor éternel qui a changé la science et la religion. Quel trésor? la preuve de la moralité de l'Asie, la preuve que l'Orient est saint tout aussi bien que l'Occident, et l'humanité identique.

L'autre (je le vois encore, dans sa douce figure de brahme occidental, dans sa limpide parole où coulait la lumière), l'autre a dévoilé le bouddhisme, ce lointain Évangile, un second Christ au bout du monde.

Nos hommes de la Renaissance ne voyaient pas encore l'ensemble. Il leur advint comme au voyageur qui gravit dans un temps sombre l'amphithéâtre colossal des Alpes ou des Pyrénées. Dans sa mobile admiration, chaque sommet découvert lui semble le principal, celui qui domine tout. Au quinzième siècle, ils virent la Grèce planant sur l'humanité, jurèrent que toutes les eaux vives descendaient des sources d'Homère. Au seizième, même cri de joie, même exclamation enfantine. Reuchlin voit toute philosophie procéder de la Kabbale ; Luther toute théologie émaner des livres bibliques ; Postel voit toutes les langues sortir de la langue hébraïque ; l'idiome humain, c'est l'hébreu.

# CHAPITRE II

### La Presse. — Hutten. (1512-1516.)

L'Allemagne, précédée de bien loin par la France du Moyen-âge, la devance à son tour aux quinzième et seizième siècles. Par l'initiative de l'imprimerie, par les révolutions des villes impériales, par celles des paysans et leur premier appel au droit, elle témoigne d'une vie forte, pénible, il est vrai, et désordonnée. Mais, telle quelle, c'est encore la vie. Et qui ne la préférerait au repos muet de la mort?

Dans la France de François I$^{er}$, un point apparaît lumineux, et tout le reste est obscur. Telle révolte isolée de province contre une aggravation de taxe nous avertit à peine qu'il y a un peuple encore. En Allemagne, ce peuple est partout, et se manifeste partout, dans vingt centres différents, et dans les classes diverses. La grande querelle des savants, l'animation des nobles contre les princes et les prêtres, la fermentation intérieure des villes, même les sauvages émeutes des habitants des campagnes, sont, sous des formes diverses, l'unanime réclamation de la dignité humaine. Les analogies de la France avec ces grands mouvements ne se trouvent que dans l'action solitaire, individuelle de quelques hommes éminents. La grande polémique allemande de Reuchlin, où s'associe tout un peuple de légistes et d'humanistes, que lui comparer en France? L'influence de Budé peut-être, le libéral et généreux prévôt des marchands de Paris, savant et père des savants? l'enseignement hébraïque du futur Collège de France que déjà commence Vatable? l'obscur et timide Lefèvre d'Étaples, hasardant à voix basse, pour quelques amis, l'enseignement qui tout à l'heure va remuer toute l'Allemagne par une voix plus puissante?

Cette Babel du Saint-Empire, construction pédantesque de tant de lois contradictoires, avait eu cela pourtant de laisser subsister la vie et le sentiment du droit, au moins comme privilège. Les non privilégiés eux-mêmes, les misérables paysans, morts et muets en Italie, en France, ils parlent en Allemagne, ils agissent trente ans durant. De 1495 à 1525, s'élève de moment en moment la voix des campagnes allemandes. De la Baltique à l'Adriatique, en suivant le Rhin, et l'Alsace et la Souabe, éclate le cri du paysan. Que veut-il? Rien que d'être homme. Il pousse son ambition jusqu'à vouloir respirer, user un peu de la nature, de l'air, de l'eau, de la forêt. Il ne refuse pas de servir; il voudrait seulement servir aux termes des anciens contrats, ne pas voir sa servitude varier, s'aggraver chaque jour.

Cette modération patiente et résignée est partout dans la révolution allemande. Elle apparaît la même dans l'affaire de Reuchlin contre les dominicains. L'Allemagne ne contestait rien à son Église locale, elle acceptait la justice et l'inquisition de ses évêques. Elle repoussait celle des moines, cette nouvelle inquisition que prétendait imposer Rome, cette invasion dominicaine conquérante de l'Espagne, qui voulait lui assimiler l'Allemagne, si profondément opposée. A vrai dire, c'était Rome ici qui était révolutionnaire, qui innovait, et que les Allemands à bon droit accusaient de nouveauté.

La chose était trop évidente. Rome, dans ses besoins financiers, étendait chaque jour davantage le terrorisme lucratif de l'Inquisition. On a vu la tentative de 1462 contre les Vaudois d'Arras, qui, si elle eût réussi, eût forcé la porte des Pays-Bas et de la France. On a vu, en 1488, la tentative d'Innocent VIII sur le Rhin et le Danube, la mission du dominicain auteur du *Marteau des sorcières*. Les papes variaient en bien des choses, mais non dans leur faveur croissante pour l'ordre de saint Dominique. Ils poussaient devant eux ce glaive sacré, clef magique qui ouvrait les coffres. Le grand financier Alexandre VI fortifia les dominicains. Le bon, le doux, le philosophe Léon X les fortifia, et remit à leurs mains hardies l'exploitation de l'Allemagne. Dépositaires de la doctrine, ces frères puissants de saint Thomas, docteurs, prédicateurs et juges, portaient dans le brocantage du négoce ecclésiastique l'audace et la violence d'une irrésistible force. De bons moines qui quêtaient dans la robe de drap blanc de l'inquisition espagnole ne pouvaient pas quêter en vain.

Il n'y avait qu'un homme bien fort et fortement appuyé sur le grand corps des légistes, tout-puissant en Allemagne, un légiste de l'empereur, cher à la maison d'Autriche, devenu comte palatin et juge de la redoutée Ligue de Souabe, il n'y avait, dis-je, qu'un tel homme pour oser souffler un mot contre les dominicains. Encore, quand Reuchlin dit ce mot, ses amis frémirent et le crurent perdu. Oser répondre à Grain-de-Poivre, saisir à travers les ténèbres la main puissante des moines qui le mettaient en avant, c'était empoigner l'épée par la pointe, s'enferrer sur le fer sacré. Érasme éperdu lui cria qu'il allait beaucoup trop loin.

Les dominicains, avec la hauteur et l'assurance de gens qui ont de leur côté le bûcher et le bourreau, se mirent à plaisanter Reuchlin. Leurs hommes, les professeurs de la faculté de Cologne, leur Ortuinus Gratius, décochèrent une satire contre le champion des Juifs. Pesante flèche de bois et de plomb, qui, lancée à grand effort, s'abattit honteusement sans avoir pu prendre son vol, parmi les rires et les sifflets. Alors les moines furieux se rappelèrent qu'après tout ils n'avaient pas besoin de raisons. Ils ne plaidèrent plus, mais jugèrent; et, sans s'arrêter à l'appel au pape que faisait Reuchlin, ils brulèrent l'écrit, espérant pouvoir bientôt brûler l'auteur.

Que ferait la cour de Rome? Sacrifierait-elle les

dominicains? C'était se couper la main droite. Condamnerait-elle Reuchlin? Il était soutenu plus ou moins ouvertement de l'empereur, des ducs de Saxe, de Bavière, de Wurtemberg; trente-cinq villes impériales écrivaient pour lui au pape. Ses adversaires, il est vrai, avaient pour eux la scolastique, l'Université de Paris pâlie et déchue. Mais les juristes, classe si puissante, les humanistes, Érasme en tête, tenaient pour Reuchlin. Chose étonnante, les nobles d'Allemagne, la turbulente démocratie des chevaliers du Rhin et de Souabe, nullement amis des Juifs et fort sujets à les piller, se déclarent ici pour le défenseur des Juifs, jusqu'à chercher querelle sur les places aux moines et menacer les tonsurés.

N'était-ce pas là un surprenant spectacle, un signe, un avertissement du ciel, qui dénonçait le péril des biens ecclésiastiques? Ces nobles chasseurs, d'odorat subtil, se détournaient d'une proie, parce qu'ils en sentaient une autre que déjà ils flairaient de loin, et dont ils humaient les émanations.

C'est alors en cette mémorable année 1515, que parurent, une à une, timidement et à petit bruit, les *Epistolæ obscurorum virorum*, drame excellent d'exquise bêtise, par lequel le monde étranger aux couvents et aux écoles fut introduit, initié, aux arcanes des Obscurantins, du peuple des Sots. Ce grand peuple, dont nous avons ailleurs esquissé les origines vénérables et trop oubliées, n'avait pas joui, jusqu'au livre des *Epistolæ*, d'une publicité suffisante. L'esprit humain, mené ailleurs par l'attrait de la lumière, s'en éloignait de plus en plus, mais en lui laissant toute autorité. Il le trouvait si ennuyeux, qu'il aimait mieux le subir que l'écouter.

Mais ici on écouta. Quoi de plus intéressant? avec la grâce du jeune âne qui entreprend de lever lourdement sa grosse patte, avec le charme et l'innocence de l'oison qui s'essaye avec le même succès à voler, marcher ou nager, d'aimables séminaristes racontent à leur bon père, maître Ortuinus Gratius, leurs petites aventures, lui exposent leurs idées épaisses, leurs doutes, leurs tentations. Ils ne cachent pas trop leurs chutes, les nudités *de leur Adam*, les mauvais tours que sur le soir leur ont joués la bière ou l'amour. Mais, comme aussi la confiance autorise quelque hardiesse, ils se hasardent à causer des propres aventures du maître; s'ils osaient, ils lui conseilleraient de boire avec modération, il en aurait la main moins prompte et ménagerait un peu plus l'objet tendre et potelé de ses scolastiques amours.

Bien entendu que ces bons jeunes gens pensent tous admirablement, sont tous implacables ennemis des nouveautés et des novateurs. Ils ne parlent qu'avec horreur de Reuchlin et des humanistes, du *nouveau* latin, imité d'un quidam nommé Virgile, tandis que le bon latin scolastique languit négligé. A la théorie ils joignent l'exemple. Jamais dans la rue du Fouarre, aux antres de la rue Saint-Jacques ou de la place Maubert, les Cappets ne baragouinèrent un meilleur latin de cuisine. Parfois ils entrent en verve (on n'est pas jeune impunément), ils s'agitent, trépignent, mordent leurs doigts et dirigent au plafond un œil hébété ; leurs pesantes pensées s'alignent et retombent en marteaux de forge... Ils ont rimé... Alors, ils épanouissent un rire tout à fait bestial... La Sottise reconnaît ses fils, elle tressaille de joie maternelle, elle bat de ses ailes d'oie, élance son vol et reste à terre.

Nul objet de la nature n'est parfaitement connu qu'autant qu'un art habile en a fait l'imitation. La chose se voit moins bien en elle-même qu'en son miroir. Ce grand royaume des Sots qui est partout, restait pourtant une terre nouvelle à découvrir, tant que la charitable industrie de son peintre merveilleux ne l'avait pas décrit, dépeint, donné et livré à tous dans ce surprenant portrait.

Et notez que le grand artiste qui en poursuit le détail avec la patience des maîtres de Hollande, en donne en même temps la haute formule. Là surtout il est terrible, vrai vainqueur et conquérant, ayant fait sien ce royaume pour y appliquer son droit souverain de flagellation éternelle.

Et d'abord la perfection de l'imitation était telle, que les simples prirent le livre pour un recueil de lettres familières et pieuses, naïves, sinon édifiantes. Le style est mauvais, disaient-ils, mais pourtant le fonds est bon. Les dominicains le trouvèrent si bon, qu'ils en achetèrent beaucoup pour donner aux leurs. Rome approuva les yeux fermés, n'examinant pas de trop près un livre qui semblait favorable à ses amis de Cologne. De sorte que le pamphlet parut en 1515 chez les Alde, à Venise, muni d'un beau privilège de

Léon X pour dix ans et d'un brevet contre la contrefaçon.

« Pourquoi ce grand maître Ortuin a-t-il intitulé son recueil : *Lettres des hommes obscurs?* — Il l'a fait par humilité, dit un docteur de Paris. Il s'est souvenu du Psalmiste : Misit tenebras, et *obscuravit*. — Moi, dit un carme du Brabant, je crois qu'il a eu en cela une raison plus mystique. Job a dit : Dieu ne révèle sa profondeur qu'aux *ténèbres*. Et Virgile : Il enveloppait le vrai dans l'*obscur* (Obscuris vera involvens). »

Sous cette forme ironique, la question n'en est pas moins posée ici dans sa grandeur. Les deux partis sont nommés dès ce jour, le parti des ténèbres et celui de la lumière. Les *Obscuri viri* sont les hommes des ténèbres aux deux sens, actif et passif, la gent des limaçons qui traînent leur ventre à terre dans la fangeuse obscurité, et les artisans de ténèbres, les mauvaises chauves-souris qui voudraient de leur vol sinistre nous voiler la clarté du jour.

Obscurantistes, obscurantins, saluez votre bon parrain qui vous a trouvé votre nom, le franc, le véridique Hutten. Le chevalier Ulrich Hutten est en effet le principal auteur des *Epistolæ*, le vainqueur des dominicains, intrépide héros de la Presse qui brisa l'inquisition allemande, désarma Rome, la veille du jour où Luther devait l'attaquer.

En 1513, avant la publication des *Epistolæ*, la simple robe de drap blanc était un objet de terreur. En 1515, après la publication, on en riait, on s'en moquait, enfants et chiens couraient après. On se demandait, même à Rome, pourquoi ces ignorantes bêtes avaient imposé si longtemps. On s'en voulait d'avoir eu peur. L'effrayant fantôme, empoigné par le courageux chevalier, secoué de sa main de fer, avait paru ce qu'il était, une guenille, un blanc chiffon à épouvanter les oiseaux.

C'est la première victoire de la Presse, et certes une des plus grandes. C'est la première fois que le vrai glaive spirituel triompha du glaive, de la matière des sots.

La noble armée de la lumière, des amis de l'humanité, apparut dans toute l'Europe marchant une et majestueuse, sous le drapeau de la Renaissance. En Allemagne, Suisse et Pays-Bas, les fondateurs de la critique, Érasme, Reuchlin, Mélanchton, les illustres imprimeurs, les Amerbach et les Froben, les poètes des villes impériales, l'âpre Murner, le bon Hans Sachs, le cordonnier de Nuremberg, le dictateur de l'art allemand, le grand Albert Dürer. En Angleterre, les juristes Latimer, et Thomas Morus, qui prépare son *Utopie*. En France, le grave Budé, qui va fonder le Collège de France, le jeune médecin Rabelais et l'école pantagruéliste, le vénérable Lefèvre qui, six ans avant Luther, enseigne le luthéranisme.

Variété infinie d'écoles et d'esprits divers, qui s'accordent pourtant, qui tous sont chers à deux titres. Tous voulurent le libre examen, tous eurent horreur de la violence, de la cruauté, du sang, tous eurent un tendre respect de la vie humaine.

Parti sacré de la lumière, de l'humanité courageuse ! philosophes, voilà nos ancêtres, les pères vénérables du dix-huitième siècle, les légitimes aïeux de celui qui devait défendre Calas et Sirven, briser la torture dans toute l'Europe et l'échafaud des protestants.

Il faut faire connaître ce chevalier Hutten, qui, malgré le pape et l'empereur qui ordonnent le silence, vient d'ébranler toute la terre de ce terrible éclat de rire. L'empereur passe au parti d'Hutten, le nomme son poète lauréat, et le front du bon chevalier est décoré du laurier virgilien par la main d'une belle demoiselle allemande, fille du savant Peutinger, conseiller de Maximilien.

Hutten, né en 1488, mort en 1525, dans sa très courte vie, fut une guerre, un combat.

Et cet homme de combat fut, comme il arrive aux vrais braves, un homme de douceur pourtant, un cœur bon et pacifique. C'est le jugement qu'en portait le meilleur juge des braves, l'intrépide et clairvoyant Zwingli, quand il le reçut à Zurich : « Le voilà donc, ce destructeur, ce terrible Hutten ! lui que nous voyons si affable pour le peuple et pour les enfants. Cette bouche d'où souffla sur le pape ce terrible orage, elle ne respire que douceur et bonté. »

« Grand patriote ! dit Herder ! hardi penseur ! enthousiaste apôtre du vrai ! Il était de force à soulever la moitié d'un monde ! »

L'Allemagne du seizième siècle, qui formulait profondément, lui a trouvé son vrai nom : *L'éveilleur* du genre humain.

Il y a du coq dans Hutten, de cet amant de la lumière qui la chante en pleine nuit; dès deux heures, trois heures, longtemps avant l'aube, il l'appelle, quand nul œil ne la voit encore, il la pressent dans les ténèbres d'un perçant regard de désir.

Il chanta pour la Renaissance, pour les libertés de la pensée. Il chanta pour la patrie allemande et la résurrection de l'Empire. Il chanta pour les conquêtes de la Justice future, pour le triomphe du droit et de la Révolution.

Fils du Rhin, comme Reuchlin, Mélanchton (et Luther même l'est par sa mère), Hutten eut dans le sang la vive et mâle hilarité de ce vin généreux, loyal, qui pousse l'homme aux choses héroïques.

Mais celui-ci est tout du Rhin, toute lumière et sans mysticisme. Sa réforme n'est point spéciale, exclusivement religieuse. Elle embrasse toute vie allemande, tout point de vue national; elle veut une autre société; elle s'allie au peuple, à la foule. Elle ne s'enferme point dans la Bible juive.

Voilà l'homme et sa grandeur. Maintenant, mettons à côté toutes les misères de l'étudiant allemand, tous ses ridicules. Hutten, c'est l'étudiant, de la naissance à la mort.

Il naît au point le plus guerrier de l'Allemagne, dans les forêts qui séparent la Franconie de la Hesse. Son père, noble chevalier, décide que la frêle créature ne pourrait porter la lance; il sera prêtre. Mais Hutten décide autrement. Dès quinze ans, il saute les murs, et se met en possession du vaste monde, en possession du hasard, de la faim et de la misère. Le voilà étudiant.

Le malheur, c'est que les études de ce temps lui font horreur. Entre les deux scolastiques de la théologie et du droit, il choisit la poésie. Aux menaces de sa famille il répond en vers charmants qu'il a pour but de n'être *rien*. Mon nom, dit-il, sera *Personne*. Il n'est rien et il est tout; *personne*, c'est dire tout le monde, la voix impersonnelle des foules.

Sur toute grande route d'Allemagne, en toute ville impériale, aux places, aux académies, vous auriez eu l'avantage de rencontrer noblement déguenillé avec sa longue rapière le chevalier poète Hutten. Il vivait de dons, de hasards, couchait trop souvent à la belle étoile. Deux choses mettaient à l'épreuve sa délicate complexion, les duels, les galanteries. Celles-ci, dès le premier pas, coûtèrent cher à sa santé, comme il l'explique lui-même.

Sauf ces échappées fâcheuses aux pays maudits de Cythère, c'était l'autre amour qui possédait son cœur, l'amour de la mère Allemagne et du Saint-Empire germanique. Quiconque souriait à ce mot était sûr d'avoir affaire à l'épée d'Hutten. Et non seulement l'Empire, mais l'empereur Maximilien ne pouvait être nommé devant lui qu'avec le plus profond respect. Des Français s'en moquaient à Rome. Hutten, sans faire attention qu'ils étaient sept contre lui seul, les chargea, et il assure qu'il les mit en fuite. Lui qui véritablement ne hait jamais personne, il croyait haïr la France. C'est un des premiers types de nos amusants Teutomanes, des étudiants chevelus, que nous voyons représenter Siegfried, Gunther et Hildebrand. Race innocente de bons et véritables patriotes! Ils ne savent pas combien nous sympathisons avec eux! combien nous leur savons gré de ce grand cœur pour leur pays! Vaines barrières! Eh! croient-ils donc que Molière, Voltaire ou Rousseau nous soient plus chers que Beethoven? Pour moi, lorsqu'en Février je vis sur nos boulevards se déployer au vent de la Révolution le saint drapeau de l'Allemagne, quand sur nos quais je vis passer leur héroïque légion, et que tout mon cœur m'échappait avec tant de vœux (hélas! inutiles), étais-je Français ou Allemand? Ce jour, je n'eusse pas su le dire.

Hutten, après sa victoire, alla voir de près les vaincus. Il repassa en Italie, vit Rome attentivement, et, sa vue s'agrandissant, il conçut enfin le pape comme ennemi de la chrétienté. Il écrivit tout un volume d'épigrammes sur la ville « où l'on fait commerce de Dieu, où Simon-le-Magicien donne la chasse à l'apôtre Pierre, où les Caton, les Curius ont pour successeurs des *Romaines;* je ne dis pas des Romains. »

La meilleure satire, sans nulle doute, fut la publication qu'il fit du livre de Laurent Valla sur la fausse donation de Constantin au pape, ce faux solennel de la papauté, hardiment soutenu, défendu, tant qu'on put le faire dans l'ombre, avant la lumière de l'imprimerie.

A qui l'éditeur dédie-t-il cette publication mortelle à la cour de Rome, qui fut le plus grand encouragement de Luther (celui-ci l'avoue)? A un philosophe sans doute, à un libre esprit, dégagé de tout préjugé, à un de ces humanistes à moitié païens, à ces cardinaux idolâtres, comme Bembo ou Sadolet, qui ne jurent que par Jupiter? Bien mieux, à Léon X.

Il revenait de l'Italie qui, sur ses ruines et son tombeau, venait de donner le chant de l'Arioste. Vieux avant l'âge, de fatigue, de misère et de maladies, il était rentré à son misérable donjon de Steckelberg, dans la forêt Noire, noble petit manoir sans terre qui ne nourrissait pas son maître. Il vivait d'esprit, de satire, du bonheur de s'imprimer lui-même, de sa presse, de ses caractères. Chaque jour, il écoutait mieux les conseils des amis *sages*, hommes *pratiques*, *expérimentés*, qui vous conseillent toujours de suivre lâchement le torrent et de faire comme les autres. Le Léon X de l'Allemagne, le jeune archevêque Albert de Brandebourg, Électeur de Mayence, l'appelait comme son hôte, son conseiller et son ami. C'est pour lui qu'Hutten a écrit son traité fort curieux sur la grande maladie du temps, dont lui-même avait tant souffert, et dont le gaïac l'avait, dit-il, assez bien guéri. Mais nulle maladie, nulle gangrène, nul ulcère pestilentiel, ne pouvait se comparer à cette cour de Mayence. Nous en parlons aujourd'hui savamment, ayant le détail de la sale cuisine où ce digne archevêque marmitonna l'Allemagne pour l'élection de Charles-Quint. J'avais deviné ce honteux et malpropre personnage sur le désolant portrait qu'en a tracé Albert Dürer dans ses cuivres véridiques, terribles comme le destin.

Ce brocanteur de l'Empire avait alors entrepris deux affaires de banque : la vente des indulgences et celle de la couronne impériale, que la mort probable de Maximilien allait bientôt mettre à l'encan. Il trouva piquant, utile, d'attirer chez lui le malade, pauvre affamé, oiseau plumé, qui, l'aile à moitié brisée, avait besoin d'un refuge, et qui, tel quel, n'en était pas moins encore l'*éveilleur du monde* et la grande voix de la Révolution.

Le prélat machiavéliste calculait parfaitement qu'un tel hôte allait le couvrir des attaques de l'opinion. Contre l'indignation publique il allait avoir réponse contre toute injure méritée. « Voleur, vendeur d'orviétan. » Oui, mais protecteur d'Hutten. « Associé des usuriers et chef du grand maquerelage. » D'accord, mais hôte d'Hutten, ami des Muses, patron des libres penseurs, des savants.

Hutten lui-même, qu'en disait-il? Le pauvre diable n'avait pas l'esprit tout à fait en repos; on le sent par la longue, très longue, interminable lettre qu'il écrit pour s'excuser à un ami de Nuremberg. Il lui prouve facilement que sa situation est intolérable, que la pire vie est celle du chevalier de la faim dans un manoir désert de la forêt Noire. Mais il prouve beaucoup moins bien que de la cour de Mayence il agira mieux sur l'opinion, qu'il va gagner à la bonne cause les princes, les nobles, etc. Il tâche de tromper et de se tromper. « Ah! si je pouvais, dit-il, parler, vous tout dire!... »

Ce qui reste net, c'est qu'Hutten, ayant tué le

mauvais latin et la scolastique, ayant estropié pour jamais les dominicains et rendu l'Inquisition impossible en Allemagne, avait fait beaucoup ; il lui fallait une halte pour se reconnaître. Il s'arrangeait avec lui-même et se donnait des prétextes pour faire comme François I*er*, pour faire aussi son concordat avec ce pape de Mayence. De quoi celui-ci riait dans sa barbe, croyant avoir confisqué l'aigle dans son poulailler.

A tort. Un tel patriote avait le cœur trop allemand pour rester sur cette boue. Au premier cri de Luther, il s'éveilla brusquement, et, sans s'allier autrement avec le pieux docteur, il alla prendre asile chez le chevalier Seckingen, vengeur des opprimés et défenseur des faibles, dont on appelait le château l'*hôtellerie de la justice.*

# CHAPITRE III

La Banque. — L'élection impériale et les indulgences. (1516-1519.)

On conte que Charles-Quint, à son passage en France, en voyant le trésor et les joyaux de la couronne, aurait dit dédaigneusement : « J'ai à Augsbourg un tisserand qui pourrait payer tout cela. »

Avec l'avènement de François I$^{er}$ et de Charles-Quint coïncide celui d'une autre dynastie, l'avènement des Fugger d'Augsbourg et de la banque allemande. Humble et redoutable puissance qui, dans les moments décisifs, tranche le nœud gordien qu'aucun roi n'eût pu délier.

Deux royaumes de banque avaient passé, celui des Juifs, puis celui des Lombards, Génois et Florentins. Et voici la banque allemande qui, par l'étroite ligue d'Augsbourg avec Anvers, subordonna la banque italienne.

Les Fugger, refusant le concours des Génois, concentrant l'argent allemand, fermant la banque au roi de France, enlevèrent la couronne impériale et la donnèrent au souverain des Pays-Bas. D'autre part, seuls encore et sans les Italiens, ils se constituèrent receveurs de la vente des indulgences, leur caisse marchant avec la croix, leurs commis avec les prêcheurs. En sorte qu'ils firent les deux grosses affaires qui changèrent la face du monde : ils firent Charles-Quint et Luther.

Celle de l'élection, longtemps fort mal connue, l'est maintenant dans tout son lustre, grâce à la publication des dépêches de Marguerite d'Autriche, qui, malgré Charles-Quint, remit toute l'affaire aux Fugger, la centralisa, l'emporta. (Le Glay, *Nég. autrich.*, t. II, 1845.)

Cette victoire de la banque allemande sur ses rivales eût pu se deviner. Le Juif, si maltraité, était suspect de haine; sa sombre maison faisait peur. L'Italien, au contraire, brillait trop et faisait envie. Ajoutez que Florence et Gênes firent tort à leur crédit en mêlant la banque et la politique. Florence fit banqueroute avec les Médicis. La banque génoise de Saint-Georges changea de caractère en prenant une royauté, en se faisant reine de Corse.

Telle ne fut pas la banque des Pays-Bas et d'Allemagne. Humble (dans l'origine) fut son comptoir, n'affectant rien que *son petit profit*, traitant l'argent pour l'argent seul. L'usure ne fut pour elle ni vengeance ni ambition. L'argent, ce nouveau dieu du monde, élut ces bonnes gens parce qu'ils le servaient pour lui-même. Tout dieu veut être aimé ainsi.

Et aussi il arriva que cette puissance nouvelle apparut là dans un degré d'impersonnalité et d'abstraction qu'elle n'avait pas eu dans les mains passionnées des Juifs ou des Génois, artistes, virtuoses en usure.

On demandera peut-être comment cette banque, vraiment impersonnelle, impartiale, aveugle et sourde, se décida toujours pour Charles-Quint plutôt que pour François I$^{er}$. Parce que Charles-Quint donnait un gage, non sa parole de prince, dont on se fût peu soucié, mais la solide garantie du commerce d'Anvers et d'autres villes, commerce qui lui-même avait en garantie les droits qu'il acquittait à l'entrée de l'Escaut, les payant d'une main et les recevant de l'autre. De sorte que tout ceci se passait sans le prince. Sur les cuirs ou les laines anglaises qu'elle faisait entrer, Anvers payait des droits. A qui? à elle-même. Et elle se couvrait ainsi des sommes que tiraient d'elle Augsbourg et les Fugger, lesquels payaient aux Électeurs, aux princes, à tous, pour les affaires de Charles-Quint.

Telle fut la mécanique, jusqu'à la grande invasion de l'or américain. C'est la cause réelle des succès de Charles-Quint. Augsbourg, Anvers et Londres étaient pour lui.

Les Allemands, outre la sûreté, avaient aussi, il faut le dire, un faible personnel pour ces banquiers d'Augsbourg. Pourquoi? La cause en est dans la simplicité, dans l'ostentation de mesquinerie et de petitesse qui les signale à leurs commencements. Plus tard, ils se firent princes et gâtèrent tout.

La vraie tradition antique d'une bonne banque bourgeoise, calquée sur le petit ménage allemand, flamand, se trouve conservée dans les peintures qui ornent leur hôtel de ville. C'est d'abord, il est vrai, l'apothéose d'Augsbourg elle-même. Augsbourg, reine triomphante dans un char que traînent des rois, des cardinaux, ses débiteurs sans doute. Puis Augsbourg, bonne ménagère, laborieuse et féconde, visiblement enceinte. Et qui plus qu'elle enfante? Par un enfantement éternel et tacite, les florins, les ducats y vont se procréant. Ailleurs, enfin, cette reine se montre naïvement en sa cuisine, avec baquets, faïences et casseroles, portant des clefs et la devise : « Tout et partout. » Clefs magiques d'argent pour ouvrir les coffres et les cœurs; toute-puissante cuisine, où la Circé allemande prépare incessamment les breuvages et les sauces qui changèrent plus d'un homme en bête.

Mais n'est-ce pas ravaler les choses? Loin de là. Consultons les commentaires de ces tableaux, je veux dire les inscriptions et les grisailles qui en donnent hardiment l'esprit. Un étrange amour de bassesse y règne et y triomphe. Je vois dans ces grisailles, autour du berceau d'un enfant, le boudin qui doit le nourrir; sur sa tête (poétique image) pend un petit cochon tout cuit. Le vrai couronnement est la devise inscrite sous un Vespasien : « L'argent sent toujours bon. » (*Lucri bonus odor.*)

Nous donnerons tout à l'heure le détail. Mais nous

devons d'abord caractériser ces prodiges que la nécessité mît dans les mains des banquiers allemands.

Tous les rois étaient jeunes, ou mineurs, ou majeurs à peine. La mort avait en une fois changé toute la scène du monde. Le pape même, Léon X, qui avait trente-neuf ans en 1516, pouvait passer pour jeune, relativement aux autres papes. Henri VIII avait vingt-quatre ans, François Ier vingt-deux, Charles-Quint seize, Louis de Hongrie dix. Toute cette jeunesse était fort gaie, on peut le croire (moins le petit Charles-Quint, étonnamment sérieux); les cours n'étaient que fêtes, rires, badinages, et l'argent coulait comme l'eau.

Le plus régulier de ces princes, le seul qui eût des mœurs, Henri VIII, beau jeune homme, un peu gros déjà, avec tout le bouillonnement et l'agitation physique de la jeunesse anglaise, avait été conquis par le fils d'un boucher, le facétieux cardinal Wolsey, qui le prit par les farces, par la chasse, les chiens, les chevaux, les faucons. Henri, esprit bizarre, aimait également à ferrailler dans l'escrime, dans la scolastique. Il se croyait né pour la guerre. Déjà il avait épuisé en vaines tentatives sur la France le trésor d'Henri VII. Mais l'Angleterre, en ce moment puissamment productive, pouvait donner beaucoup; et son roi, en réalité de tous le plus à l'aise, prêtait au roi d'Espagne, fort indigent alors, et croyait le subordonner.

Celui-ci, à qui l'Amérique ne rendait guère encore,

était aux expédients. Naples rapportait très peu. Les Pays-Bas souvent refusèrent, et dans les cas les plus pressants. Sans un prêt d'Henri VIII, Charles n'aurait pu passer en Espagne. Et, dans l'affaire de l'élection impériale, il arriva une fois qu'un courrier ne partit pas, faute d'argent.

La cour la plus coûteuse était celle de François I$^{er}$. Cette joyeuse cour, toujours en route, semble un roman mobile, pèlerinage pantagruélique le long de la Loire, de château en château, de forêt en forêt. Partout les grandes chasses et l'étourdissement du cor. Partout les grands banquets et la table sous la feuillée pour quelques milliers de convives. Puis tout cela disparaissait. — Les pauvres envoyés du roi d'Espagne ne savaient jamais où ni comment joindre le roi de France. Il se levait fort tard, et l'autre roi, sa mère, très tard aussi. On venait en vain au lever; le roi dormait. On revenait plus tard; le roi était à cheval, bien loin dans la forêt. Le soir était trop gai; à demain les affaires! Le lendemain on était parti; la cour était en route; les envoyés trouvaient quelques serviteurs attardés qui leur disaient en hâte que le roi couchait à dix lieues de là.

Un roi tellement voyageur devait connaître le royaume, ce semble, être en rapport avec le peuple, la noblesse, du moins. C'était tout le contraire. Il voyageait captif en quelque sorte d'une cour qui lui cachait le reste. Sa prodigalité profitait à très peu de gens. Le lendemain de son avènement, il mit un impôt onéreux. Pourquoi? Pour le donner. Il en fit un cadeau à Montmorency, à Brion, deux ou trois camarades.

Autre n'était la vie de Léon X. Il n'y eut jamais plus plaisant pape. Sous ce nom grave et *léonin*, Jean de Médicis était un rieur, un farceur, et il est mort d'avoir trop ri d'une défaite des Français. Raphaël, qui nous a transmis sa grosse face sensuelle, n'a osé en marquer le trait saillant, les yeux bouffons et libertins. Friand de contes obscènes, de paroles (n'ayant plus les œuvres), il avait toujours une oreille pour Castiglione, l'autre pour l'Arétin. On connaît celui-ci. L'autre, nous l'avons au Louvre (par Raphaël aussi), conteur aux yeux lubriques, au teint rougi, vineux, âcre d'histoires salées qui réveillaient les vieux. Entre ces bons Pères de l'Église, le pape, au même théâtre en deux compartiments, faisait jouer devant lui la *Calandra* et la *Mandragore*, pièces fort crues, très près des priapées antiques que lui refaisait Jules Romain.

Il croyait avoir peu à vivre, et vivait double, menant la vie comme une farce, aimant les savants, les artistes, comme acteurs de sa comédie. Ses meilleurs amis, toutefois, furent les grands latinistes, non l'Arioste, ni Machiavel, ni Michel-Ange. Il tint celui-ci dix ans à Carrare à exploiter une carrière, craignant apparemment que cette figure tragique ne lui portât malheur.

Ce n'est pas que cette cour si gaie n'ait eu aussi ses tragédies. Les cardinaux, qui avaient cru nommer un rieur pacifique, furent un peu étonnés lorsque, tout en riant, il en étrangla un, le cardinal Petrucci. Profitant de cet étonnement et de cette terreur, il fit ce que n'avait pas osé Alexandre VI, trente et un cardinaux en un jour, faisant d'une pierre deux coups, assurant à sa famille la prochaine élection, et remplissant ses coffres par cette vente de trente chapeaux. Malheureusement les coffres étaient percés. Il lui fallut, le lendemain, entamer avec Albert de Mayence (c'est-à-dire avec les Fugger) la grande affaire des indulgences.

Le Concordat ne profita guère plus à François I$^{er}$. Lorsque Duprat, à Bologne, soumit le roi au pape, le fit servir Léon X, marcher devant lui et lui donner à laver, il disait à son maître qu'avec ce Concordat, le pape ne retenant qu'une année du revenu, et laissant au roi les nominations, il allait avoir à donner six archevêchés, quatre-vingt-trois évêchés, nombre d'abbayes, etc. Belle liste civile, pour qui l'eût employée. Le roi la gaspilla. Les favoris eurent tout, la noblesse rien, et elle fut aussi irritée que le peuple. Les parlementaires et l'Université, qui jusque-là partageaient avec les clients des seigneurs, eurent à peine à ramasser les miettes. Grande mauvaise humeur, que Paris partagea. Pour don de joyeux avènement, le roi avait fait fouetter un Parisien, un certain abbé Cruche, qui gagnait sa vie à jouer de cabaret en cabaret de petites farces contre la cour qu'avait tolérées le bon Louis XII. Paris comprit alors ce qu'était un roi gentilhomme.

Moins dépensière, la cour de Charles-Quint ne fut

pas moins pesante et dévorante, par l'avarice de ses conseillers flamands.

La furieuse faim d'or et d'argent que les Espagnols portèrent en Amérique, les Flamands la portèrent en Espagne. Quoiqu'ils se crussent maîtres, ayant le roi à eux, quoiqu'ils prissent les grosses places et les grands évêchés (Tolède, par exemple, pour un Croy de dix-huit ans!), ils crurent cependant qu'en un pareil pays, peu endurant et sombre, le plus sûr était d'emporter. Les Castillans se croyaient garantis parce qu'ils avaient fait jurer au roi de ne laisser sortir ni or ni argent. Les Flamands ne s'en soucièrent. Avec une industrie étonnante, ils ramassèrent tout le numéraire, spécialement de beaux ducats de Ferdinand et d'Isabelle, d'or très pur, sortis de Grenade, gros à emplir la main. Il en resta si peu que, quand un Espagnol en apercevait un, il mettait la main au bonnet, lui disant dévotement : « Dieu vous sauve, ducat à deux têtes! puisque M. de Chièvres ne vous a pas trouvé! »

Rien ne dérangea les Flamands dans ce déménagement méthodique du vieil or espagnol. La jacquerie de Valence qui éclata, l'insurrection de Castille, ne les en tirèrent pas. S'ils firent convoquer les cortès, ce fut sur le rivage, dans un port de Galice, à l'extrême bout de l'Espagne, ayant là leurs vaisseaux et pouvant embarquer leur proie. Madame de Chièvres, en bonne ménagère, apporta là la charge de quatre-vingts chariots et de trois cents mulets; madame De Lannoy, celle de dix fourgons et de quarante chevaux ; le confesseur du roi, celle de seize mulets et dix chariots. Ainsi du reste. Un milliard de ducats, dit-on. Ce qu'ils laissèrent, ce fut la guerre civile.

Pendant ces trois ans passés en Espagne, tout leur soin était de ne pas être dérangés par la France. Ils amusaient François Ier de l'idée de faire épouser une fille de France au jeune Charles. Le roi n'était pas dupe ; il trouvait doux d'être trompé, tant qu'on lui paya une grosse pension de cent mille écus d'or sous ce prétexte de mariage. Charles-Quint, âgé de seize ans, écrivait : « Mon bon père », à un jeune homme de vingt-quatre. Cette longue comédie est merveilleusement peinte dans les dépêches (surtout du 7 juin 1518). L'envoyé de Charles, poursuivant le roi sur la Loire, est parvenu enfin à le saisir ; il le tâte et retâte. Le roi, très informé des embarras d'Espagne, et très convaincu qu'on le trompe et sur le mariage, et sur la restitution de la Navarre, et sur l'Italie, et sur tout, parle « froidement, sombrement ». Il n'est pas dupe, et il le montre bien. Et pourquoi donc alors ne profite-t-il pas de la révolution d'Espagne et de la guerre civile? Pourquoi? Deux autres guerres l'occupent : la guerre des femmes d'abord, qui se fait à sa cour entre sa maîtresse et sa mère. La guerre du Turc ensuite. Car tout le monde en parle, en frissonne, et la chrétienté entière regarde vers François Ier. Mais, pour mener l'Europe contre le Turc, il faut être empereur. C'est là le grand souci. Il faut déposséder la maison d'Autriche, qui, depuis près d'un siècle, occupe ce trône électif, et qui, cette fois, énormément puissante par l'Espagne, par les Pays-Bas, par les Indes, par l'héritage éventuel de Hongrie et Bohême, ne prendra pas l'Empire seulement, mais bien le gardera.

Grand rôle, de sauver l'Empire et l'Europe du Turc et de l'Autriche !

« Mais l'Europe, pourtant, s'est sauvée elle-même ? » Point du tout. Elle le fut en 1458 par un merveilleux hasard, l'incroyable héroïsme d'une petite nation, les Hongrois, et d'un homme, Huniade. En 1529, devant Vienne, le salut fut l'orgueil des Turcs, qui ne daignèrent pas amener de l'artillerie de siège.

Le hussard hongrois, il est vrai, était supérieur au spahi. Mais nulle infanterie européenne ne tint devant les Janissaires.

Contre cette force épouvantable, ce n'était pas trop de l'union serrée de la gendarmerie française avec le fantassin espagnol, suisse, et le lansquenet allemand.

Tous devaient quitter leur orgueil, et, tout naïvement, chercher un capitaine, un Huniade, un Mathias Corvin, s'il en était. Mais, s'il n'en était pas, si les héros manquaient, s'il fallait recourir aux rois, l'empereur naturel de la situation était le roi de Marignan.

Nous ne voulons pas dire qu'il en fût digne. Mais on l'en croyait digne, ce qui est déjà beaucoup. Et c'est précisément parce qu'on le croyait tel qu'on ne le nomma pas, qu'on nomma celui qu'on jugeait un jeune garçon médiocre. Son ambassadeur même écrivait : « Les Allemands ne connaissent pas beaucoup le roi d'Espagne, et ils n'en disent pas grand bien. »

Les Électeurs ne voulaient pas d'un Électeur : ils se jalousaient trop ; ni d'un petit prince, d'un seigneur, qui n'eût pu payer. (*Nég. Autr.*, II, 418.) Il leur fallait un roi, qui aidât aussi l'Allemagne dans son péril. Des deux, choisir celui qu'ils croyaient incapable, c'était une trahison inepte, aveugle, autant que criminelle.

Le Turc d'alors était le vrai Turc des légendes, non un Bajazet II, gras, pacifique et lent, poète mystique, qui laissa faire la guerre ; non pas le Salomon ou Soliman des Turcs, qui devint l'ami de la France. Celui-ci, le sultan Sélim, fit peur aux Turcs eux-mêmes. La chose infaisable et terrible, à laquelle nul n'osa toucher, lui, il la fit. Il réforma les Janissaires, mit leurs chefs dans sa main. Tellement il avait imprimé l'épouvante de sa force et de sa cruauté.

Les ambassadeurs vénitiens qui le suivent en tremblant dans ses victorieuses campagnes et ses massacres, ne sont pas terrifiés seulement, mais subjugués. On est stupéfait de lire que Mocenigo disait de cet exterminateur : « Nul ne fut si juste et si grand, *nul plus humain.* » Les bras en tombent.

Sa courte vie fut comme un arc d'acier, tendu à rompre par une puissante machine. Ni joie, ni table, ni femme ; rien d'humain. Rien que la guerre, l'extermination sainte, et les joies de la mort. Il était buveur d'opium, mais justement assez pour se tenir toujours froidement exalté, impitoyablement cruel. Poète subtil, bandé au sublime et mis par son lyrisme au-dessus de toute vie; d'autre part, d'une abstraction plus mortelle à la vie encore. Son horrible spiritualisme le rendait particulièrement altéré du sang de ceux qui ont mis l'esprit dans la chair, des croyants de l'incarnation (chrétiens, persans, etc.).

Notez que, dans les grands massacres, cet homme singulier ne prétendait rien faire que sur bonnes raisons, bons textes du Coran, réponses de prêtres et de juristes. Il était très embarrassant pour ceux-ci, et effrayant par sa subtilité, leur posant des questions, indifférentes en apparence, et leur surprenant des réponses à noyer le monde de sang. Après l'immense carnage des Mamelucks d'Égypte, il organisa dans tout l'Empire par une police savante et clairvoyante une complète Saint-Barthélemi des partisans des doctrines persanes et de l'incarnation d'Ali. Il procédait par ordre. Cela fait, il passa aux chrétiens, posant à son moufti une question captieuse, qui, subtilement interprétée, impliquait le massacre d'une douzaine de millions d'hommes. Le grand vizir, épouvanté, ne l'arrêta qu'en faisant venir trois hommes de cent ans, vieux Janissaires, qui jurèrent que Mahomet II avait promis la vie aux Grecs.

Sélim espérait bien se dédommager sur l'Europe, à qui Mahomet n'avait rien promis. Et déjà il avait demandé au moufti : « N'est-il pas méritoire de tuer les deux tiers des vivants pour le salut de l'autre tiers? »

On ne voit pas, dans l'état de division où étaient

les chrétiens, ce qui eût arrêté ce scolastique de la mort. Il avait pris l'Égypte sur les Mamelucks, les premiers cavaliers du monde, pris la Syrie et la Babylonie, frappé et mutilé la Perse pour toujours, et tout cela par les armes modernes et le génie civilisé, par l'artillerie, l'infanterie, une tactique habile. La parfaite justesse de ses vues se montrait en ceci, qu'il ne voulait pas faire un pas vers l'Allemagne, sans se créer d'abord une marine pour terrifier, paralyser la Méditerranée, l'Espagne et l'Italie.

Cela donnait à la chrétienté une année ou deux de répit.

Le danger était si prochain, et le roi de France tellement désigné comme chef militaire de l'Europe, qu'un de ses envoyés soutenait qu'il n'y avait pas d'argent à donner, que l'Allemagne le prierait de se laisser faire empereur. François I$^{er}$ disait qu'il ne voulait de l'Empire que pour cette guerre. L'ambassadeur anglais, Thomas Boleyn, lui demandant s'il irait en personne, il lui saisit la main, et posant l'autre sur son cœur : « Si l'on m'élit, je serai dans trois ans à Constantinople, ou je serai mort. »

Maximilien ne l'était pas encore. Que faisait-il ? Était-il occupé de fixer l'Empire dans sa famille ? Point du tout. Il l'offrait au plus riche, à Henri VIII. Celui-ci, comprenant que le vieil empereur ne voulait rien que l'exploiter, le remercia tendrement, lui souhaita longue vie.

C'est alors seulement que le grand-père commença à se souvenir qu'il avait un petit-fils qu'il chérissait, et retomba sur Charles-Quint. Les gouverneurs flamands de Charles, qui ne furent pas plus dupes, auraient voulu payer les Électeurs en promesses et en bénéfices. Max dit qu'il fallait de l'argent compté, sonnant, dans la main des Fugger, retenant seulement pour lui cinquante mille florins de courtage.

# CHAPITRE IV

*Suite. — La Banque. — Les Indulgences et l'élection. (1516-1519.)*

Si Plutus est aveugle, comme on a dit, il dut le regretter. Le temps dont nous contons l'histoire eût pu satisfaire ses regards. L'immense extension des activités en tous sens semblait n'avoir eu lieu que pour propager son empire. Pour lui, la terre avait été doublée; pour lui, par lui, les trois grandes choses modernes apparaissaient, bureaucratie : diplomatie et banque, — l'usurier, le commis, l'espion.

Soyons francs, soyons justes. Et que les anciens dieux descendent de l'autel. Assez de vains mystères. Plus modestes et plus vrais les dieux grecs, dans Aristophane. D'eux-mêmes ils intronisent leur successeur, le bon Plutus. Ils avouent franchement que sans lui ils mourraient de faim. Mercure quitte son métier de dieu, qui ne va plus; pour Olympe, il prend la cuisine, lave les tripes et dit en sage : « Où l'on est bien, c'est la patrie. »

Cela est franc et net. Mais combien détestable l'hypocrisie moderne ! cet effort d'accorder l'ancien et le nouveau, de coudre et saveter la rapacité financière de férocité fanatique !

C'est pour Dieu, pour sa gloire, qu'en douze ans on fit place nette à Saint-Domingue, mettant au ciel un million d'âmes. Pour Dieu, on chercha en Afrique des noirs païens qui, de terre idolâtre, heureusement sauvés en terre chrétienne, allèrent non moins rapidement en paradis. Même opération sur le continent, où, les âmes rouges montant là-haut trop vite, on suppléa infatigablement par les âmes noires.

C'est justement en 1517 qu'éclate la dispute des dominicains et des franciscains, de Las Casas et de Sépulvéda, le jour horrible qui révèle la fosse où, pour l'amour de l'or, on a jeté deux mondes, le nègre par-dessus l'Indien.

Les Espagnols, qui font à l'or cet immense sacrifice humain, bourreaux au Nouveau-Monde, sont victimes en Europe. Les ministres flamands les traitent, comme ils font l'Amérique, disant d'eux : « Ce sont nos Indiens. »

Mais nulle foire, nul marché d'esclaves ne présente un aspect plus cynique que l'Allemagne. Les pasteurs d'hommes, sans détour, y font l'encan de leurs troupeaux. Double vente, des corps et des âmes. Les maquignons se croisent. A grand bruit, passent et repassent les marchands de suffrages, les marchands d'indulgences.

Les deux affaires ont commencé en même temps,

dès 1516, toutes deux menées par les Fugger et par l'archevêque de Mayence, fermier des indulgences, et, dans l'élection, l'agent mobile, actif, d'influence principale, que consultaient les Électeurs.

Ce n'était pas la première fois que l'on vendait des indulgences. Mais la chose ne s'était faite jamais à si grand bruit, avec une telle mise en scène. Le peuple commençait à avoir l'oreille dure. Il fallait crier fort. Orgues, cloches, cantiques, furieuses prédications, nul bruit n'y était épargné. Dès que les habitants approchaient à une lieue d'une ville, le clergé, entraînant d'immenses processions de magistrats municipaux, d'écoliers et de confréries, allait au-devant de la bulle papale, tous portant des cierges allumés. On la voyait marcher devant, la triomphante bulle, sur un coussin de velours. La croix, plantée devant, était là pour lui faire honneur. Là, tous faisaient la révérence ; tous se confessaient là, et achetaient, bon gré, mal gré. On sait l'inquisition mutuelle des petites villes, et l'empressement des voisins à s'accuser. Malheur à qui ne suit pas le troupeau !

Aux portes de l'église étaient le coffre et le comptoir, le publicain Mathieu dans son *telonio;* je veux dire le Fugger, représenté par son commis. Avec raison, il suivait son affaire, ne se fiant nullement aux mains ecclésiastiques. Le moine qui prêchait était un homme trop connu. L'archevêque de Mayence avait pris à cent florins par mois un Tetzel, puissant aboyeur, célèbre par mainte histoire médiocrement édifiante, à ce point que Maximilien voulait le faire jeter à la rivière. Mais c'eût été dommage ; on n'eût pas aisément trouvé un tel acteur. Ajoutez que, comme bandit, il convenait à l'entreprise, pouvant se donner pour pièce probante et dire : « Regardez-moi ! voilà celui que l'indulgence a pu blanchir !... Après ce tour de force, que ne fera-t-elle pas ? »

Tetzel, intrépidement, allait au but. Il n'affadissait pas, n'endormait pas ses auditeurs. Il nommait les plus grands forfaits, ceux qu'on ne peut commettre, ni presque imaginer... Et, quand il voyait l'assistance frissonnante et déconcertée, il ajoutait froidement : « Eh bien, tout cela n'est rien, quand l'argent sonne au fond du coffre. »

Et si quelqu'un avait l'air de trouver cela bien fort, il s'échauffait jusqu'à dire : « Oui, quand même on aurait violé la mère de Notre-Seigneur ! »

« Savez-vous bien, misérables, disait-il encore, que ceci n'est accordé que pour rebâtir Saint-Pierre ?... En attendant, les reliques de saint Pierre, de saint Paul et de je ne sais combien de martyrs sont à la pluie, au vent, à la grêle, battues, souillées, déshonorées ! »

« Cœur endurci ! criait-il, n'entends-tu donc pas ta mère te dire du fond du purgatoire : « De grâce, un « florin, mon fils, pour me tirer de la flamme !... » Et vous l'avez, ce florin ! et vous ne le donnez pas ! »

Cela n'agissant pas toujours, au pis-aller, Tetzel vendait (chose d'un débit plus sûr) le pardon des péchés à faire, des viols et des adultères, des incestes à venir. Prix modéré ; la polygamie ne coûtait que six ducats.

C'était là la grande préoccupation de l'Allemagne. Le héros de l'époque n'était plus Huniade ou Barberousse, c'était Tetzel. La bataille, animée, ardente, homérique, était l'élection, duel à mort des écus, des ducats.

On pouvait prévoir une autre bataille. Le Turc allait compliquer le drame. Ses préparatifs finissaient. On pouvait, sans être prophète, prévoir qu'en 1520 quelque cent mille chrétiens, liés à la queue des chevaux, s'en iraient vers Constantinople. Sélim, il est vrai, faisait grâce presque toujours de l'esclavage, élargissant ses prisonniers par la voie du cimeterre.

Qui rassurait l'Allemagne ? un mur sans doute, ce mur vivant de la Hongrie, qui, deux fois, contre les Tartares, contre les Turcs, couvrit la chrétienté. Pays étrange, unique, où l'héroïsme était la vie commune, où tout homme trouvait juste et simple de mourir en bataille, comme était mort son père !... Mais, hélas ! ce sublime champion de l'Europe existait-il ? S'il existait, c'était en deux morceaux, coupé, scié en deux; et ce qui était plus grave, c'est que ce n'était pas une scission de territoire, mais d'âmes : il y avait deux Hongries.

Jusqu'au grand Huniade, ce peuple tout guerrier et pasteur fut, devant l'ennemi, une digue élastique et mobile. Toujours l'attente des combats, des ravages. L'unique pensée, faire front au Turc. Le seigneur était chef, non maître. Sous Mathias Corvin, la grandeur de l'état, le progrès du luxe, la sécurité, changèrent les choses. On se mit à parler d'impôts, de vassaux, de fermiers. L'invasion turque, en 1513, surprit la Hongrie divisée contre elle-même. Le peuple prit les armes, mais contre les seigneurs qui le retenaient sur leurs terres, lui refusaient ses libertés d'émigration et de croisade. Le roi était un Polonais, fort peu solide, et qui ne s'était établi qu'en trahissant son peuple, en le léguant aux Autrichiens s'il mourait sans enfants. Legs ridicule d'une couronne nullement héréditaire.

Il laissa un enfant, Louis, dont les tuteurs ne satisfirent encore l'Autriche qu'en répétant le crime, en livrant la sœur de l'enfant comme future épouse de l'archiduc, avec ce prétendu droit d'héritier de la couronne élective de Hongrie.

Situation à faire pleurer les pierres! que ce peuple sacré, sauveur béni de l'Occident, qui pour tous devait être un objet de religion, passât ainsi de voleur en voleur!

Le petit Polonais, qui était Français par sa mère et neveu de Gaston de Foix, se montra vrai Hongrois. A peine homme, il échappa à toutes ces infamies et trouva la mort sur le champ de bataille.

Un seul prince en Allemagne eût voulu relever et grandir la Hongrie, l'Électeur de Saxe, Frédéric-le-Sage. Il eût voulu soustraire le petit roi Louis aux influences autrichiennes, tirer sa sœur de Vienne, et donner à la Hongrie un gage de l'amitié reconnaissante de l'Allemagne en faisant son roi empereur. Plan très beau, difficile d'exécution. L'enfant était tenu, et par son tuteur polonais, et par sa sœur captive à Vienne, et par sa future femme, Marie d'Autriche, trois fois lié du fil de l'araignée.

La Saxe avait fermé sa porte aux vendeurs d'indulgences, enhardi les attaques qu'on dirigeait contre elles. L'Électeur comprenait très bien qu'une réforme du clergé qui soulagerait l'Église du poids de ses richesses, pouvait donner une solution simple au terrible embarras du temps, la disproportion des besoins et des ressources. *Attendre en attendant*, jusqu'à ce que cette manne tombât, c'était le conseil de la piété et de la politique. Seulement l'élection du roi Catholique pouvait tout empêcher.

Albert de Brandebourg, l'Électeur de Mayence, fut lui-même, dit-on, ébranlé aux premières prédications de la Réforme, et il eut un instant l'idée de passer au parti des saints. Il y eût gagné gros. Qu'était-ce que son petit profit de la ferme des indulgences, en comparaison d'une sécularisation radicale des biens du clergé? Qui sait même? de la transmutation d'un électorat viager en principauté héréditaire? Opération hardie, que son cousin, un autre Albert, fit dix années plus tard en Prusse, sous la protection de la Pologne. Pour qu'Albert de Mayence en fît autant, il lui eût fallu celle de la France, d'une France luthérienne. Il retomba au possible, à la petite et basse réalité, à son rôle de fermier de Rome et de brocanteur de l'Empire.

Sauf l'Électeur de Saxe, opposé à l'Autriche, et l'Électeur de Trèves, noble chevalier allemand qui voulut rester les mains nettes, le reste était à vendre, si bien que François I^er crut tout tenir deux ou trois fois, et autant de fois Charles-Quint. Celui-ci était en Espagne, mal informé, mal conseillé. Il eût manqué l'affaire, si sa tante Marguerite, plus près et plus adroite, n'eût arrangé les choses. Elle réduisit tout à une affaire d'argent, n'appela pas le pape au secours comme François I^er, élimina les banquiers italiens, circonscrivit et centralisa l'action, agissant à Augsbourg, c'était la caisse ; à Mayence, c'était l'intrigue. Elle fixa l'envoyé principal à Augsbourg, lui disant de s'en écarter peu. « Si vous allez à la diète suisse, lui écrit-elle, je vous prie et *ordonne de par le roi* que vous retourniez le plus tôt possible à Augsbourg. » (28 février 1519.)

Cette concentration de l'affaire chez les Fugger fut la cause du succès. Les Électeurs n'avaient de confiance que dans cette maison, et ne voulaient pas avoir affaire aux banquiers italiens ; il fallait en passer par là. Ce que s'obstinaient à ne pas comprendre M. de Chièvres et le conseil d'Espagne. Ces Croy, qui peut-être faisaient passer par Gênes les grandes sommes qu'ils tiraient d'Espagne, étaient liés d'intérêt aux Génois, et tenaient à partager l'affaire de l'élection entre ceux-ci et les Allemands.

L'envoyé écrivait d'Augsbourg : « Ce pauvre Fugger, quoique bien maltraité et qui y a déjà perdu huit mille florins, prêtera pour un an. » (8 février.) Ce pauvre Fugger refusait l'intérêt pour le peu qu'il prêtait du sien, mais se dédommageait par sa commission sur les sommes qu'il tirait d'ailleurs.

Trois conditions furent imposées par lui, et il y tint : 1° Les Garibaldi de Gênes, les Welser d'Allemagne, et autres banquiers, *n'eurent part à l'affaire qu'en versant chez Fugger*, et ne prêtèrent que par son intermédiaire ; 2° Fugger *reçut en garantie les billets des villes d'Anvers et de Malines*, payées elles-mêmes sur les péages de Zélande ; 3° Fugger avait obtenu de la ville d'Augsbourg qu'elle défendît de prêter aux Français. Il exigea de Marguerite une mesure inouïe, de faire *défendre aux gens d'Anvers de faire le change en Allemagne, pour qui que ce fût*. Acte étonnamment arbitraire, qu'aucune ville des vieux Pays-Bas n'eût supporté. Mais la jeune ville d'Anvers, qui alors enterrait Gand et Bruges, et qui se lançait dans le tourbillon des grands intérêts maritimes, avait un extrême besoin de se concilier le roi de l'Espagne et des Indes. La chose fut endurée. Fugger fit la guerre à son aise. Les Génois et Nurembergeois, tout en grondant, se résignèrent ; ils aimèrent encore mieux gagner par lui et lui payant tribut, que de ne pas gagner du tout. Les Français qui avaient emporté de l'argent furent bientôt à sec, ne trouvèrent nul crédit, et n'eurent plus à offrir que leurs belles paroles et l'éloquence de l'ambassadeur Bonnivet.

Marguerite, avec tout cela, doutait fort du succès. Il était visible qu'un roi des Espagnols qui ne savait pas encore l'allemand (on lui traduisait les dépêches) était un étranger, visible qu'il allait être partagé entre deux royaumes, deux esprits tout contraires. Si l'on disait qu'un Autrichien, voisin de la Hongrie, serait un défenseur contre le Turc, l'argument était bon surtout pour Ferdinand, qui allait épouser Anne de Hongrie. Marguerite, on l'entrevoit dans les dépêches, eût voulu pouvoir demander l'Empire pour Ferdinand. Ce parti évitait peut-être l'horrible guerre qui, presque sans trêve, dura, contre la France, contre les protestants, toute la longue vie de Charles-Quint. Mais, au premier mot écrit en ce sens, les Croy, le conseil d'Espagne, répondirent aigrement qu'on reconnaissait là les ennemis du roi, les amis de François I$^{er}$. Ces sottises furent portées par l'un d'eux à Malines, avec des instructions altières où le jeune roi d'Espagne se montrait justement par le côté qui eût dû empêcher son élection, disant qu'il pouvait bien mieux que Ferdinand « assurer *l'obéissance de l'Empire* et acquérir grant gloire *sur les ennemis de nostre sainte foy catholique* ». (5 mars 1519.)

Ce déboire ne diminua pas le zèle de Marguerite. Le grand point était de gagner les deux frères de la maison de Brandebourg, dont l'aîné, Joachim, s'était engagé pour la France ; le cadet, archevêque de Mayence, flottait, alternait par semaine, pour se mieux vendre. Les autres Électeurs, rendant justice à ce jeune prélat et le croyant le plus avide et le meilleur marchand, le consultaient et se réglaient sur lui.

Nulle scène, dans l'*Avare* ni les *Fourberies de Scapin*, ne me paraît valoir ce marchandage de Mayence. (V. surtout 4 mars). Les plus habiles y profiteront, je le leur recommande. D'abord, le prélat affiche la plus complète incrédulité aux promesses de l'ambassadeur. Il a bien touché quelque argent, c'est vrai. Mais qu'importe ? Rien de fait. Et rien ne se fera, l'affaire est trop mal engagée. Le pape et l'Angleterre travaillent contre. « Nous savons bien, d'ailleurs, qu'on ne nous tiendra rien de ce qu'on dit. L'Espagne ne laissera pas seulement venir son roi. Enfin, que voulez-vous ? Les Français ont déjà les autres Électeurs... Vos billets d'Anvers et Malines, c'est du papier. Nous savons bien que ces villes ont privilège pour ne payer jamais. La garantie d'Augsbourg, de Nuremberg ! à la bonne heure ! »

A cette comédie, l'envoyé répond par une comédie : il s'adresse à son cœur, à ses bons sentiments pour l'Allemagne, lui remontre la honte qu'il y aura à l'élection d'un étranger... Puis, s'exaltant, et le voyant de marbre, il en vient aux injures et le traite comme un misérable.

Le coquin, peu ému, répond ingénument qu'on lui offre davantage, qu'il est l'homme essentiel, que les autres voteront comme lui, qu'on ne fera rien sans lui. « Je veux, dit-il, cent mille florins sonnant, par-dessus ce que m'a promis feu l'empereur.

« Impossible ! vous resterez Électeur, lui roi d'Espagne, et Dieu vous punira ! »

Ni l'un ni l'autre ne voulait rompre ainsi. « C'est une grosse affaire, dit le prélat avec un air rêveur. J'y penserai cette nuit. »

Le matin, l'homme du roi voit arriver chez lui un confident valet, homme du plus secret intérieur.

« Eh bien! quatre-vingt mille? — Non. — Soixante? cinquante? — Toujours non. — Enfin, de descente en descente, ils tombèrent au cinquième de ce qu'il avait demandé d'abord ; on s'accorda à vingt mille florins. — « Mais vous n'y regretterez rien. Car il vous donnera avec lui son frère, Brandebourg et Cologne. Seulement il ne faut pas que les autres Électeurs le sachent ; ils voudraient aussi de l'augmentation. »

Attendez. Tout n'est pas fini. Il y a encore de l'argenterie et des tapisseries de Flandre, dont on avait parlé. Le prince, ami des arts, y tient essentiellement.

Cet Albert de Mayence eut cinquante-quatre mille florins, *pour œuvres pies*, avec dix mille de pension et la promesse que le nouvel empereur lui obtiendrait la position de légat *a latere* nommant à tous les bénéfices ; boutique ouverte des dons du Saint-Esprit.

Son frère, l'Électeur de Brandebourg, devait avoir cent trente mille florins avec une sœur de Charles-Quint.

Le palatin cent dix mille, et six mille de pension, etc., etc.

Cette œuvre de corruption n'aurait pas suffi, peut-être, si Marguerite d'Autriche n'y eût joint, dès l'origine, les moyens de la calomnie. La Flamande connaissait la crédulité des populations allemandes et suisses, et combien facilement on leur fait avaler les bourdes les plus grossières, dès qu'on touche leur endroit faible, leur jalousie de la France. *Un*

*Welche!* avec ce mot, on trouble leur bon sens. D'*un Welche* tout est croyable. Les choses les plus contradictoires s'accordent, s'acceptent en même temps. Le mot d'ordre qu'elle donna, et qu'on trouve dans ses dépêches, ce fut de dire sur tous les tons : Que c'était fait de l'Allemagne ; les Welches allaient tout envahir ; qu'au moment de l'élection François I$^{er}$ arriverait avec une armée à Francfort, ferait voter sous la terreur ; qu'élu ou non, il irait se faire couronner à Rome ; que, sûr du pape et de l'onction pontificale, il s'imposerait à l'Allemagne, qu'il réduirait les princes allemands à l'état d'obéissance où étaient les princes français, qu'avec les armées allemandes et celles d'Italie il écraserait la Suisse, etc., etc. Ces nouvelles furent semées dans les cabarets, dans les assemblées de cantons, dans les diètes fédérales, et devinrent croyables à force de vin. Il faut entendre là-dessus l'envoyé impérial qui avait la brutale commission de griser les Suisses. Cette négociation d'ivrognes insolents lui fait pousser des exclamations de désespoir : « Ces gens-ci sont sur mon dos, par trois ou quatre tables, comme si je les eusse priés. Ils ne cessent de demander... Que ne puis-je me retirer ! J'aimerais mieux porter des pierres que d'endurer ces coquins... Que dis-je ? ils les faut adorer, les traiter comme seigneurs ! » (*Nég. Autr.*, II, 373.)

Sans vin et sans argent, les Suisses auraient encore pris parti contre la France. Marignan leur avait laissé un amer levain de rancune. Ils crurent ce qu'on voulait. Ils crièrent qu'il ne fallait pas qu'on laissât passer le *Welche*, ils prièrent, commandèrent aux Lorrains, aux Alsaciens, de lui tomber dessus au passage, de le traiter comme René fit du duc de Bourgogne. Les Allemands, de leur côté, écrivaient à Marguerite qu'ils verseraient tout leur sang pour empêcher l'élection du Français.

Toutes ces fumées de haine auraient pu s'évaporer. Pour rendre la haine active et lui faire frapper un coup décisif, il fallait l'armer d'une épée. Cette épée fut Seckingen.

Ceci fut le coup de maître le plus inattendu. Seckingen ne s'achetait pas, et il n'aimait pas la maison d'Autriche. Maximilien, pour je ne sais quelle belle action de justice héroïque, l'avait mis au ban de l'Empire. Dans ce temps d'anarchie et de corruption où les juges se faisaient brigands, les brigands (nobles, chevaliers) pouvaient bien se faire juges. Tel était Seckingen. Il s'était fait le redresseur de torts. La noblesse le suivait, et il avait mis à la raison jusqu'à un duc de Lorraine, un landgrave de Hesse, le prince le plus guerrier de l'Allemagne. François I$^{er}$ l'avait eu pour pensionnaire, puis s'était sottement brouillé avec lui. Mais il n'y avait pas apparence que l'ami d'Hutten et de la révolution allât contre son rôle et prêtât sa vaillante épée à l'intrigue de Marguerite. Ni l'argent ni la ruse n'eût rien fait près de lui. On le surprit par l'amitié.

Le Sanglier des Ardennes, La Marck, le brigand de la Meuse, était l'ami naturel de l'illustre brigand du Rhin. Marguerite avait séduit le premier par l'espoir de lui obtenir le chapeau pour son frère l'évêque de Liège. Ce chapeau tant désiré, on le lui tenait à distance, lui promettant qu'il l'atteindrait s'il montrait du zèle. Point de chapeau s'il ne gagnait son ami Seckingen aux intérêts du roi d'Espagne. La Marck y fit tous ses efforts. Et, par surcroît, Marguerite acheta un gentilhomme, par lequel Seckingen, crédule comme un héros du vieux temps, se laissait volontiers conduire.

Hutten lui-même aida peut-être. Le duc de Wurtemberg, ami, allié de la France, venait de tuer un parent d'Hutten, amant de sa femme. Il avait soldé des bandes et guerroyait contre les villes impériales. Hutten sonnait contre lui le tocsin de ses pamphlets. D'autre part, on cria partout que cet ennemi public était soudoyé par le roi de France. Les Allemands, Seckingen en tête, coururent sus; il fut écrasé. L'armée, où Marguerite avait mis six cents cavaliers, lui resta disponible; on la fit approcher de Francfort, où se faisait l'élection; on la montra comme épouvantail aux Électeurs, dont plusieurs se repentaient et comprenaient qu'ils allaient se donner un maître. Le Palatin le sentait. Plusieurs villes impériales, Strasbourg, Constance, etc., regrettaient amèrement d'avoir, sans le savoir, donné cette force aux Flamands pour peser sur l'élection.

Spectacle bizarre, en effet! c'étaient des villes, les dernières républiques de l'Allemagne, c'était Seckingen, le chef de la démocratie noble des chevaliers du Rhin, c'était la révolution qui allait sacrer à

Francfort la contre-révolution. Tous ces ennemis des prêtres faisaient venir un empereur, d'où? du pays où les prêtres régnaient sur les rois, et régnaient à faire peur à Rome elle-même!

Cette curieuse mystification avait donné tant d'audace aux Flamands-Espagnols, qu'ils avaient entouré Francfort d'embûches et de coupe-jarrets pour faire un mauvais parti à ceux qui viendraient pour le roi. Le principal ambassadeur, un prince, Henri de Nassau, dans une lettre de Coblentz, écrit à Marguerite qu'il a dressé une embuscade par eau et par terre à un archevêque, « laquelle lui eût coûté cher » si l'Électeur de Mayence n'eût parlé pour lui.

Le 17 juin, au milieu d'une armée de vingt-cinq mille hommes, s'ouvrit la diète électorale. Les partisans de la France commencèrent à avoir peur. Le Palatin, parent de François I$^{er}$, après s'être avancé pour lui, recula et se rétracta. L'Électeur de Brandebourg, qui avait parole d'être son lieutenant dans l'Empire, se convertit à Charles-Quint. Le Saint-Esprit, sous la forme un peu rude de Seckingen, agit ainsi sur tous. Il n'y eut que l'Électeur de Trèves qui ne s'était pas vendu au roi de France, mais qui, véritable Allemand, voulait contre le Turc le meilleur défenseur de l'Allemagne.

François I$^{er}$, *in extremis*, perdant de ses espérances, fit dire à ses ambassadeurs d'appuyer un prince allemand autre que l'Autrichien. L'Électeur de Saxe eût eu des chances. Mais il s'abandonna lui-même, et étonna tout le monde en votant pour Charles-Quint.

Dans son indécision, il se laissa aller à ce qu'il crut la volonté de Dieu. Il semble aussi que, ne pouvant enlever Anne de Hongrie, il espéra pour son neveu Catherine d'Autriche, la sœur de Charles-Quint, se résignant, comme le chien de la fable qui porte le dîner et le défend d'abord, mais qui, voyant que d'autres y mordent, se décide et en prend sa part.

La France ne fut pas battue seulement, elle fut ridicule. Bonnivet eut l'idée d'entrer du moins dans Francfort, et de voir lui-même sa déconfiture. Ce qui le tenta sans doute, c'est que la chose semblait périlleuse, à travers tant d'épées nues, et avec des adversaires si peu scrupuleux. Pour n'être arrêté aux portes, il lui fallut (lui ambassadeur du roi de France) prendre un déguisement, un habit de soldat.

Revenant assez triste et l'oreille basse, il se consolait sur la route de l'injustice des Allemands avec les Allemandes. Elles sont bonnes et compatissantes. Elles le consolèrent tellement, qu'en Lorraine il tomba malade. Maladie politique, peut-être, qui fit rire le roi. Tout fut oublié.

Les résultats étaient fort sérieux.

Cet empereur de vingt ans, qui, dans ses faibles bras, prenait la moitié de l'Europe, faible pour gouverner, fut fort pour étouffer ; toute nation pâlit en son propre génie, languit et défaillit dans cet effort absurde d'assimilation impossible.

On avait fait un monstre : l'Espagne et l'Allemagne collées l'une sur l'autre, et face contre face, Torquemada contre Luther.

Et cette chose monstrueuse permit d'en faire une perfide, qui eût ouvert la porte aux Turcs (sans un hasard tout imprévu). Ce fut de faire une Hongrie allemande, autrichienne, bâtarde, d'énerver, mutiler le vaillant portier du monde chrétien.

Un an après l'élection impériale, le frère de l'Empereur épouse Anne de Hongrie, et se dit héritier de Hongrie et de Bohême, portant sa main marchande sur la sainte couronne des héros, le palladium de l'Europe.

## CHAPITRE V

Réaction contre la banque. — Albert Dürer. *Melancolia*.

Allemagne, Hongrie, Bohême, Espagne, des nations si différentes, si énormément éloignées de mœurs, de langues et de génie, venaient d'être englobées du même coup de filet, victimes d'une même opération de banque et de diplomatie.

« Triomphe, dira-t-on, d'une puissance moderne et pacifique sur les vieilles nations d'héroïsme sauvage, triomphe de la paix sur la guerre. » — N'oublions pas que cette œuvre de paix engendre deux cents ans de guerre (1515-1715).

Non, ce n'est pas pour le bonheur du monde que le monde est escamoté, qu'une femme intrigante, avec ce publicain d'Augsbourg, brise l'épée d'Huniade et du Cid, ruine la ruine de Jean Huss, et sur la grande Allemagne, profondément enceinte de pensée sublime et mystique, jette froidement le coffre, la caisse et le comptoir, où s'assoira l'éternel *croupion* qu'on appelle la Bureaucratie.

Comment les nations vendues prirent-elles leur sort?

La Bohême, livrée par sa sœur la Pologne, l'hérétique par la catholique, la Bohême, arrivée à sa dernière goutte de sang, reçoit sans réclamer cette pelletée de terre qui la recouvre pour jamais.

La Hongrie, comme elle a vécu, s'en va mourir dans les bataillons turcs, en protégeant ses assassins.

L'Espagne, comme un taureau blessé qui se percerait de ses cornes, est furieuse, contre qui? contre soi. Volée par les Flamands, elle va se voler elle-même; indigente par eux, elle se fait mendiante, en détruisant ses Maures. Elle restera *loyale* quand même, et mourra le chapeau à la main devant la dynastie flamande.

Ces deux héros, aux deux bouts de l'Europe, le Hongrois, l'Espagnol, ont à peine conscience de leur destinée.

La conscience du temps fut dans l'Allemagne. C'était, relativement à nous, à l'Italie, une jeune et verte nation. La France, qui est devenue jeune, était très vieille en 1500. Sa langue, jadis européenne, avait traversé bien des âges. La langue allemande, à peine adulte, se formait, florissait, touchait à ce moment où la fleur est la force et la fécondité. Il y avait une vraie jeunesse dans les mœurs; Machiavel en est frappé : une simplicité extrême dans la vie, l'alimentation, le vêtement; une pauvreté riche de sentir si peu de besoins. Et, dans cette mesquinerie volontaire des choses matérielles, beaucoup de richesse morale. D'une part, le vieux génie tenace du paysan, homme des temps antiques et de l'âge de ses forêts, ami de l'arbre et de la source, frère du chevreuil, du cerf, sachant la langue des oiseaux. D'une part, la culture savante (il est vrai, pédantesque) de l'ouvrier allemand, doublement ouvrier, rabotant des planches et des vers, calculant sur l'empeigne ou la semelle d'un soulier le *canon* compliqué d'une harmonie nouvelle qu'il chantera dimanche. Beaucoup de bonhomie rustique et de fraternité industrielle. Ajoutez d'éternels voyages d'étudiants et de compagnons, errants, toujours chez eux dans la patrie allemande; soufflant la plume au vent le matin et marchant où elle vole, sûrs de trouver le soir une porte ouverte; ou, si le gîte manquait, chantant le long des rues de leur plus belle voix quelque vieux chant d'Église, que la bonne femme allemande vient bien vite écouter.

Deux choses originales et rares. La famille très pure et innocente. Et le vagabond, le mendiant, sûrs pour elle et reconnaissants.

Avouons aussi le revers : un respect ridicule des grands, une bonasse admiration, non des empereurs ou Électeurs, mais des moindres principicules, *de sa haute et très digne Grâce, de l'infiniment gracieux et clément Seigneur...* je ne sais qui, quelque noble vautour qui daigne les manger jusqu'aux os.

Enfin, ce qu'on a dit (trop durement) : « Le Français est l'esclave, l'Allemand le valet. »

Notez que ce valet est Hændel, Dürer ou Mozart.

Pour revenir, l'Allemagne, deux ans durant, s'était vue brocantée. Point de mystère. Les courriers, les ambassadeurs, les marchands d'âmes, allaient, venaient ; effrontément sonnaient les florins, les écus. On discutait haut, à grand bruit. Tant à Judas, tant à Pilate. Combien l'âme de l'Allemagne? combien son corps et sa dépouille? Les princes tiraient ceci, mais le pape emportait cela. Encore si, nue, déshabillée, exposée à l'encan, l'esclave eût eu sa foi! On la vendait avec le reste. Si la science et la pensée pure, la lumière supérieure des libertés de l'âme, au moins, était restée! Mais le pis, le plus sombre, c'est que tout cela échappait. La Renaissance elle-même semblait avoir menti. Un Médicis devenu pape, ralliant les savants; Érasme ami des cardinaux, correspondant de Léon X; Hutten menaçant et flattant Rome, ne sachant plus lui-même dans ses dédicaces équivoques s'il veut caresser ou blesser, Hutten élisant domicile chez le fermier des indulgences et de la grande élection!

Vous vous imaginez que la dose excessive de longanimité et de patience dont ce peuple étonne le monde a dû être épuisée, et que la violence du désespoir lui aura arraché un cri, une malédiction, un blasphème?... Oh! que vous connaissez peu l'Allemagne! Des révoltes locales eurent lieu, mais la masse allemande ne bougea ; elle soupira seulement et regarda le ciel.

Soupir profond que l'art allemand prit au passage, et, lui donnant figure, grava pour l'avenir sur le bronze : *Melancolia.*

Dans l'ombre humide des grands murs que la ville de Nuremberg venait de se bâtir contre les brigands et les princes, vivait et travaillait l'homme en qui fut la conscience profonde de ce pays de conscience, le grand ouvrier Albert Dürer.

Ce pauvre homme, très malheureux en ménage, ne gagnant pas assez pour apaiser sa ménagère acariâtre, avait un foyer trouble (à l'image de la patrie), sans consolation intérieure. *Melancolia.*

Vingt fois, cent fois, sur toile, sur bois, sur cuivre, insatiablement, il peignit, grava sa tristesse et celle du temps, dans les formes légendaires de la Passion : le Christ vendu des Juifs, mais les chrétiens sont pires ; le Christ frappé des Turcs, il l'est encore plus par les siens. Il variait ce thème à l'infini, sans satisfaire son cœur, impuissant et vaincu par les réalités dans cette lutte laborieuse. *Melancolia.*

Enfin, dans un grand jour, échappant aux formes connues, et, par un effort stoïcien, faisant appel au *moi*, sans appui du passé, il grava d'un acier vainqueur le génie de la Renaissance, l'ange de la science et de l'art, couronné de lauriers. Il l'entoura de ses puissants calculs, lui mit le compas dans la main, et autour toutes les puissances d'industrie, la balance et la lampe, le marteau, la scie, le rabot, les clous et les tenailles, des travaux commencés. Rien n'y manque ; pas même les essais botaniques, en petits vases ; pas même les travaux de l'anatomie : une bête morte attend le scalpel. Ce n'est plus là l'atelier fantastique du magicien, de l'alchimiste, qui ne donnait rien que fumée. Non, ici tout est sérieux, formidablement vrai ; c'est le laboratoire où la science est puissance, où chaque coup qu'elle frappe est une immortelle étincelle qui ne s'éteindra plus et reste un flambeau pour le monde.

L'être singulier et sans nom qui siège en ce chaos, ce beau géant qui, s'il n'était assis, passerait de cent pieds toutes les figures de Raphaël, ce génie dont les fortes ailes, d'un tour, franchiraient les deux pôles, qu'il est sombre pourtant! Et comment n'a-t-il pas la joie immense de son immense force? Pourquoi d'un poing serré, accoudé au genou, dans un effort désespéré, cache-t-il la moitié de sa face admirable, de sorte qu'on ne voit guère que le noble profil, l'œil profondément noir et plongeant dans la nuit?... Oh! fils de la lumière, que tu es triste!... et attristant!... Moi, j'avais cru que la lumière, c'était la joie!

« Quoi! tu ne vois donc pas? » dirait-il, s'il parlait, s'il pouvait du fond de ce cuivre se retourner vers moi, « tu ne vois pas ce bloc mal équarri, de forme irrégulière, et que la divine géométrie ne ramènera pas au prisme des cristaux? Prismatique il était, régulier, harmonique. Qu'ai-je fait? Sans arriver à l'art, j'ai brisé la nature. »

C'est donc en vain qu'on voit, dans un lointain immense, le vaste monde, forêts, villes et villages, l'infini de la mer et l'infini de la lumière. Que lui fait tout cela? L'infini qu'il poursuit, la lumière qu'il adore, c'est celle qui est au fond de l'être. Voilà ce qui serre son poing et qui ride son front, ce qui le laisse sans consolation. Voilà pourquoi ses lauriers l'accablent, et tous ses instruments, ses moyens de travail, ne lui semblent qu'embarras, obstacles... Oh! nous avons trop entassé! Nous succombons sous nos puissances. Celui-ci est captif de l'encombrement de la science. Son laboratoire fait suer à voir. Comment sortirait-il de là? Comment, s'il avait le malheur de vouloir seulement se lever, le pourrait-il? Il lui faudrait crever le toit de son front. Il y a une échelle pour grimper à l'observatoire... Amère dérision pour ce captif, lié de sa pensée. Je vous jure que jamais il ne montera. Adieu le ciel et les étoiles!... Pour les ailes! c'est le plus affreux!... Oh! se sentir des ailes pour ne voler jamais... Cette torture fut épargnée à Prométhée.

Il y a pourtant encore un être vivant dans un coin, qui (bien entendu) n'ose souffler devant l'ange terrible. Pauvre petit génie tout nu, assis sur un marbre manqué. Ramassé sur sa tâche et les veines enflées d'un grand effort d'attention, il voudrait buriner, le petit, il travaille consciencieusement d'une pointe studieuse et maladroite. De sorte qu'il pourrait bien être, sous cet aspect modeste, l'humble effigie de l'art allemand, la timide conception, la bonne volonté d'Albert Dürer et son âme ingénue... Hélas! l'effort n'est pas la force. Si ce géant ne peut, que peut le nain? Et, je le vois avec chagrin, ce pauvre et lourd enfant ne prendra pas l'essor. Dieu ait pitié de lui! Les inutiles ailes qui lui ont poussé par erreur pendent et pendront toujours à ses épaules.

Image vraiment complète de découragement, qui supprime l'espoir, ne promet rien, pas même sur l'enfance. Le présent est mauvais, mais l'avenir est pire. Et l'horloge que je vois ne sonnera que mauvaises heures.

Telle fut la pensée d'Albert Dürer. Et, l'œuvre étant finie, datée, ayant envie de l'effacer, de la mettre dans l'ombre éternelle, il rit amèrement et ajouta une chauve-souris exactement sur le soleil; elle vole outrageusement en pleine lumière, inscrivant la nuit dans le jour, et le mot : *Melancolia*.

D'où l'harmonie reviendrait-elle dans ce monde complexe, devenu à lui-même son labyrinthe inextricable, perdu en soi, brisé de soi, paralysé par ses propres puissances et par ses moyens d'action?

Au désespoir de l'art un autre art répondit, une harmonie inattendue, un chant doux, simple et fort, si fort qu'il fut entendu de mille lieues; si doux que chacun crut y reconnaître la voix de sa mère même. Et, en effet, une mère nouvelle du genre humain était venue au monde, la grande enchanteresse et la consolatrice : la Musique était née.

Silence ici! j'entends l'objection, et je répondrai aux Gothiques, et plus qu'ils ne voudront[1]. En attendant, je leur défends de dire, à ceux qui tant de siècles ont désespéré l'âme humaine, qu'ils lui aient trouvé ses consolations. Vous la laissiez inguérissable, cette âme, inconsolable jusqu'au premier chant de Luther.

---

1. *App.*, p. 430.

# CHAPITRE VI

### La musique. — Luther.

Luther ouvrit la voie, et dès lors toute la terre chanta, tous, protestants et catholiques. De Luther naquit Goudimel, le professeur de Rome et le maître de Palestrina.

Ce ne fut pas le morne chant du Moyen-âge, qu'un grand troupeau humain, sous le bâton du chantre officiel, répétait éternellement dans un prétendu unisson, chaos de dissonances.

Ce ne fut pas la farce obscène et pédantesque des messes galantes dont l'*introït* était un appel à Vénus, et dont le *Te Deum* rendait grâce à l'Amour.

Ce fut un chant vrai, libre, pur, un chant du fond du cœur, le chant de ceux qui pleurent et qui sont consolés, la joie divine parmi les larmes de la terre, un aperçu du ciel... Dans un jour de malheur et d'imminent malheur où le ciel se cernait de noir, je vis un point d'azur qui luttait, grandissait, contre les nuées sombres, azur d'acier, sévère et sérieux, où le soleil ne riait pas. N'importe, je m'y rattachais, je le suivais des yeux. Mon cœur chanta, et j'étais relevé.

Voilà la vraie Renaissance. Elle est trouvée. C'est la Renaissance du cœur.

Grande ère où sonne une heure du monde ! La nouvelle heure peut dire : « Je n'ai rien de l'heure écoulée. Le passé, c'est l'âge muet, et qui ne put chanter, âge sombre qui dut manger son cœur dans la nuit du silence. Moi, je suis l'âge harmonieux, qui, par le libre chant, verse son cœur à la lumière, l'épanouit, l'agrandit et le crée. »

« Je sens mille cœurs en moi », dit quelque part un héros de Shakespeare. Mais qui a droit de dire ceci, sinon l'âge moderne, à partir de Luther ? Oui, je sens ces mille cœurs, et je les fais sans cesse, je me les crée et les engendre et les multiplie par le chant.

Le besoin de créer, de se faire et de faire son Dieu, n'a pas manqué au Moyen-âge. Et cet effort a apparu dans le dessin et dans les arts d'imitation.

Du jour où Giotto, Van Eyck, délivrèrent les saintes images de la fixité byzantine, chacun voulut son Dieu à soi, et tourmenta le peintre et le graveur. On l'emportait dans son sein, dans sa robe, ce Dieu, on s'en allait riche de son rêve. Et le lendemain on disait : « Ceci n'est pas mon rêve encore. »

Légitime exigence, et non caprice. Dieu est Dieu par son renouvellement continuel, par ce charme rapide de l'incessant enfantement. Tel il est, et tel le veut l'homme. Donnez-lui donc un art, non pas d'imitation et de fixité; au contraire, un art où jamais rien ne se reproduise identique. Cet art sera plus près de Dieu.

Aux plus déshérités fut donné ce don de la Grâce.

Avez-vous vu les caves misérables de Lille et de la Flandre, l'humide habitation où le pauvre tisserand, dans ce sombre climat d'éternelle pluie, envoie, ramène et renvoie le métier d'un mouvement automatique et monotone? Cette barre, qui, lancée, revient frapper son cœur et sa poitrine pulmonique, ne fait-elle rien, je vous prie, qu'un tour de fil?... Oh! voici le mystère. De ce va-et-vient sort *un rythme;* sans s'en apercevoir, le pauvre homme à voix basse commence *un chant rythmique.*

A voix basse! il ne faudrait pas qu'on l'entendît. Ce chant n'est pas un chant d'Église. C'est le chant de cet homme, *à lui,* sorti de sa douleur et de son sein brisé. Mais je vous assure qu'il y a plus de soleil maintenant dans cette cave que sur la place de Florence; plus d'encens, d'or, de pourpre, que dans toutes les cathédrales de Flandre ou d'Italie.

« Et pourquoi pas un chant d'église? Est-ce révolte? » — Point. Mais c'est que l'Église ne sait et ne peut chanter, et elle ne peut rien pour cet homme. Il faut qu'il trouve lui-même. Elle perdit le rythme avec Grégoire-le-Grand, et elle ne le retrouve pas pendant mille ans. Elle en reste au plain-chant; c'est sa condamnation.

Ce tisserand *buissonnier,* de la banlieue d'une grande ville, n'a garde de chanter haut. Il est trop jalousé du fier et souverain métier des tisserands, du corps autorisé qui vient de temps à autre lui briser tout dans sa maison. Il est humble, comme la terre, le terrier où il vit. La cloche du métier ne sonne pas pour lui. Le noble carillon de la ville, qui réjouit les autres de quart en quart, au contraire lui sonne aux oreilles : « Tu n'es rien, tu seras battu... Tu n'as pour toi que Dieu. »

Dieu le reçoive donc! Dieu entend tout et ne dédaigne rien. Qu'il entende ce chant à voix basse, chant pauvre et simple, petit chant de nourrice. Dieu seul ne rira pas. Si, par malheur, quelque autre l'entend au soupirail, il rit, hoche la tête : Chant de *lolo*, à bercer les enfants!

Voilà le nom trouvé. Le *lollard* est ce pauvre imbécile au chant de vieille ou de nourrice. Il fait la nourrice et l'enfant, s'imaginant être le faible et dénué nourrisson aux genoux de Dieu.

Hérésie musicale! grande et contagieuse, je vous le dis. Car plus d'un, le dimanche, fuyant les cathédrales, ira furtivement surprendre aux caves ce petit chant qui fait pleurer.

Il vous semble très doux, et il contient un dissolvant terrible, une chose qui fait frémir le prêtre, qui le brise, renverse ses tours, ses dômes, toutes ses puissances, qui nivelle la terre avec les ruines des cathédrales anéanties. C'est la réponse de Dieu au tisserand : « Chante, pauvre homme, et pleure... Ta cave est une église... Tu as péché, mais tu as bien souffert. Moi, j'ai payé pour toi, et tout t'est pardonné. »

Inutile de dire que ce chanteur est poursuivi à mort. Où trouver assez de supplices, de fer, de feu, de grils ou d'estrapades, de tenailles à tenailler? Un bâillon! surtout, un bâillon! Autrement, il continuera dans les flammes. Comment étouffer cette voix?... Oh! une voix mise dans le monde, on ne l'étouffe plus. Celle-ci s'en va de tous côtés. L'art muet s'en empare; le Forgeron d'Anvers, dans sa cuve bouillante où saint Jean est plongé, a peint ce maigre tisserand; sa voix même, il l'a peinte, et son faible chant à voix basse.

La réponse de Dieu qui est le fond de ce chant, elle passe, elle file, quoi qu'on fasse, de bouche en bouche. C'est toute la *théologie allemande*. Dès 1400, un petit livre de ce titre l'enseignait aux enfants. Aux Pays-Bas Wessel, Staupitz en Allemagne, répandent cette consolation au quinzième siècle. C'est d'eux que l'a reçue Luther.

Luther est un *lollard*, le chanteur, non du chant étouffé, à voix basse, mais d'un chant plus haut que la foudre.

Et il y a encore une autre différence. C'est que ces chants mystiques et solitaires du Moyen-âge étaient trempés de pleurs. Mais voici un chanteur dans la voix héroïque duquel rayonnent le soleil et la joie.

O joie bien méritée! et que ce grand homme avait bien raison d'être joyeux! Quelle révolution eut jamais une plus noble origine?

Il dit lui-même comment la chose lui vint, et comment il eut le courage d'exécuter ce que son éducation lui faisait regarder comme la « plus extrême misère ».

Il eut pitié du peuple.

Il le vit mangé de ses prêtres, dévoré de ses nobles et sucé de ses rois, n'envisageant rien après cette vie de souffrances qu'une éternité de souffrances, et s'ôtant le pain de la bouche pour acheter à des fripons le rachat de l'enfer.

Il eut pitié du peuple, et retrouva dans la tendresse de son cœur le vieux chant du lollard et la consolation : « Chante, pauvre homme, tout t'est pardonné ! »

La Pucelle, à ceux qui lui demandaient la cause qui lui mit les armes à la main, répondit : « *La pitié* qui était au royaume de France. » Luther eût répondu : « *La pitié* qui était au royaume de Dieu. »

Ce ne fut pas un verset de saint Paul, un vieux texte si souvent reproduit sans action, qui renouvela le monde. Ce fut la tendresse, la force du grand cœur de Luther, son chant, son héroïque *joie*.

Foi, espérance, charité, ce sont bien trois vertus divines. Mais il faut ajouter cette vertu rare et sublime des cœurs très purs, rare même chez les saints. Faute d'un meilleur nom, je l'appelle la *Joie*.

La condamnation de tout le Moyen-âge, de tous ses grands mystiques, est celle-ci : *Pas un n'a eu la Joie.*

Comment l'auraient-ils eue ? C'étaient tous des malades. Ils ont gémi, langui et attendu. Ils sont morts dans l'attente, n'entrevoyant pas même les âges d'action et de lumière où nous sommes arrivés si tard. Ils ont aimé beaucoup, mais leur amour si vague, plein de subtilités suspectes, ne s'affranchit jamais des pensées troubles. Ils restèrent tristes et inquiets.

Au contraire, la bénédiction de Dieu qui était en Luther apparut en ceci surtout que, le premier des hommes depuis l'Antiquité, il eut la *Joie* et le rire héroïque.

Elle brilla, rayonna en lui, sous toutes les formes. Il eut ce grand don au complet.

La joie de l'inventeur, heureux d'avoir trouvé et heureux de donner, celle qui sourit dans les *Dialogues* de Galilée, qui éclate d'un naïf orgueil dans Linné, dans Keppler.

La joie du combattant au moment des batailles, sa colère magnifique, d'un rire vainqueur, plus fort que les trompettes dont Josué brisa Jéricho.

La joie du vrai fort, du héros, ferme sur le roc de la conscience, serein contre tous les périls et tous les maux du monde. Tel le grand Beethoven, quand, vieux, isolé, sourd, d'un colossal effort, il fit l'*Hymne à la Joie*.

Et, par-dessus ces joies de la force, Luther eut celles du cœur, celles de l'homme, le bonheur innocent de la famille et du foyer. Quelle famille plus sainte et quel foyer plus pur ?... Table sacrée, hospitalière, où moi-même, si longtemps admis, j'ai trouvé tant de fruits divins dont mon cœur vit encore !... Avec son petit Jean Luther, je m'en allais, suivant le bon docteur au verger où, tendrement, gravement, il prêchait les oiseaux, ou bien encore dans les blés mûrs qui le faisaient pleurer de reconnaissance et d'amour de Dieu.

Voilà l'homme moderne, et votre père, à tous. Reconnaissez-le à ceci.

La joie était absurde au Moyen-âge, qui bâtit tant de choses vaines, qui, savant architecte, édifia aux nues ces tours et ces châteaux qu'apporte et remporte le vent.

La joie est raisonnable au temps moderne, dont la main sûre construit de vérités l'immuable édifice dont le pied est assis en Dieu, dans le calcul et la nature. Si le vrai n'est plus vrai, si la géométrie est fausse, alors cette maison tombera.

La raison seule et la révolution, la science, ont seules droit à la *Joie*.

Mais, à quelque degré de sérieux, de fermeté virile qu'arrive notre âge en sa *via sacra*, reconnaissons et bénissons le point de départ, vraiment touchant, *humain*, d'où nous prîmes l'essor, la bonne et forte main du grand Luther qui, dans son verre gothique, nous versa le vin du voyage.

Ce vin fut l'assurance que celui-ci donna à l'homme, qui le releva et le mit en chemin. Cent fois on avait dit au pauvre peuple, qui avait tant souffert, qu'il était pardonné. Luther le jura, se fit croire, et le monde, raffermi des vaines terreurs, se lança dans l'action.

Comment le peuple ne croirait-il cette voix pure et forte, loyale, qui est celle du peuple? Tous croient, tous sont joyeux. On s'embrasse sur les places, comme on fit plus tard par toute l'Europe pour la prise de la Bastille. Un chant commence, d'une incroyable joie, la Marseillaise de Luther : « Ma forteresse, c'est mon Dieu. »

Il fit les airs et les paroles. Et il allait de ville en ville, de place en place et d'auberge en auberge, avec sa flûte ou son luth. Tout le monde le suivait.

Ses ennemis le lui reprochent ; ils disent en dérision : « Il allait par toute l'Allemagne, nouvel Orphée, menant les bêtes. »

Cet homme était si fort qu'il eût fait chanter la mort même. L'Allemagne, déchirée, mutilée, sciée, comme Isaïe, l'Allemagne se mit à chanter. La misérable France, écrasée sous la meule, où elle ne rendait que du sang, chante aussi comme l'Allemagne.

Le poète ouvrier Hans Sachs salue ce puissant « rossignol, dont le chant emplit la chrétienté ». Albert Dürer, consolé, fait cent œuvres joyeuses qui expient *Melancolia* : le petit *saint Christophe*, plein d'amour, emportant son Dieu ; le ferme et fier *saint Paul*, qui lit, appuyé sur l'épée, la grande épée biblique, enfoncée dans la terre ; saint Marc écoute, frissonne de terreur et de joie, montrant ses blanches dents ; saint Pierre, avec ses clefs, vaincu, baisse la tête et n'est plus qu'un portier.

Voilà les jeux et les chansons, le Noël de la Renaissance.

Pour lui, qui a changé le monde, le grand Luther

ne réclame rien que son titre de noblesse : *chanteur et mendiant*. « Que personne ne s'avise de mépriser devant moi les pauvres compagnons qui vont chantant et disant de porte en porte : *Panem propter Deum!* Vous savez comme dit le psaume : « Les princes et les rois ont *chanté*... » Et moi aussi, j'ai été un pauvre mendiant. J'ai reçu du pain aux portes des maisons, particulièrement à Eisenach, dans ma chère ville. »

## CHAPITRE VII

*Suite. — Luther. (1517-1523.)*

Luther a eu le succès inouï de changer ce qui ne change pas, la *famille*.

C'est la révolution la plus profonde, la plus victorieuse qui fût jamais. Celle-ci atteignit toutes les habitudes, tout le système de la vie, le fond du fond de l'existence.

Nous ajournons les autres faces de la révolution protestante. Elles ressortiront assez de ce livre. Un mot seulement ici sur le côté moral.

Sans vouloir toucher au christianisme (au contraire, en faisant effort pour le replacer sur le dogme qui en est l'essence), Luther l'a transformé. Employons le langage de l'art qu'il préférait, de la musique : il n'a pas changé l'air, il a même épuré, restauré la partition ; mais il l'a transposée d'une clef à l'autre, l'a complétée des parties légitimes. Et ce changement a fait d'une mélodie maigre, d'un chant monastique et stérile, l'ouverture harmonique du grand concert des nations.

Il a transposé la religion du miracle à la nature, du fictif à la vérité.

Le miracle, c'était le célibat ecclésiastique, le mariage gouverné par un célibataire, et la famille à trois.

De son gouvernement paterne où il trônait, le prêtre est descendu à la fraternité. C'est un frère, c'est un homme, un des nôtres. Tels nous pouvons être demain.

Ainsi le mot de la Renaissance : « Revenez à la nature », s'est trouvé accompli par l'homme qui ne voulait que rappeler le christianisme et le salut surnaturel.

Luther, fervent chrétien, a, sans le savoir, servi l'esprit nouveau. Son cœur, profondément humain, riche et complet, a chanté les deux chants, donné en partie double le concert harmonique de la Réforme et de la Renaissance.

Quand il entra au cloître, dit-il lui-même, il n'apporta que son Virgile. Il y trouva les Psaumes. David et la Sibylle s'emparèrent du grand musicien.

Personne ne fut plus lettré, plus écrivain, plus harmoniste par la langue et le style. Il n'y a rien à comparer aux symphonies immenses de Michel-Ange et de Rubens que certaines pages de Luther, comme son récit de la diète de Worms, plusieurs de ses préfaces. Toutes choses au niveau de Bossuet, mais avec des accents poignants, profonds, intimes, *humains*, que n'eut pas l'orateur officiel de l'Église de Louis XIV. Son magnifique récitatif est bien peu entraînant devant la trombe de Luther.

De tant de choses fortes et puissantes, émues, passionnées, de toute cette superbe tempête, de ce grand cœur et de cette grande vie, cent choses sont restées très fécondes, une surtout, qui fut l'homme même et qui est au-dessus de toute dispute. Là est la victoire de Luther. Cette chose, nous l'avons dit, c'est la *famille*, la vraie et naturelle famille, le triomphe de la moralité et de la nature, la reconstruction du foyer.

Or, la pierre du foyer, c'est la base de tout. Toute la vie est basée dessus. Où le foyer branle, tout branle. Où la famille est faible et désunie, l'État n'a pas d'assiette; il la cherche, et, comme un malade, se tourne et se retourne dans son lit, sans en être mieux.

La longue mort de l'Italie et de l'Espagne, la fébrile agitation de la France, l'anéantissement de l'Irlande comme race et de la Pologne comme nation, ont là leur cause principale. La famille, dans ces pays, est rarement sérieuse. La maison n'y est pas fermée; elle est ouverte aux quatre vents. Autre chose, l'hospitalité; autre, la banalité. Dans cette vie quasi communiste, où chacun regarde toujours hors de chez soi, le travail est minime, et l'agitation grande, la mobilité et l'ennui, l'esprit aléatoire, la curiosité, l'aventure. Les peuples ainsi doués porteront ce goût de loterie dans les choses de l'État.

Nous reviendrons assez sur tout cela. Qu'il suffise de dire ici que le protestantisme, qui pour le reste est un passage, en ceci s'est trouvé la nature, qui ne passe point. Que Dieu se soit trompé en faisant la famille à deux, plusieurs le soutiendront. Mais enfin elle est telle. Une famille à trois, où le dangereux tiers n'est pas l'intrus, mais l'autorité même, c'est la discorde arrangée par la loi, c'est le divorce organisé, le foyer équivoque et suspendu en l'air. Nulle paix, nulle unité; donc, l'éducation impossible, l'enfant formé par le hasard, et sans tradition paternelle, c'est-à-dire sans passé solide, faible et seul, un *individu*.

La racine fatale d'où germe cette mauvaise plante d'une végétation souterraine, infinie, poussant ses fibres vénéneuses de la famille dans l'État et la société, Luther la coupe, par un moyen très simple. Pour directeur à la famille, c'est la Bible qu'il donne. Il vous met dans les mains un livre au lieu d'un homme.

« Ne me croyez pas, dit-il. Qui est Luther? Que m'importe Luther? Périsse Luther et que Dieu vive!... Prenez ceci, lisez. »

*Lisez!* Quoi! en voici un qui veut qu'on sache lire! Mais cela seul est une grande révolution.

Lire un livre *imprimé!* Révolution plus grande. Ceci donne des ailes à la Presse. En sorte que tous liront, sauront, verront, auront des yeux... C'est la révolution de la lumière.

*Quel livre?* Infiniment multiple, de vingt esprits

divers, donc propre à susciter l'examen, la critique, la recherche d'un esprit libre.

De sorte que ce bonhomme, chaleureux défenseur de l'autorité primitive, s'en remet à la liberté.

Cœur loyal, âme pure ! je le vois bien ici. Le vrai nom de ton œuvre est celui-ci : c'est la *révolution de loyauté*.

Point d'arrière-pensée en ce rude homme. Il marche fort et ferme, de ses souliers de fer, dans la droite et loyale voie... Ah ! il ne vous énervera pas. Il vous forge d'abord une Bible allemande dans la langue vibrante des Niebelungen, la langue des vieux héros du Rhin.

Où en est, je vous prie, toute la littérature du Moyen-âge, la poésie de la fièvre, la gémissante colombe du Cantique, les berceaux de l'Épouse, tant commentés de saint Bernard, recommentés d'Innocent III, et de Gerson, de Bossuet même ? Voici un homme indélicat qui n'entend rien aux attendrissements, qui n'a pas goût aux confidences, aux timidités, aux soupirs. Les bocages douteux où les mystiques erraient au clair de lune, ce grossier forgeron qui n'aime que le jour, il frappe dessus, à droite, à gauche. Et quand les dryades gémiraient, il n'en frapperait que plus fort, faisant de ces nymphes du Diable un impitoyable abatis.

Qu'il est puissant, celui qui ne veut rien pour lui, qui va droit devant lui et sans tourner la tête !... Je voudrais bien savoir seulement comment, dans ce grand désert d'hommes, où tous agonisaient, il y eut un homme encore ; comment, tous étant pâles, délicats, pulmoniques, il y eut cet homme fort, « au cœur rouge », pour dire comme la vieille Allemagne. Il y a là un miracle que je ne comprends pas.

Il ne descendit pas du ciel. Il passa par l'école, l'église et le couvent, trois degrés du suicide.

Et il eut en perfection, ce héros, l'éducation du temps, celle de la bassesse et de la peur.

C'était une sorte de bagne où l'on n'entendait que le fouet. Luther l'avait cinq fois par jour. Cela faisait des enfants si peureux qu'un jour, avec ses camarades, ayant mendié à la porte d'une ferme, le paysan, homme charitable, mais d'une voix rude leur dit : « J'y vais. » Et leur peur fut si grande qu'ils s'enfuirent à toutes jambes et n'osèrent jamais revenir.

Voilà la triste école d'où sortit l'homme le plus hardi de l'Allemagne.

Autre miracle. Converti un jour par la peur d'avoir vu tuer un ami par la foudre, il se fait moine, et le voilà entre deux écueils auxquels personne n'échappait. D'une part, la goinfrerie, le ventre; et, d'autre part, la femme, la fatalité corruptrice de savoir et toucher sans cesse ce qu'on doit éviter.

Dieu le portait. Il entre au cloître, mais comment? Avec sa musique d'une part, de l'autre son Virgile et les comédies de Plaute. Ris, bon jeune homme. Cela te soutiendra. Mais il y ajoute Platon. La sereine, l'héroïque Antiquité, l'entoure et le garde. La musique lui prête des ailes pour l'enlever au besoin sur les endroits fangeux et les basses tentations.

Fils d'un Saxon, il le fut peu lui-même. Ce n'est

point un buveur de bière. Il est du pays de la vigne, du pays de sa mère, née sur les coteaux de Wurtzbourg. Il eut dans le sang l'esprit gai et aimable des plus salubres vins du Rhin. Rien d'épais, rien d'alourdissant. Seulement des chaleurs subites à la tête et au cœur, de superbes colères. Mais le meilleur homme du monde.

Le grand assaut livré à son esprit, ce fut la découverte fortuite d'une Bible. Livre immense, effrayant, où Dieu semble parler par cinq cents voix contraires. Beaucoup y succombaient, disant (Luther le leur reproche) : *Bibel-Babel*, et n'y voulant plus lire.

Rudes étaient ses combats. Et il eut un moment la tentation de jeter tout. Mais ce grand livre le retint. Deux fois par an il lisait la Bible tout entière et s'y enfonçait toujours plus, y trouvant, y portant mille choses fécondes qu'en fait jaillir un grand esprit. Il dit fort bien plus tard, dans la naïveté de la force : « Je tire bien moins des livres que je n'y mets moi-même. »

La difficulté réelle du moment, que personne ne voyait, la chose qui faisait avorter la Renaissance, stérilisait la Liberté, c'est que Rome les exploitait. Rome s'était mise à la mode ; elle professait la doctrine des philosophes et des juristes, doctrine anti-chrétienne, qui sauve l'homme non par le Christ, mais par les œuvres mêmes de l'homme.

Léon X se montrait d'accord avec Érasme. La liberté et la philosophie, confisquées, amorties par leur ennemi naturel, se neutralisaient elles-mêmes.

C'était la vaccine de la liberté. Un *libre arbitre* théorique, dirigé par les prêtres, rançonné par les indulgences, c'était aux mains du pape un négoce de plus, une nouvelle marchandise de la grande boutique.

Avec un petit mot, une équivoque, la liberté devenait servitude : l'équivoque du mot *œuvres*. « L'homme est-il sauvé par les *œuvres?* » Oui, disait le philosophe, entendant les *œuvres* de vertu. Oui, disait le papiste, entendant les *œuvres* pies, messes ou cierges brûlés, macérations, pèlerinages ou, ce qui remplace tout, l'indulgence de Rome et l'argent.

Magique vertu de l'équivoque! Grâce au mot *œuvres*, l'argent et la philosophie avaient même langage. Tetzel et Fugger parlaient comme Zénon.

Mais voilà que ce rude Allemand brise ce bel accord. Quand on lui parla du charlatan Tetzel, de ses succès à colporter sa drogue, Luther dit brutalement : « Je lui crèverai son tambour. »

Traduisons clairement sa prédication. Replaçons-la au vrai jour populaire :

« Bonnes gens, on vous vend la dispense des œuvres. Remettez l'argent dans vos poches. Dieu vous sauve gratis. Des œuvres, la seule nécessaire, c'est de croire en lui, de l'aimer. Quoi! Dieu est mort pour vous, et il n'y aurait pas assez du sang d'un Dieu pour laver tous les péchés de la terre? »

Chose curieuse. Le pape recommandait les œuvres, et tout s'était réduit aux œuvres de la caisse. Luther dispense des œuvres, et elles recommencent, les vraies œuvres morales, celles de piété et de vertu.

Il disait : « Aime et crois. » Qui aime n'a besoin qu'on impose et prescrive les œuvres agréables à l'objet aimé ; il les fera bien de lui-même, et il les ferait malgré vous.

Cette apparente suppression de la Loi, ce triomphe de la Grâce et de l'Amour fut un enchantement. De misérable serf qu'il était, servant sous le bâton, la verge et la peur de l'enfer, voilà l'homme restauré qui se retrouve chez Dieu le fils de la maison, l'héritier chéri, légitime. Il s'élance, riant et pleurant, dans les bras paternels... Le péché, le jugement, tous les épouvantails, que sont-ils devenus? Je ne vois plus qu'amour, lumière, consolation, le paradis ici-bas, comme au ciel... Un chant de joie commence. A l'homme de chanter, au Diable de pleurer. Lui seul est dupe. Jésus l'a attrapé. Croyant tenir sa proie, il a mordu à vide et s'est mordu... Du ciel à la terre, immense éclat de rire.

Voilà comme apparut Luther, sublime et bouffon musicien de ce divin Noël, amusant, colère et terrible, un David aristophanesque, entre Moïse et Rabelais... Non, plus que tout cela, le *peuple*.

Ou, comme il a nommé magnifiquement le peuple : « Monseigneur tout le monde (*Herr omnes*). » Ce Monseigneur est dans Luther.

Le plus merveilleux de l'affaire, c'est que cette nouveauté était très vieille. Cent fois on avait ressassé le texte de saint Paul : « Crois, et tu es sauvé. » Saint Augustin l'avait commenté, étendu, délayé à souhait.

Tous les mystiques avaient pris là, spécialement les Mendiants, et, plus que tous, les théologiens de l'Allemagne. C'était la propre et originale *théologie allemande*, comme elle existait déjà dans le petit manuel qui porte ce nom, comme on la trouvait, en remontant, dans Tauler, Henri Suso, jusque dans Gotteschalk, condamné sous Charlemagne, au temps même où le christianisme entra en Allemagne. Dès qu'il y eut un christianisme allemand, il fut tout d'abord luthérien.

L'Allemagne enseigna toujours : « Dieu seul est grand, Dieu seul est tout; toute la force de l'homme est en lui. »

La défaillance de l'Église n'avait que fortifié cette doctrine de l'impuissance humaine. L'*Imitatio Christi*, la Théologie de Gerson, n'avaient pas d'autre sens. Et pourtant quel contraste ! Ces livres monastiques, découragés (désespérés dans leur résignation), ne mènent à rien qu'à la langueur, à rêver et croiser les bras. Ils sont la fin d'un monde, pâle reflet d'un soleil couchant. Ceux de Luther, c'est l'aube, c'est un réveil de mai à quatre heures du matin. Une cloche argentine et perçante, sous un puissant battant d'acier, éveille le monde en sursaut. L'Allemagne, *la reine au bois dormant*, se met sur son séant, en se frottant les yeux : « Oh! dit-elle, que j'ai dormi tard ! Mais, je le vois bien, c'est l'aurore ! »

Remontez, je vous prie, dans l'histoire du christianisme. Vous ne trouverez rien de semblable. Je parlais de l'*Imitatio*. Mais j'aurais pu dire l'Évangile. Son astre aimable a lui au coucher de l'Empire romain sur les ruines de la Judée et de vingt nations. Son charme est bien plutôt celui d'une lune mélancolique que d'un fécond soleil ; c'est le temps du repos, c'est l'astre aimé des morts. Dormez et laissez faire à Dieu.

Tout au contraire, Luther, qui croit ressusciter cette doctrine, qui en dit, redit les paroles, commence pour le monde un âge de bruyante et vive action. Le jour, laborieux ouvrier, se lève, et chante, et frappe, et bat l'enclume. Il me dit bien : Dormez. Mais il n'y a pas apparence. Cher, vaillant forgeron, tant que tu battras d'un tel bras, peu de gens dormiront. Dès l'heure où ton coq a chanté, les muets esprits de la nuit ont fui discrètement. L'homme est pour toujours éveillé.

Ainsi l'effet fut tout contraire à celui des mystiques. Tant vaut l'homme, tant vaut la doctrine. Celle-ci, prêchée dans la langueur, dans les tendresses équivoques, était la mollesse même, l'énervation de l'âme. Proclamée de cette voix pure et forte, candide, héroïque, elle fut le pain des forts, un cordial avant la bataille ; elle fit à l'homme la belle illusion de sentir, au lieu de son cœur, battre en son sein le cœur d'un Dieu.

Malentendu sublime ! Le peuple entend mieux qu'on ne dit. Il prit l'air plus que les paroles ; et dans l'air était le vrai sens. Quand de sa voix tonnante à faire crouler les trônes, Luther criait : *L'homme n'est rien*, le peuple entendait : *L'homme est tout*.

Les dates ici sont dramatiques. La grande œuvre du Concordat, la soumission de la France, brisée par le roi et le pape, fut couronnée en février 1517. En mars, Léon X, qui jusque-là n'avait pas cru à sa victoire et tenait à Rome contre les gallicans une espèce de concile pour les foudroyer au besoin, jugea la comédie inutile, licencia ses acteurs. Le ciel était serein, les humanistes ralliés à la papauté. Les rieurs étaient pour le pape. Et c'est à ce moment qu'éclatèrent en Allemagne les thèses de frère Martin Luther. Elles coururent en un mois jusqu'à Jérusalem.

Le 31 octobre 1517, Luther ayant écrit une noble et forte lettre à l'archevêque de Mayence, où il le sommait du compte qu'il aurait à rendre à Dieu, afficha à l'église du château de Wittemberg ses propositions sur les indulgences. Pièce originale, éloquente, d'une verve mordante, chaleureuse et satirique. Jamais la théologie n'avait parlé sur ce ton. Nulle banalité. Tout sortait d'une indignation loyale et des entrailles même du peuple.

L'ironie n'y manquait pas. « On a sujet de haïr ce trésor de l'Évangile par qui les premiers deviennent les derniers. On a sujet d'aimer le trésor des indulgences, par qui les derniers deviennent les premiers.

« Quand le pape donne des pardons, il a moins besoin d'argent que de bonnes prières pour lui. Voilà tout ce qu'il demande. »

A côté de ces choses piquantes, il y en avait de bien belles, d'une vraie sublimité : « Qui vous dit que toutes les âmes du Purgatoire demandent à être rachetées ? Qui sait si elles n'aiment mieux rester et souffrir ?... Assurons les chrétiens que souffrir, c'est la voie du ciel; exhortons-les à affronter les douleurs, l'enfer même, s'il le fallait, pour aller à Dieu. »

On fait tort à la cour de Rome quand on dit qu'elle traita légèrement cette affaire, qu'elle n'en sentit pas la portée. Elle crut, à tort, que la chose était suscitée par les princes, avec raison que les princes en étaient charmés et en profiteraient. L'empereur Maximilien, fort ennemi de Léon X, et qui, dit-on, eut un instant l'idée d'être pape lui-même, disait : « Celui-ci est un misérable; ce sera le dernier pape. Gardons bien le moine saxon; le jeu va commencer avec les prêtres. Soignez-le. Il peut arriver que nous ayons besoin de lui. » L'Électeur de Saxe et d'autres princes dans chaque famille électorale regardèrent d'où venait le vent et se tinrent prêts à soutenir ce défenseur de l'Allemagne, sans lequel elle risquait de tomber dans l'abaissement de la France. Danger qui ne fit que croître par la mort de Maximilien, quand le vendeur des indulgences, l'archevêque de Mayence, parvint à faire empereur le roi catholique.

Rome ne perdit pas un moment. Elle lança les dominicains, fit écrire l'un d'eux, qui était le Maître du Sacré Palais, pour rappeler la doctrine de saint Thomas, et somma Luther de comparaître dans soixante jours (septembre 1518). Puis elle envoya à Augsbourg un Italien fort délié, le cardinal Cajetano, qui lui-même avait été suspect d'hérésie, ayant écrit qu'on pouvait interpréter l'Écriture « sans suivre le torrent des Pères ». Il devait plaire à l'Électeur et décider Luther à la rétractation. Il s'y prit de toute manière, par menace à la fin, lui montrant son isolement, son danger, lui disant : « Crois-tu que le pape s'inquiète fort de l'Allemagne? Crois-tu que les princes lèveront des armées pour te défendre?... Quel abri as-tu? Où veux-tu rester? — Sous le ciel », répondit Luther.

Rome avisa dès lors à un moyen plus violent. Elle flatta l'Électeur, lui envoyant le présent royal de la Rose d'or et lui demandant en échange de lui livrer le moine. Dans ce cas-là, brûlé par Léon X, il eût eu le sort d'Arnoldo de Brescia, de Savonarole, de Bruno et de tant d'autres. La Réforme, étouffée encore, eût laissé le vieux système pourrir sa pourriture paisiblement. Point de protestants, dès lors, ni de jésuites; point de Jansénius, point de Bossuet, point de Voltaire. Autre était la scène du monde.

Luther était dans un danger réel. L'Électeur ne se prononçant pas, il n'avait de protection que le peuple, et se tenait prêt à partir; mais pour quel pays? Pour la France. Autant valait aller à Rome. La mort de Maximilien changea tout. L'Électeur, devenu vicaire de l'Empire, craignit moins de protéger Luther (janvier 1519).

Je regrette cette belle histoire. Tout le monde sait qu'après sa *Captivité de Babylone*, où il montrait Jésus-Christ prisonnier du pape, il brûla hardiment aux portes de Wittemberg la bulle de condamnation.

Rome était effrayée. On peut en juger par un fait, minime en apparence, mais d'hypocrisie très habile. Dès novembre 1517, un mois après les foudroyantes thèses, Léon X demande qu'on lui envoie sur l'argent des indulgences cent quarante-sept ducats d'or « pour payer un manuscrit du XXXIIIᵉ livre de Tite-Live ». Belle et touchante réponse aux calomnies de Luther! Voilà l'emploi honorable que faisait le digne pontife de cet argent tant reproché! Il le prodiguait pour les œuvres de la civilisation et le progrès des lettres. Là-dessus, les panégyristes de s'attendrir et de s'extasier. Et nous aussi, nous admirons une si fine diplomatie. Elle divisait habilement le grand parti de la Renaissance, elle flattait les Érasme, les Reuchlin, les Hutten; elle les avertissait de se rallier à Rome, à l'élégante Italie, fille et sœur de l'Antiquité; de laisser dans sa barbarie ce buveur de bière, *ce moine*... Léon X avait dit : « Ce sont disputes de *moines*. » Et c'est aussi le point de vue sous lequel beaucoup d'humanistes voyaient la chose. Hutten, que la nécessité avait jeté à la cour de Mayence, avait dit : « Bravo ! mes amis les moines, dévorez-vous les uns les autres! » (Consumite, ut consumemini invicem.)

Ceci en avril 1518. En novembre de la même année, Hutten revint à lui-même. Il écrivit à un ami son pamphlet, *l'Ennemi des cours (Misaulus)*. Il appartint dès ce jour à Luther et à la patrie.

C'est alors qu'il porta chez Franz de Seckingen sa presse et son imprimerie. Il lui lut les écrits de Luther, lui en fit un admirateur, un champion au besoin, assura à la Réforme sa redoutable épée.

Il en fut de même du fameux chef des lansquenets, le vieux Georges Frondsberg, rude et colérique soldat qui entourait Luther à Worms, tout prêt à tirer l'épée contre les Espagnols qu'avait amenés Charles-Quint.

Il n'y a pas de scène plus sublime que cette diète de Worms, où l'homme que tous favorisaient, mais dont nul encore n'osait s'avouer protecteur, vint seul, porté sur le cœur et dans les bras de l'Allemagne, si ferme, si modeste et si grand. Tous, amis et ennemis, voulaient l'empêcher d'arriver et lui rappelaient Jean Huss. « J'irai, dit-il, y eût-il autant de diables que de tuiles sur les toits. »

Il y eut une tentative. On tâta le peuple. Un prêtre, avec des Espagnols, essaya d'enlever dans la rue quelques livres de Luther. Si cela eût réussi, les livres pris, on prenait l'homme. Mais le peuple s'élança, et les étrangers se réfugièrent dans le palais de l'empereur.

La providence invisible qui l'avait entouré à Augsbourg et à Wittemberg, à Worms enfin, le prudent Électeur de Saxe, craignant à la fois l'empereur et le zèle intempérant de Luther, le fit enlever en route et le retint quelque temps au donjon de Wartbourg. La chose fut si bien conduite que Luther ne sut pas d'abord s'il était en main amie ou ennemie.

Grand fut ce coup de théâtre. Les ennemis désespérés de l'avoir tenu et lâché. L'Allemagne entière émue, indignée contre elle-même d'avoir si mal gardé son apôtre.

Lui cependant, dans son donjon, ne voyant âme qui vive, sauf deux pages qui lui apportaient les aliments et ne parlaient pas, il réfléchissait à loisir sur l'étrange événement. Sa flûte, les psaumes allemands, l'immense travail d'une traduction de la Bible, lui remplissaient très bien les jours.

On sut bientôt qu'il existait, qu'il était le même, l'indomptable, le grand, l'héroïque Luther. Il écrivait *de son Pathmos, de la région des oiseaux qui chantent Dieu jour et nuit.*

Il écrivait à Mélanchton, son jeune ami qui le pleurait : « Tu es tendre, cela ne vaut rien... Tu m'élèves trop ; tu te trompes en m'attribuant tout ceci. Prie pour moi... Me voilà ici, oisif et contemplatif. Je me mets devant les yeux la figure de l'Église ; je hais la dureté de mon cœur qui ne se fond pas tout en larmes « *pour pleurer mon peuple égorgé* ». Pas un ne se lève pour Dieu... Temps misérable ! lie des siècles !... O Dieu ! aie pitié de nous ! »

Entre autres choses très fortes, il écrivit un mot terrible à l'archevêque de Mayence, une sommation de s'amender :

« Pensez-vous que Luther soit mort ? Détrompez-vous. Il vit, tout prêt à commencer avec vous un certain jeu... » Qui l'aurait cru ? Le misérable, qui craignait d'être démasqué, répondit *de sa propre main* une lettre de soumission, « souffrant volontiers, disait-il, cette réprimande fraternelle ».

Avec le temps, Luther fut moins resserré, et son hôte, le gouverneur du château, imagina pour l'amuser de le mener à la chasse. Il le connaissait bien mal, ce grand cœur, aussi bon que grand, si tendre pour la nature : « Ç'a été, dit-il, pour moi un mystère de douleur et de pitié. La chasse, n'est-ce pas l'image du

Diable, poursuivant les âmes innocentes?... Mais voici le plus atroce. J'avais sauvé un petit lièvre et l'avais mis dans ma manche. Je m'éloigne; les chiens le prennent, lui cassent la jambe et l'étranglent... J'en ai assez de la chasse... O courtisans, mangeurs de bêtes! vous serez mangés là-bas. »

Cette douceur n'était pas seulement pour les bêtes. Apprenant la violence des énergumènes, anabaptistes et autres, qui allaient brisant les images et criant contre Luther : « Aie soin, écrit-il à un conseiller de l'Électeur, que notre prince ne teigne pas ses mains du sang de ces nouveaux prophètes. »

Entre ces éclairs admirables de bonté et de grandeur qui partent de la Wartbourg et illuminent l'Europe, voici, selon moi, le plus grand. Ceci, c'est la garantie la plus haute du caractère de Luther, le vrai sceau de sa loyauté.

Il abandonne la confession, — la chose qui fait la force du prêtre, et sa très intime joie, la chose pour laquelle tout jeune homme se fera prêtre (savoir le secret de la femme).

Je vous dis en vérité que cet homme-là, du prêtre, n'a eu que l'habit. Où trouvera-t-on jamais un homme ayant cette puissance, qui veuille s'en dépouiller?

Salut, homme vraiment innocent! simple, d'un profond cœur d'enfance.

Ce jour-là, tu es le vainqueur.

Je ne connais rien de plus curieux que ce bonhomme, descendant de la Wartbourg malgré l'Électeur, malgré tout. Deux embarras nouveaux (par-dessus le Diable et le pape) lui survenaient : les rois, les peuples.

Henri VIII faisait écrire contre lui, l'Allemagne exigeait, aujourd'hui, non demain, la révolution.

Il voulut se mettre en travers, descendit. Il rentra dans son Wittemberg.

Tout était changé.

La petite maison de son père était entourée d'une foule. On avait su que Luther était ressuscité, et, d'un mouvement immense, toute la terre y affluait. Tel venait pour le bénir, tel pour le maudire, pour le voir surtout. Les questions de toute sorte pleuvaient comme grêle.

Voilà un homme étonné, embarrassé, effaré. — Mais ce n'était rien encore.

Les femmes, à ce renouvellement de la légende du monde sauvé par l'amour, s'étaient partout précipitées hors des maisons, hors des couvents. Un monde de religieuses, ayant quitté le cloître vide, cherchaient le vrai temple, cette maison de l'amour de Dieu. Elles n'avaient pas réfléchi que le pauvre Martin Luther, tout apôtre ou docteur qu'il fût, était encore un jeune homme robuste, d'environ trente-six ans.

Il était extrêmement maigre, alors, avec la tête carrée, plus carrée que gracieuse, de la vraie race allemande. Ses yeux, il est vrai, étaient admirables ; il y roulait constamment des éclairs joyeux et terribles, comme la foudre rit au haut des cieux.

Heureusement il était, de nature et foncièrement,

un homme du peuple et de travail, disons le mot, un ouvrier, comme son père le mineur, un bon et loyal forgeron de Dieu.

Toutes ces femmes qui arrivaient, plusieurs très jeunes et très belles, il n'en vit qu'une seule chose : il vit « qu'elles avaient faim ».

Et le voilà écrivant de tous côtés pour des aumônes, mendiant du pain pour elles, et, par de rudes plaisanteries, tâchant de plaire à l'Électeur, aux courtisans, à tous, pour pouvoir nourrir « ces pauvres vierges, malgré elles », en attendant qu'il puisse les renvoyer à leurs parents.

C'était une foule fort mêlée. Il y avait des religieuses princesses, qui avaient profité de l'occasion pour courir le monde, fort curieuses du jeune apôtre.

Il ne voit rien de tout cela. Il ne songe qu'à leur nourriture. Il y mange son dernier sou et celui de ses amis.

J'imagine que le pauvre homme, qui, à cette même époque, demande pendant plusieurs mois un habit à l'Électeur, n'ayant pas grand'chose à donner à ces pauvres échappées, et ne sachant comment changer les pierres en pain, les alimentait de ses psaumes, et, prenant son luth ou sa flûte, tout au moins nourrissait l'esprit.

## CHAPITRE VIII

*La cour, la réforme, la guerre imminente. — Camp du drap d'or. (1520.)*

Le grand éclat de Luther, sa personnalité puissante, le succès de sa résistance, rayonnèrent dans toute l'Europe, et la Réforme en fut encouragée. D'elle-même elle était née partout.

Partout, en France, en Suisse, elle fut indigène, un fruit du sol et de circonstances diverses qui pourtant donnèrent un fruit identique.

En y réfléchissant, on se l'explique sans peine. L'âme humaine, près de se lancer en avant dans l'infini de l'inconnu, regarda encore en arrière, interrogea sa voie antique, se demanda s'il ne suffisait pas de revenir aux anciens jours.

On ne revient jamais. Chaque âge passe irrévocable, et rien ne le rappellera.

De sorte qu'en s'efforçant de ne point innover, cherchant à faire du vieux, et le plus vieux possible, l'esprit humain fit le contraire. Il commença un nouveau monde.

Cet effort instinctif pour revenir au vieux système était trop naturel. La Renaissance, déplorablement ajournée trois cents ans (Voyez notre *Introduction*, venait de faire, bien tard, son éruption désordonnée; elle n'apparaissait nullement harmonique. On n'y voyait que le chaos.

Qu'il y eût dans la nature, dans l'art (nature humanisée) des éléments religieux et les bases de *la foi profonde*, c'est ce qui ne venait à l'esprit de personne. Tous cherchaient le salut dans le retour au surnaturel, dans la rénovation du dogme légendaire.

Après les premiers pas dans la voie de la Renaissance, ne trouvant pas encore le salut attendu, l'homme désespéra, tendit les bras à Dieu, en disant : « J'attends tout de toi. »

En France, par exemple, où tout l'espoir d'un ordre salutaire était mis dans la royauté, où le royaume, uni sous Louis XI, enrichi sous Louis XII, glorifié à Marignan, avait cru à ce jeune roi, la déception fut amère, lorsqu'aux premières campagnes dont nous allons parler ce roi fut impuissant pour défendre le Nord et l'abandonna aux ravages, lorsque plus tard, loin de protéger le Midi, il se vit obligé de le brûler lui-même et d'en faire un désert. Ces terribles calamités, l'abaissement et le mépris de soi où la France tomba, la jetèrent violemment dans ce mystique désespoir et dans l'appel à Dieu qu'on appelle la Réformation.

Telle en fut la cause profonde, tout indigène et populaire. Délaissée du Dieu d'ici-bas, la France en appelle au Roi de là-haut.

La chose éclata tout d'abord là où étaient les plus grandes souffrances, dans nos villes du Nord, dans les populations misérables, effrayées, qui voyaient les ravages et la dévastation venir à elles. Elle commença dans un grand centre industriel, et par les ouvriers de Meaux, principale manufacture des laines à cette époque.

Attribuer ce mouvement tout populaire et spontané à la lointaine influence de l'Allemagne, aux timides enseignements du docteur Lefèvre d'Étaples, qui, dès 1512, à Paris, renouvelait la théorie de la grâce, ou aux prédications de l'évêque de Meaux, Briçonnet, c'est chercher de petites causes aux grands événements et ne pas connaître la nature humaine. Le bon évêque, mystique, nuageux, écrivain tourmenté, dont le sublime galimatias put influer sur des esprits subtils qui croyaient le comprendre, n'eût pas eu la moindre action sur le peuple. Le grand prédicateur fut la misère, la terreur, la nécessité, le désespoir des secours d'ici-bas, l'abandon surprenant où ce dieu des batailles, ce roi de Marignan, laissa nos provinces du Nord.

L'Allemagne et Charles-Quint s'étaient vus face à face à la diète de Worms, nullement avec satisfaction. L'Allemagne vit l'empereur (contre sa promesse positive) amener des soldats espagnols. Et l'empereur vit l'Allemagne, pour essai de résistance, lui dire ce Non si ferme de Luther.

Premier outrage à la Majesté impériale. Et, dans la

même diète, il eut l'affront plus grand de voir un Robert de La Marck, imperceptible sire des stériles bruyères de l'Ardenne, venir le défier, de souverain à souverain, lui jurer guerre à mort, et lui jeter le gant.

Il n'y avait jamais eu plus grande ingratitude que celle des impériaux. Robert, comme on l'a vu, leur avait gagné Seckingen et cette armée sans laquelle l'argent n'eût pas suffi à faire un empereur. C'est par Robert que Marguerite avait trompé et égaré la chevalerie du Rhin, jusqu'à tirer l'épée pour se donner un maître. Quel maître ? L'Espagnol et le roi de l'Inquisition.

Le lendemain de l'élection, le conseil de l'empereur avait tout oublié, voulait soumettre Robert à sa juridiction, le confondre dans la foule de ses vassaux des Pays-Bas. Robert se refit Français, et, comme tel, sans consulter personne, avec trois ou quatre mille hommes, marcha intrépidement contre l'Empire et l'empereur (mars 1521).

François Ier n'était pas prêt à le soutenir. Il avait perdu bien du temps, amusé par son futur gendre, qui négociait trois mariages, en France, en Angleterre, en Portugal, empruntant de l'argent au beau-père d'Angleterre pour payer au beau-père de France. Il paya pension à celui-ci jusqu'à son élection impériale (en juin 1519). Là, il leva le masque, ferma sa bourse, et tourna le dos à François Ier.

On se représente difficilement quelle était la haine et l'aigreur des conseillers de Charles-Quint. Il reste une consultation du chancelier Gattinara, pédantesque et furieuse, où il établit scolastiquement les raisons pour la paix, pour la guerre. Et les sept raisons pour la paix *sont les sept péchés capitaux.* Ce qui étonne davantage, c'est que l'habile et politique Marguerite d'Autriche n'est pas moins passionnée. C'est même elle qui enfonce au cœur du jeune homme le trait empoisonné qui le mettra hors de toute mesure. Les Français auraient dit de lui : *Un quidam, certain petit roi.* D'autres, charitablement, contaient à Charles-Quint que le roi de France espérait que l'imbroglio espagnol troublerait sa faible cervelle, que le fils de Jeanne-la-Folle tiendrait d'elle et deviendrait fou.

Ces aigreurs mises à part, la querelle des deux monarchies était très complexe en elle-même, de celles que la guerre seule débrouille, qu'elle ne finit guère même que par l'épuisement des partis.

Ni la France, ni l'Espagne, ne pouvait céder la Navarre, la porte des deux royaumes, s'ouvrir à l'ennemi. Question insoluble, vainement disputée entre les Foix et les Albret.

Comme la Navarre était double, double de même était la Flandre, regardant la France et l'Empire. Double la question de Milan, fief d'Empire, disait l'empereur, et, selon le roi, héritage de Valentine Visconti. Et plus insoluble encore était la question de Bourgogne. Louis XI l'avait enlevée à la grand'mère de Charles-Quint, délaissée, orpheline; chose odieuse!... A quoi l'on répondait que, si la France reprenait la Bourgogne, elle reprenait le sien, rappelait à soi un fief donné imprudemment à l'ingrate maison de Bourgogne, qui, par Jean-sans-Peur et son fils, avait mis l'Anglais en France, tué la France, sa mère, autant qu'elle le pouvait. Tout don peut être révoqué *pour cause d'ingratitude;* combien plus s'il est constamment un danger de mort pour le donateur!

Des deux rivaux, l'empereur, roi d'Espagne et de Naples, et souverain des Pays-Bas, des Indes, avec l'héritage éventuel de Hongrie et Bohême, était de beaucoup le plus vaste, mais aussi le plus dispersé. François I$^{er}$ était plus concentré, dans sa France si bien arrondie, plus obéi d'ailleurs, plus maître, plus à même de se ruiner.

L'avantage semblait devoir appartenir à celui des deux qui mettrait l'Angleterre de son côté. Qui y réussirait? Très probablement Charles-Quint. L'Angleterre était, d'essence et de racine, anti-française, et elle réclamait toujours le royaume de France. Toute la pente du commerce anglais était vers Bruges et vers Anvers, et sa partialité naturelle pour la maison de Bourgogne, qui avait été jusqu'à décourager les industries flamandes au profit des naissantes industries d'Angleterre.

Ainsi, de Londres à Anvers, le courant était tout tracé et la pente très forte. Rapprocher, au contraire, l'Angleterre de la France, en l'éloignant des Pays-Bas, c'était un grand effort, une œuvre d'art et d'habileté, une tentative improbable de forcer le courant et d'aller contre la pente populaire.

La cour de France ne désespérait pas d'accomplir ce

miracle. François Ier croyait qu'il suffisait pour cela d'acquérir le ministre dirigeant, le tout-puissant cardinal Wolsey. Présents et billets tendres ne manquaient pas. Le roi n'aimait que lui, ne se fiait qu'à lui. Il eût voulu que seul il gouvernât les deux royaumes. La cour de Madrid et Bruxelles parlait moins et agissait plus. En une fois, Charles-Quint lui envoya d'Espagne une grosse constitution de rente de sept mille ducats. Mais tout cela n'était que de l'argent. Wolsey en avait tant ! Le cœur du bon prélat était tout aux choses spirituelles, à la tiare; il voulait être pape. Ce rêve des cardinaux-ministres, qui mena si loin les Amboise, s'était emparé de Wolsey. Plus vieux que Léon X, en revanche il était plus sain. Le Médicis était mangé d'ulcères. Wolsey, pour un homme de son âge, allait, digérait à merveille. Il comptait l'enterrer. Il se dit qu'il fallait voir de près les deux rivaux et se décider pour celui qui l'aiderait le mieux. Dès l'élection de Charles-Quint, il fut réglé qu'Henri VIII verrait d'abord le roi de France.

Ces entrevues personnelles des princes créent souvent plus de haines qu'elles ne concilient d'intérêts. François Ier avait à craindre d'éclipser, d'irriter celui à qui il voulait plaire. Henri VIII avait vingt-huit ans, lui vingt-six. La rivalité d'âge, de grâce et de figure, le désir commun de briller devant les femmes, pouvaient, d'une amitié douteuse, faire une haine solide et profonde.

L'inquiétude de François était justement de ne pas briller assez, faute d'argent, d'être effacé. Il faisait écrire à Wolsey, par l'envoyé d'Angleterre, « qu'il voudrait bien savoir si le roi son frère n'aurait pas pour agréable de défendre aux siens de faire de riches tentes. Il ferait volontiers aux Français la même défense. »

Henri VIII n'en tint compte. Bouffi d'orgueil, il voulait éclater dans son rôle d'arbitre suprême et de rois des rois. En quoi sa pensée était celle même de l'Angleterre. Ce peuple, qui, sous ses formes froides et sombres, ne va que par accès, après un accès de fureur et de guerre, non moins furieusement voulait l'acquisition, la richesse et l'éclat. Moment d'orgueil, enflure et bouffissure, comme dans la trop grasse Flandre, au temps de Philippe-le-Bon.

Tel peuple, tel ministre et tel roi. Wolsey plaisait justement par un luxe insensé, même en choses vraiment ridicules. Il avait le goût excentrique de s'entourer de colosses ; si l'on voulait lui faire sa cour, on n'avait qu'à lui découvrir quelque homme de haute taille, le lui donner. Il en faisait des bedeaux, des porte-croix, et prenait un plaisir d'enfant à marcher, en légat romain, dans sa pourpre, au milieu de ces géants qui portaient de grosses chaînes d'or.

L'aveu que faisaient les Français de leur pénurie décida Wolsey. Il crut les écraser. Une grande fête chevaleresque, une revue solennelle des deux nations où Henri VIII apparaîtrait plus brillant qu'Henri V au Louvre, c'était pour le ministre un moyen sûr d'être agréable. Et il avait besoin de l'être. Henri, à son avènement, avait pris femme et ministre, il y avait dix ans. Mais, il ne fallait pas se le dissimuler, l'un et l'autre vieillissaient. La reine Catherine d'Aragon était une sainte espagnole du douzième siècle, d'une perfection désolante; son mari ne pouvait la joindre qu'à genoux au prie-Dieu. Nulle distraction que la *Légende dorée*, qu'elle lisait à ses demoiselles. Ni jeune, ni féconde, du reste : un seul enfant, qui était une fille (Marie *la Sanguinaire*). Ces dix années d'Henri, de dix-huit à vingt ans, il les avait passées d'abord dans l'étourdissement du *sport*, la vie à cheval, taciturne et bruyante pourtant, des violents chasseurs anglais. Cela était fini. Il grossissait, et c'était déjà un roi assis. Wolsey le trouvait accoudé sur saint Thomas, rêveur et disputeur, aigre, chaque jour plus sombre.

Pour revenir, les Anglais voulant que ce fût une fête, les Français rougirent d'avoir eu cette velléité d'économie. Judicieusement, ils sentirent que l'honneur national était en jeu, qu'il fallait à tout prix que la France ne pâlit pas devant l'orgueilleuse Angleterre. Ce fut un duel de dépense. L'affaire posée sur ce terrain, tous, héroïquement fous, vendirent, engagèrent prés, châteaux et métairies, pour avoir des colifichets, velours, satin, drap d'or, bijoux, surtout des chaînes d'or, comme en portaient les Anglais. Il n'y avait pas à plaisanter; on venait de manquer l'Empire; on voulait se relever. Le brillant fat, l'amiral Bonnivet, revenant à vide et joué de son ambassade impériale, pour se venger de sa déroute, voulut éclipser tout; son frère et lui levèrent, pour venir à la fête, une espèce d'armée de quelque mille chevaux.

Pour comprendre cette fête et son animation, le violent esprit de rivalité qui s'y déploya d'Anglais à Français, et entre Français même, il faut connaître les vrais juges du camp, devant qui on fit ces efforts. Ces juges étaient les dames.

Écartons d'abord les deux tristes reines un peu abandonnées, la dévote et la malade, l'Espagnole et la Française. La première du côté anglais, isolée entre les Anglais. L'autre, la reine Claude de France, fille maladive du maladif Louis XII, peu aimée, mais toujours enceinte : François Ier ne la consolait autrement de ses volages amours.

Sauf ces ombres mélancoliques, les deux cours étaient éclatantes. Celle de France semblait tout en fleurs. Haut, très haut, trônait la maîtresse en titre, madame de Chateaubriant, de la race royale de Foix, fille du fameux comte Phébus, et le soleil de la cour. Les clairvoyants cependant voyaient qu'un soleil qui brillait depuis deux ans brillerait peu encore. Elle n'avait que plus de crédit; le royal amant la dédommageait ainsi d'une assiduité déjà décroissante. Ce qui la soutenait, c'était justement son jaloux, mari furieux, point résigné, point gentilhomme, qui soulageait sa rage par des violences bourgeoises et des corrections manuelles qui faisaient pleurer ses beaux yeux, rire ses rivales, et réveillaient le roi.

La cour, partagée quelque temps entre la maîtresse et la mère, commençait à incliner un peu vers celle-ci, l'altière Louise de Savoie. Maladive, mais belle encore, passionnée, violente et sensuelle, elle avait fait trêve aux galanteries; elle avait un amour. Il y avait paru lorsqu'à l'avènement elle avait donné l'épée de connétable au jeune cadet des Montpensier. Ce jeune homme, de mine sombre, d'un tragique aspect italien (par sa mère il était Gonzague), avait épousé l'héritière de Bourbon, petite bossue malade qui n'avait pas longtemps à vivre. La mère du roi spéculait là-dessus. L'ambitieux s'était fait connétable en subissant cet amour, s'engageant même à elle et recevant d'elle un anneau. Anneau fatal qui le perdit, Louise ayant cru le tenir par là, le réclamant, le poursuivant. Elle s'attacha à cet anneau, et, voulant le ravoir, elle le fit chercher jusqu'à Rome sur le cadavre de Bourbon.

Celui-ci la trompait. Ses visées étaient ailleurs. Il ne songeait guère à faire des frères tardifs au roi en épousant la Savoyarde. Il visait à épouser une fille de France, une princesse qui (la loi salique étant biffée) lui donnerait un semblant de droit. Il y avait justement les deux reines futures du protestantisme, la fille de Louis XII, Renée, qui devint duchesse de Ferrare; et la gracieuse, spirituelle et charmante Marguerite d'Alençon, mariée malheureusement, mais mariée à une de ces figures qui font dire : « Elle sera veuve. »

Par la mère, Bourbon comptait sans doute avoir la fille.

Ce n'était pas l'avis de celle-ci. Elle n'aimait guère son mari, ce pauvre duc d'Alençon. Mais elle professait hautement de dédaigner tous les amants, et elle avait pris pour devise un tournesol avec ces mots : *Non inferiora secutus.* (Je ne suivrai rien d'inférieur.)

Marguerite, c'était sa grâce, était à la fois gaie et mélancolique. Perdue par instants dans une mer d'amour divin et de mysticité, elle n'en aimait pas moins ceux qui riaient. Elle avait un joyeux valet de chambre, le fameux Marot. Elle faisait parler volontiers Bonnivet, hâbleur comme François I$^{er}$, et qui, sous plus d'un rapport, ressemblait au roi. Bonnivet avait l'insolence de faire le rival du connétable. Il avait bâti un château devant son château, et, comme il le voyait tourner autour de Marguerite, il ne manqua pas aussi d'en devenir amoureux. Elle se moquait de lui. Bonnivet, habitué aux escalades, aux coups de main, aux faciles victoires de soldat, risqua une chose très sotte et peu loyale. Il invita la cour chez lui, et le soir, la duchesse se couchant en toute confiance, voilà la tête d'un homme qui apparaît par une trappe. C'est Bonnivet. La princesse, serrée de près, fut secourue à temps. D'un autre, le roi se fût fâché ; mais de celui-ci, il n'en fit que rire.

Bourbon, moins gai, n'était environné que de gens qui eussent volontiers coupé les oreilles à Bonnivet. Deux partis étaient en présence sous l'œil du roi. Parfois on s'échappait. Un gentilhomme de Bourbon, Pompéran, crut lui faire plaisir en tuant un homme de l'autre parti.

L'entrevue négociée depuis dix-huit mois eut lieu le 7 juin 1520. François I$^{er}$ partit d'Ardres, Henri, de

Guines. Les deux princes arrivèrent en même temps sur les deux coteaux entre lesquels coule une petite rivière. Les deux cours, en deux masses épaisses comme deux petites armées, restèrent sur les hauteurs ; les deux rois descendirent. François Ier était à cheval, faisant porter l'épée royale devant lui par le connétable de Bourbon. Henri VIII, le voyant de loin, avisa qu'il fallait aussi qu'on portât l'épée d'Angleterre ; on la chercha, on la tira et on la porta de même.

Ils se joignirent, s'embrassèrent avec effusion.

L'œil pénétrant d'Henri avait fort remarqué la figure de celui qui portait l'épée. Il sut qui il était et dit au roi : « Si j'avais un tel sujet, je ne lui laisserais pas longtemps la tête sur les épaules. »

Le banquet royal fut dressé. En toute cordialité, les Anglais offrirent aux Français des vins, des rafraîchissements. Puis Henri VIII prit le traité des mains des gens de robe longue, un traité d'intime alliance. Son titre de roi de France y était. Il le passa galamment, disant : « Ceci est un mensonge. »

Dès le lendemain, on fit les lices, qui remplirent toute la vallée : neuf cents pas de long et trois cents de large. Au bout, des arbres de drap d'or aux feuilles de soie verte où pendaient les écussons frères, en ce jour réconciliés. Autour, des échafauds immenses, pour les dames et la noblesse. Puis, çà et là, des pavillons, palais improvisés, d'un incroyable luxe, les plus précieuses étoffes employées en plein air pour toits, murailles et couvertures. La merveille était le palais d'Angleterre, qui n'était que fenêtres, un Windsor de verre, lumineux, recevant par cent cristaux et renvoyant le soleil.

Le 9 juin, ouvrit le tournoi, où François Ier montra sa grâce autant que sa force. Henri, fort et sanguin, s'y anima tellement, qu'oubliant que c'était un jeu, il assomma le pauvre diable qui lui était opposé; il lui asséna sur la tête un si vigoureux coup de lance, qu'il ne remua plus. On le releva. Le cheval d'Henri VIII n'était guère moins malade. Il avait eu de telles secousses, qu'il creva la même nuit.

Les politiques qui avaient arrangé l'entrevue, d'après les histoires d'Italie, de César Borgia, ou de la mort de Jean-sans-Peur, avaient pris des précautions extraordinaires et ridicules. Le roi, qui avait plus d'esprit, sans en rien dire, un matin, jette sur lui une cape espagnole, saute à cheval, arrive aux postes anglais. Il y trouve deux cents archers. « Vous êtes surpris, dit-il, je vous fais mes prisonniers. Menez-moi au roi. » — Il dort. — François Ier va son chemin, frappe lui-même à la porte, entre. Grand étonnement d'Henri: « Vous avez bien raison, dit-il, de vous fier. C'est moi qui suis votre homme et qui me rends à vous. » Il lui passe un riche collier. Le roi riposte par un bracelet qui valait le double, et dit : « Vous m'aurez pour valet de chambre », et veut lui chauffer la chemise.

Cette démarche avançait les affaires plus que dix années de diplomatie. Elle ne déplut qu'aux Wolsey, aux Duprat, aux magisters des rois, habitués à les tenir sous leur pédantesque férule. Elle toucha les Anglais, qui aiment les choses généreuses. Elle mettait les deux peuples sur le terrain du bon sens et d'une fraternité vraiment politique, conformes à leurs grands intérêts.

Deux politiques parlaient à l'Angleterre : la petite lui conseillait l'alliance des Pays-Bas, où elle faisait les petits gains d'un commerce journalier, le négoce des cuirs et des laines. Et la grande politique lui conseillait l'union avec la France contre un empereur roi d'Espagne, dangereux à l'indépendance de tous, ennemi né (comme Espagnol) de la révolution salutaire qui devait nourrir l'État de la sécularisation ecclésiastique.

L'Espagnol était l'ennemi commun, et il n'y en avait pas d'autre.

Les deux peuples et les deux rois eurent un moment de vive cordialité. L'obstacle, des deux côtés, était les cardinaux ministres, Wolsey, Duprat, qui naturellement faisaient accroire à leurs maîtres qu'il fallait gagner sur l'Église plutôt que lui succéder. La France suivit Duprat, et continua de demander, d'extorquer quelque argent au pape. L'Angleterre écarta Wolsey, et entra vigoureusement dans la grande voie financière et religieuse de la Réformation.

L'heureuse, l'aimable occasion de cet affranchissement de l'Angleterre, qu'on place en 1527, doit, je pense, être rapportée à 1520, aux entrevues du Camp du drap d'or, aux visites amicales que les deux rois faisaient aux reines. La reine Claude, fille de Louis XII, et qui avait la bonté de son père, était aimée de la cour d'Angleterre, de la femme d'Henri VIII. Ce prince allait la voir, et la trouvait au milieu de cette belle couronne de dames et de demoiselles. Fut-il tellement aveugle, qu'il ne vit point justement la plus jeune et la plus charmante? La reine aura-t-elle oublié de lui faire remarquer qu'une enfant de quatorze ans, belle, spirituelle, gracieuse, très avancée, très cultivée, était une de ses sujettes? Cela me paraît improbable.

J'affirme sans hésiter que la bonne reine en aura fait une sorte de compliment au roi, disant en les présentant toutes : « Pour celle-ci, c'est la plus jolie, c'est ma perle, et c'est une Anglaise. »

Miss Anna Boleyn, née vers 1507, était d'une très ancienne famille de haute bourgeoisie municipale que plusieurs croient d'origine française. Son grand-père était lord maire de Londres, et il s'était jeté violemment dans la révolution de Richard III. Son père, sir Thomas Boleyn, moins violent et plus délié, fut envoyé d'Henri VIII en Allemagne, en Espagne, en France. Elle y avait été amenée à six ans par la jeune sœur d'Henri VIII, femme de Louis XII, laquelle, bientôt n'étant plus reine, la laissa à élever à la nouvelle reine, Claude, femme de François I$^{er}$ (1515), et, celle-ci étant morte (1524), elle passa entre les mains de la sœur du roi. Heureuse progression, qui dut contribuer beaucoup à former cette personne accomplie. Claude était la vertu même, et la cour de Marguerite, savante, raffinée, délicate, était l'asile de la pensée et le vrai temple de l'esprit.

Le furieux calomniateur d'Anne Boleyn, Sander et autres, avouent que cette fille abominable avait une taille ravissante, une jolie bouche à lèvres fines, une grâce singulière dans les mouvements, la plus charmante gaieté. Tout ce qu'ils peuvent dire contre elle, c'est que son teint fut de bonne heure d'une pâleur mate et maladive. « Et que de défauts cachés ! Sous ses gants, elle avait six doigts, un goître au col ; c'est pour cela qu'elle se découvrait très peu, au rebours des dames anglaises, qui ne font pas difficulté de montrer leur sein. » Ils concluent de sa modestie que, dessous, elle était un monstre.

Deux choses nous éclaireront davantage, son portrait d'abord, et son autre portrait, sa fille.

Sa fille, la reine, Elisabeth, qui lui ressemblait en mal, aide à comprendre pourtant la famille et la race, Dans les excellentes effigies qui restent et qui sont parlantes, on est frappé de la petitesse des traits, qui n'ennoblit nullement. Anne Boleyn avait la bouche petite, Élisabeth l'a presque imperceptible, mais visiblement violente et criarde. Race mixte, mi-bourgeoise et mi-noble. Ces familles, en revanche, ont la vigueur que les races nobles n'ont jamais, l'aptitude aux affaires.

Le solennel portrait d'Anne qu'a fait Holbein et qui est au Louvre montre cette personne, si vive, enfermée et encastrée dans tous les pesants joyaux de la couronne d'Angleterre, aux chaînes de la fatalité. A regarder cet attirail et cette immobilité, c'est une idole orientale. Au total, tout cela factice. On devine aux yeux le mouvement contenu. Les traits sont plus beaux qu'agréables, le sourire ayant disparu. Sous la reine qui trône et qui pose, se retrouve parfaitement la petite-fille du lord maire. Ce qu'elle a de royal, qui attire, qui est fin, charmant, c'est justement ce que Sander dit monstrueux, ce cou de cygne, mince et fluet, ce petit cou qui (elle le dit elle-même) ne donnera pas grand mal au bourreau.

Autre était cette personne, à coup sûr, au Camp du drap d'or, alors dans sa première fleur. Autre était le teint, la fraîche voix, la gaieté de petite fille, le rire, permis à treize ans, dans l'indulgence des reines pour la jeune étrangère, qu'on devait gâter d'autant plus; premier rire à fossettes où l'imprudent contemplateur admire une grâce d'enfance, tandis que souvent son cœur est inopinément blessé d'un éclair innocent des yeux.

Henri VIII, entouré constamment des plus belles femmes du monde, de ces carnations merveilleuses que dès ce temps les Anglaises ne dérobaient nullement à l'admiration, n'avait pas eu une mauvaise pensée; toujours il retournait à sa femme, à son saint Thomas. Mais comment fut-il dès ce jour où cette enfant des deux nations dut lui révéler la grâce française? Un sourire de la petite fille put faire le salut de l'Europe.

Henri VIII, dès ce jour, fut de mauvaise humeur. Tout allait mal. Le vent lui joua le tour d'emporter et de briser sa maison de cristal. Le roi de France, sans le vouloir, l'éclipsait, l'écrasait. Dans cent détails imperceptibles, il l'emportait auprès des femmes. Henri était très beau encore à vingt-huit ans. Mais ses yeux, rétrécis par ses fortes joues, devenaient petits. La précocité d'embonpoint, ce fléau des *beaux* d'Angleterre, le menaçait. Quelqu'un ayant dit sottement que, les deux rois ayant même taille, les mêmes habits leur iraient, ils changèrent; Henri VIII prit ceux de François I$^{er}$, mais bien à la rigueur, au risque de les faire éclater.

Il avait montré sa vigueur à coup sûr dans le tournoi; moins de grâce, ayant eu le malheur de frapper trop fort. Il reprit son avantage dans l'exercice national de l'arc; les Anglais maniaient avec orgueil l'arme d'Azincourt. Rudes lutteurs aussi, ils l'emportèrent sur les Français. Ce mauvais exercice où le perdant amuse l'assistance, faisant des chutes ridicules qui toujours humilient, avait lieu *devant les dames* (dit le témoin oculaire). On pouvait prévoir qu'il y aurait de très grands efforts, de la violence. Henri VIII prit François I$^{er}$ au collet, et lui dit : « Luttons. » Sans doute il se croyait plus fort. L'autre était plus adroit, moins lourd. Qu'eût fait un politique? Il eût refusé, ou serait tombé. François ne fut point politique; il oublia le but de l'entrevue. Il songea au *qu'en dira-t-on?* aux femmes, et d'un malheureux croc-en-jambe il mit son homme par terre.

Petit, fatal événement, qui eut d'incalculables conséquences.

Leurs hommes, qui étaient là autour, et qui auraient dû empêcher cette sottise, en firent eux-mêmes une plus grande. Ils les séparèrent, prièrent, obtinrent qu'Henri VIII, humilié, irrité, ne prît pas sa revanche. Il resta le cœur gros, emporta sa rancune.

Une messe, que dit Wolsey aux deux rois pour terminer, ne calma rien, on peut le croire. On se sépara froidement. Henri VIII alla tout droit à Gravelines, où l'attendait Charles-Quint. C'était la seconde fois qu'il rendait ses devoirs à Henri VIII et à Wolsey. Il les avait prévenus déjà à Douvres, avant l'entrevue du Camp du drap d'or, et les avait charmés par sa modestie, son respect. Son âge de vingt ans lui permettait, sous prétexte de jeunesse, d'être respectueux sans bassesse ni ridicule. Au reste, dès qu'il y avait intérêt, la bassesse ne lui coûtait guère. On l'avait vu en Espagne, pour plaire à Germaine de Foix, veuve de son grand-père, et pour obtenir d'elle ses droits sur la Navarre, lui parler à genoux. De même il fut très humble devant le légat d'Angleterre, le vénérable cardinal; il plut, trouva grâce devant ce fils du boucher d'Ypswick. Henri VIII lui sut gré d'être plus petit de taille, d'apparence médiocre, tout simplement vêtu en noir, de lui laisser tout avantage, de dire qu'il ne voulait nul autre juge, qu'il signerait son jugement. D'autre part, Wolsey lui sut gré de n'aller au roi que par lui, de ne pas viser, comme François I$^{er}$, à créer une amitié personnelle, de ne se méprendre nullement sur le vrai roi d'Angleterre, qui était Wolsey. Après tout, au prochain conclave, qui avait chance d'influer? Un Autrichien qui avait Naples, qui des deux côtés serrait Rome, qui, par l'Allemagne et les Pays-Bas, par l'Espagne, la Sicile et ses autres États italiens, tenait tout un monde ecclésiastique. C'était, selon toute apparence, le futur créateur des papes. Et pour qui influerait-il, sinon pour son cher protecteur, son bon père le légat anglais?

Cela tranchait la question. Wolsey, sans s'expliquer avec son maître, mais se fiant à sa mauvaise humeur, lui fit accepter le rôle d'arbitre, lorsque déjà lui-même il était partie au procès, haineux et malveillant. Arbitrage perfide, où Wolsey allait nous jouer par une longue comédie, jusqu'au jour où sa partialité, démasquée tout à coup, pourrait donner un coup mortel.

## CHAPITRE IX

*La guerre. — La Réforme. — Marguerite. (1521-1222.)*

Les curieux de l'avenir, craintifs et superstitieux, avaient vu avec effroi, dans cette entrevue du Camp du drap d'or, que François I$^{er}$ sur un vêtement portait des plumes de corbeau, sur un autre certaine devise galante tirée, par un emprunt impie, du *Libera* de l'office des morts. Pourquoi ce joyeux souverain portait-il au milieu des fêtes cette prière *pour la délivrance?* Il avait joué le prisonnier, s'était livré à l'Anglais, renouvelant par amusement la captivité du roi Jean. Jeu imprudent, disait-on, inconvenant, qui avait attristé les siens; à ce point que l'*Aventureux* (Fleuranges) lui dit durement, dans sa brutalité allemande : « Mon maître, vous êtes un fol. »

L'année 1521, dès janvier, dès les jours des Rois, répondit à ces présages. Le roi de la fève faillit casser la tête au roi de France. Celui-ci, avec une bande de jeunes fous, s'amusait à faire le siège de l'hôtel où on tirait les rois, avec des pommes, des œufs, des boulets de neige. Ceux du dedans, faute de neige, jetèrent les tisons du feu; le roi fut fort blessé. On assure que le maladroit était un Montgommery, père du fameux protestant qui, aux lices de Saint-Antoine, devait enfoncer sa lance dans la tête d'Henri II.

L'annaliste d'Aquitaine salue cette année lugubre, qui ouvre deux cents ans de guerre, par ces mots : « Lors commença le temps de pleurs et de douleurs. »

La longue rivalité des maisons de France et d'Autriche va se développer en deux actes, d'une incroyable longueur, le premier jusqu'à Henri IV (traité de 1598), le second jusqu'à la mort et l'épouvantable banqueroute de Louis XIV (1715). La France plusieurs fois fut comme rasée. Dès la fin du seizième siècle, un économiste assure qu'elle a payé deux ou trois fois plus qu'elle n'avait, donné plus gros qu'elle-même. Et comment s'est fait ce miracle? Parce qu'un travail persévérant la refaisait pour suffire à ce persévérant pillage.

La richesse se remplaçait; mais les hommes, hélas! les vies d'hommes! Personne ne les refait. D'autres viennent, mais tout différents. Des générations innombrables sont entrées à cet abîme de la querelle des rois. Les résidus de ces boucheries européennes, boiteux, manchots, paralytiques, misérables culs-de-jatte, couvrent toute la France de mendiants au temps d'Henri IV. Que dire de la fin de Louis XIV? Un hospice fut élevé pour recueillir quelques-unes de ces ruines vivantes, et, par-dessus cette mendicité, on a dressé un dôme d'or. Vaste monument, magnifique, si petit encore pour ce qu'il a à contenir! On n'y passe pas, près de ce dôme, sans secouer tristement la tête. Monte, enfle-toi, monte plus haut, tour des morts, qui prétends abriter les restes de tant d'armées... Vain cénotaphe de la France!... Ta pointe toucherait le ciel même, si vraiment tu représentais l'entassement prodigieux des peuples qui ont fini en toi.

En mars 1521, Robert de La Marck, à l'aveugle, avait commencé la guere. Après son défi de Worms, il osa envahir l'Empire. Cela était ridicule, au fond nullement absurde. On avait vu cinquante ans le petit duc de Gueldre se moquer des Pays-Bas, de l'Empire et de l'empereur. Robert avait fourvoyé Seckingen, les nobles du Rhin, au service de Charles-Quint. Il pensait bien les entraîner cette fois pour François I$^{er}$. Le seul attrait du pillage, si l'on entrait sérieusement dans ces grasses terres des Pays-Bas, y aurait suffi. Toute la populace guerrière des lansquenets eût couru sous le drapeau lucratif de Gueldre ou du Sanglier, entre lesquels Marguerite d'Autriche, la gouvernante de Flandre, eût eu grand'peine à se défendre. Ce roman était si bien celui de Fleuranges, le fils de Robert, qu'il avait fait le coup de tête de signifier à Marguerite que, par je ne sais quel titre, il était seigneur et propriétaire du Luxembourg, défendant à l'empereur de s'en mêler désormais.

Charles-Quint n'avait pas un sou, point d'armée. Mais il avait la main du cardinal Wolsey. Un mot signé de cette main arrêta tout, effraya François I$^{er}$;

il eut peur de perdre l'amitié d'Henri VIII, ramena de gré ou de force la meute qui commençait la chasse et tenait déjà le gibier aux dents.

Premier fruit de l'arbitrage anglais et de cette fatale amitié.

Robert, disait François I$^{er}$, n'était pas à lui, et il agissait sans lui. Sans lui de même, agissait en Espagne le roi dépouillé de Navarre. C'était la guerre sans la guerre. Le traité de 1516, au reste, le permettait ainsi. Les Espagnols et les Français pouvaient s'égorger en Navarre, sans cesser d'être amis intimes. Un frère de madame de Chateaubriant, Lesparre, conduisait les Français. Un an plus tôt, l'invasion, rencontrant la révolution des *Communeros* en son premier feu, aurait eu de grands résultats. Si tard, l'effet fut tout contraire. La révolution avortant, tous saisirent cette occasion de la déserter, de prouver leur loyauté en faisant face aux Français. Ils mirent leur honneur à battre ceux qui venaient à leur secours. Lesparre fut défait et tué (30 juin 1521).

L'autre frère de la maîtresse du roi, Lautrec, conduisa-t la guerre d'Italie. Guerre déplorable, entamée à l'étourdie par Léon X, qui voulait s'arrondir sur l'un ou sur l'autre, négociait avec tous les deux, leur promettait son alliance. Florence, qui dépendait de lui, faisait croire au roi de France que ses banquiers lui tiendraient prêts quatre cent mille écus pour payer l'armée, et rien ne venait. Lautrec, éperdu, venait dire que, sans cet argent, tout était fini, que l'armée fondrait dans sa main. Il ne se fia pas au roi. Il tira parole de la reine-mère et des généraux des finances, du vieux trésorier Semblançay, homme sûr et estimé. Ils lui dirent : « Partez; vous trouverez l'argent à Milan. Si l'argent d'Italie manquait, le Languedoc y suppléerait. » N'étant pas rassuré encore, il en exigea le serment. La reine-mère et le trésorier jurèrent sans difficulté. Il arrive, et la caisse est vide. Furieux et désespéré, Lautrec gagna quelques moments par un terrible expédient. S'il n'avait de l'argent, il avait des juges. Il fit juger et confisquer. Mais, comme il arrive souvent, quand une fois on se met à prendre, sur cette caisse remplie par la mort, il se fit part, donna à son frère des confiscations. Il échoua comme il méritait, perdit les occasions, perdit l'armée qui se dissipa, perdit Milan qui se livra et le Milanais. A peine put-il se réfugier sur le territoire vénitien.

Sur les plaintes lamentables de Lautrec, on s'informa, on s'éclaircit. L'argent italien avait manqué, parce que les banquiers de Florence prêtèrent à l'empereur l'argent promis à François I$^{er}$. Il fit saisir à Paris les comptoirs florentins, et n'en tua que mieux son crédit.

Pour l'argent de Languedoc qu'avait garanti Semblançay, il était venu, mais où? aux coffres de la mère du roi. Dans cette crise extrême et terrible, l'avare Louise de Savoie, non contente de deux ou trois provinces dont elle avait les revenus, percevait ses pensions avec une âpre exactitude. Elle y trouvait de plus ce charme, cette volupté d'affamer Lautrec, de le faire échouer, d'en finir une fois peut-être (au prix d'un grand malheur public) avec cette Chateaubriant, vieille maîtresse de trois années qui ne tenait plus qu'à un fil.

Le prodigue François Ier était puni cruellement. Toutes ses petites ressources de création d'offices, mangées à mesure et laissant une masse croissante de salaires et de pensions, ne signifiaient plus rien en face des besoins infinis, de cette gueule béante et sans fond d'une interminable guerre. Il sembla comme s'éveiller, se frotter les yeux, songer qu'il y avait une France. Il prit une plume et du papier, n'ayant autre chose, et il fit une ordonnance, portant qu'immédiatement la France aurait quatre armées.

Le camarade Bonnivet, reprenant les débris de Lesparre avec quelques volontaires, fit face vers les Pyrénées et surprit Fontarabie. Le roi lui-même devait garder le Nord. Mais il était seul. Pas un soldat. Pour ramasser des hommes, tels quels, il fallait un mois au moins. Bayard donna ce mois à la France. Il s'enferma dans Mézières avec quelques gentilshommes. Une fois dedans, ils virent qu'ils n'étaient pas fortifiés. « Eh! messieurs! leur dit Bayard, quand nous serions dans un pré, avec un fossé de quatre pieds, nous nous battrions tout un jour. Ici, nous tiendrons bien un mois. »

La canonnade impériale tirait de deux côtés; les Brabançons, sous Nassau, tiraient d'au delà de la Meuse, et les Allemands de Seckingen, à qui on avait fait passer la rivière, étaient plus près de la France. Seckingen était là à contre-cœur, travaillant pour se faire un maître plus absolu et plus dur. L'affaire de Robert de La Marck l'éclairait sur la reconnaisance qu'il avait à attendre. Bayard, qui savait tout cela, s'avise d'écrire, comme à La Marck, qu'il lui vient douze mille Suisses, qu'ils vont passer sur le corps de Seckingen que Nassau a placé au poste le plus dangereux; Bayard y a regret, sachant que Mein Herr Seckingen est un galant homme qui reviendra au roi. La lettre est prise aux avant-postes, comme Bayard l'avait prévu. Seckingen et ses Allemands croient qu'en effet Nassau veut les faire égorger là. Ils partent; drapeaux, tambours en tête, ils repassent la Meuse, rejoignent les impériaux. Nassau veut les empêcher. Ils se mettent en bataille contre lui, en grondant comme des ours. Bayard voyait tout, du haut des murs, et se mourait de rire. Le lendemain, tout s'en alla, mais les uns et les autres fort brouillés, ne voulant plus camper ensemble, Nassau de son côté et de l'autre Seckingen.

Le roi, cependant, arrivait, avec sa gendarmerie, des Suisses, force levées nouvelles. Le 22 octobre (1521), il était en présence de l'ennemi.

Mais nous devons voir, avant tout, comment se passait une autre bataille, bataille diplomatique qui se livrait à Calais, un tournoi d'intrigue et de ruse, où notre grand ami Wolsey était le juge du camp, tâchant de nous faire perdre. L'empereur cependant avançait en pleine France. L'Angleterre armait ses vaisseaux.

Les prétentions de Charles-Quint étaient inconcevables. Il voulait qu'on lui rendît la Bourgogne, l'Yonne, qu'on le mît à trente lieues de Paris.

Qu'on lui rendît la Somme, Péronne qui au nord, de même à trente lieues, couvre la capitale. C'est le traité que Charles-le-Téméraire, dans la tour de Péronne, avait fait signer au roi prisonnier.

Les actes de la conférence, écrits par le chancelier Gattinara lui-même, étonnent, indignent, par l'insolence des impériaux. Jamais magister de village ne gourmanda d'un ton plus rogue ses misérables écoliers que le pédantesque Autrichien les envoyés de la France. Il ne daigne pas même cacher la pensée de démembrement. C'est la mort de la France qu'on veut. Le vieux levain parricide de la maison de Bourgogne lui remonte et vient en écume. Elle conteste tout à la France, le Dauphiné, la Provence, *terre d'Empire!* la Champagne, ancien *appendice de la couronne de Navarre!* le Languedoc, *dépendance de la couronne d'Aragon!* Pour avoir plus tôt fait, Gattinara rappelle que Louis XII fut privé de tout le royaume par sentence de Jules II.

Faut-il dire à quelle violence alla cet emportement? Le chancelier de France disant : « Sur tel point, je gage ma tête... » Gattinara réplique : « J'aimerais mieux celle d'un porc. » Basses injures que le Français porta en patience.

Le cardinal arbitre aimait tellement la paix, était tellement notre ami, qu'il résolut, le pauvre homme, *malgré la fièvre qui le minait*, d'aller trouver l'empereur à Bruges et de faire près de lui un dernier effort.

Il y eut sa dernière conférence avec Charles-Quint et la bonne tante Marguerite, qui, tout en obtenant de nous la neutralité pour sa Franche-Comté, s'arrangea avec Wolsey pour frapper sur la France embarrassée de l'invasion allemande le coup assommant, décisif, d'une invasion anglaise.

Tout cela n'était pas tellement secret, que les ministres de François I<sup>er</sup> ne le devinassent. Ils firent sous main un emprunt, mirent une bonne et forte somme dans les mains du duc d'Albany, parent du roi d'Écosse. Il passa la mer le 30 octobre; le Parlement le reconnut tuteur du jeune roi Jacques V, lui fit partager la tutelle qu'avait seule la mère de l'enfant, sœur du roi d'Angleterre. Celui-ci en poussa des cris. On répondit qu'on n'avait pu retenir un Écossais qui n'était pas sujet du roi.

Ceci le 30. Et, le 22, ce vainqueur que le furieux Gattinara lançait en France au nom de Dieu, ce conquérant, ce Picrochole, Charles-Quint s'enfuyait, ayant à peine cent chevaux. On s'était trouvé nez à nez, le roi d'un côté et Nassau de l'autre, entre Cambrai et Valenciennes. Le jeune empereur, si près de l'ennemi, n'avait montré nulle curiosité. Il restait dans la ville. Nassau, harassé et n'en pouvant plus, avait en tête les nôtres, tout frais, et qui voulaient se battre. Le roi jugea qu'une armée de recrues devait être assez heureuse de voir fuir devant elle la vieille armée allemande de Nassau et de Seckingen.

On l'accusa, en présence de tant de ravages, de n'en avoir pas tiré vengeance. Les villages étaient en feu, tout pillé. Les affreuses guerres de Charles VII semblent recommencer. Mais le peuple recommence aussi à prendre un souffle de guerre. Il s'enhardit. Les femmes même se souviennent de Jeanne Darc. A Ardres, une vieille prend une pique, court aux remparts, et s'en escrime si bien, que les assaillants devant elle pleuvent des murs dans le fossé.

Le peuple fait bien de se défendre. Car le roi ne le défend guère. Il garde les places, c'est tout. La campagne est abandonnée

Quels furent les sentiments du peuple, dans ce terrible abandon? Pas un mot ne l'indique dans les écrivains du temps. C'est pourtant la question que le lecteur m'adresse ici, c'est là ce qu'il veut savoir. Le peuple! que sentait le peuple?

Il suffirait, pour mettre sur la voie, de l'histoire éternelle, tirée du cœur et du bon sens. Mais une autre encore nous renseigne, l'histoire retrouvée et surprise dans les révélations indirectes que nous donnent à droite ou à gauche tel témoin fortuit, une lettre, un vers, une épitaphe, une légende postérieure qui, des temps lumineux, se reporte à l'époque obscure où nous étions dans les ténèbres.

La première lueur s'entrevoit dans le *Journal du Bourgeois de Paris* (publié en 1854, p. 110, 120) et dans quelques lignes fort sèches de Martin-Du Bellay.

En janvier 1522, le roi convoqua à Paris un concile national pour réformer l'Église de France et pour obtenir les secours du clergé. En février, il ordonna le renouvellement des francs-archers de Charles VII et de Louis XI, *mais seulement au nombre de vingt-quatre mille*, pour aider aux guerres et couvrir la Guyenne et la Picardie. Remarquable défiance.

En ce même mois de février, le roi, allant en personne à l'hôtel de ville de Paris, puis à celui de Rouen, expliqua aux prévôts, échevins et notables, sa nécessité. Paris, à qui il demandait l'entretien de cinq cents hommes, voulut du temps pour y songer, espèce de refus poli où perçait visiblement la haine des Parisiens. Mais Rouen, pour piquer Paris, et aussi flatté de la visite du roi, accorda mille hommes. Fort de cela, le chancelier retomba sur les Parisiens, leur fit honte; ils votèrent mille hommes. L'argent devait se lever sur la vente des denrées, forme d'impôt très dangereuse qui pouvait causer des révoltes. On aima mieux taxer chaque corps de métier, les drapiers de soie à dix mille livres, ceux de laine à huit, etc. Et Paris n'en fut pas quitte. Peu de mois après, Duprat vint demander cent mille écus, en donnant rente aux Parisiens sur l'Hôtel-de-Ville, les faisant rentiers malgré eux.

Paris était très sombre. Le roi aussi. Il lui avait fallu demander, mendier, expliquer ses affaires. Il passa tout l'hiver dans les bois et les chasses à Fontainebleau, Compiègne et Saint-Germain, dans l'ennui des nouvelles couches de la reine. Au printemps, il partit pour Lyon, toujours préoccupé de l'Italie, jamais de la France.

La France se défendait seule et comme elle pouvait. Il n'y avait pas d'armée, sauf deux mille Suisses à Abbeville, qui refusaient de combattre. Quelques petites garnisons défendaient les villes. La campagne, les villages, foulés, pillés, brûlés, violés, étaient le jouet de la guerre. Les gentilshommes du pays escarmouchaient ici et là par bandes de vingt ou trente lances, méprisant fort les paysans, et toutefois n'attaquant guère que quand ils avaient avec eux quelque poignée de francs-archers. Ainsi ce n'était plus seulement derrière les murs et dans les sièges, c'était en rase campagne que cette pauvre population, si peu habituée à la guerre, commençait à s'essayer.

Quelles devaient être l'inquiétude des familles et leurs ardentes prières, quand le père, le frère ou les enfants, affublés de mauvaises armes, pour la première fois descendaient en plaine! Les terreurs des guerres anglaises étaient revenues, et le roi, ce roi vaillant, jeune et d'un si grand éclat, ne paraissait pourtant guère plus pour la défense du peuple que l'indolent Charles VII. Qu'importait à ces pauvres gens qu'il eût brisé à Marignan les lances des Suisses, ou qu'il reprît le Milanais, s'ils étaient abandonnés, sur toute la frontière du Nord, au dedans jusqu'en Picardie, aux partisans impériaux? Dans cette disparition du roi, le seul recours était vers Dieu.

Considérons bien ce Nord. La première ligue, picarde, était toute à l'action, aux souffrances et aux combats. La seconde, entre Somme et Marne, n'en avait encore que l'attente, l'émotion, le trouble. Meaux en était l'ardent foyer. Grand marché des grains et centre agricole, comme elle l'est aujourd'hui, elle fut de plus, au Moyen-âge, la fabrique capitale des laines qui habillaient les provinces voisines. La Jacquerie du quatorzième siècle éclata à Meaux et y succomba dans d'horribles flots de sang. Au seizième, à Meaux encore, dans les ouvriers tisseurs et cardeurs brilla la première étincelle de la révolution religieuse.

Notre grande route du Nord, passage éternel de soldats, les villes qui en sont les étapes et les haltes nécessaires, sont tout occupées de la guerre, elles combattent de cœur et de vœux. Elles disent le mot de la Pucelle : « Les hommes d'armes combattront, et Dieu donnera la victoire. »

Autre ne fut la pensée des pieux ouvriers de Meaux : « Dieu, seul défenseur et sauveur, gardien de l'homme abandonné. Toute notre force est dans sa grâce. »

Profond élan du cœur du peuple, qui, par une heureuse coïncidence, trouva appui et soutien dans l'autorité des docteurs. L'évêque de Meaux, Briçonnet (fils du favori de Charles VIII, et qui expiait pour son père), était une espèce de saint, bon, doux, charitable. Au milieu de ce peuple délaissé et menacé par de si grands dangers publics, il se voyait bien près de reprendre le rôle de ces anciens évêques qui, à l'approche des Barbares, toute force publique ayant disparu, furent constitués par la nécessité *defensores civitatum*. Ses prédications relevaient le peuple, lui donnaient espoir. Toutes se résumaient dans le chant de Luther : « Ma forteresse, c'est mon Dieu. »

Ni Briçonnet, ni personne, n'ignorait la grande scène de Worms (d'avril 1520). L'Europe entière avait vu le nouveau Jean Huss défendre Dieu modestement contre le pape et l'Empereur. Et ce Dieu avait permis que, plus heureux que Jean Huss, il sortît vivant de Worms. Où était-il? En quel désert? Sur quels monts l'avait enlevé l'Esprit? On l'ignorait, mais on voyait, de ce Sinaï invisible, jaillir par moments de sublimes et mystérieux éclairs.

Il y avait, nous l'avons dit, à Paris un humble Luther, le modeste et savant docteur Lefèvre d'Étaples, âme tendre qui embrassait tout ce qu'adora le Moyen-âge, le culte de la Vierge et des saints, et qui n'en prêchait pas moins la pure parole de saint Paul et l'unique salut par la grâce. Lefèvre, inquiété à Paris par la jalouse Sorbonne, se rendit volontiers à Meaux, et emmena avec lui un jeune noble du Dauphiné, natif du canton de Bayard, le bouillant, l'éloquent Farel, franc, net, intrépide entre tous, qui eut le cœur admirable du chevalier sans reproche, sa soif de péril, et qui fut le Bayard des combats de Dieu.

Cette douceur de placer tout l'espoir dans le cœur paternel allait aux âmes blessées. Les femmes lui appartenaient d'avance; les premières qui goûtèrent ce miel furent deux âmes de femmes malades, deux princesses associées aux mystiques ouvriers de Meaux par le tout-puissant Niveleur. L'une fut la sœur du roi, la duchesse d'Alençon, Marguerite, veuve de cœur dans son triste mariage, portant au cœur un trait caché. L'autre, sa très jeune tante, de dix-huit ans, sœur de sa mère, Philiberte de Savoie, veuve de ce Julien de Médicis que Michel-Ange a immortalisé par un tombeau. La tante s'était réfugiée sous l'abri de la nièce, qui avait dix ans de plus, et qui lui semblait une mère par sa grande supériorité, sa tendresse éclairée, sa sérénité apparente, qui imposait à tout le monde.

Tout ce qu'on a imaginé des amours de Marguerite avec son protégé Marot et autres poètes qui pour elle rimaient, *mouraient par métaphores*, n'a ni sens ni vraisemblance; c'est le langage du temps, fiction innocente et permise. La reine y répondait gaiement, rimant pour ces morts bien portants leur *requiescat in pace*. Elle était, comme bien des femmes, fort paisible de tempérament. Mauvais poète, charmant prosateur, c'était un esprit délicat, rapide et subtil, ailé, qui volait à tout, se posait sur tout, n'enfonçant jamais, ne tenant à la terre que du bout du pied. Il faut pourtant excepter le galimatias mystique du temps, où sur les pas de Briçonnet, son pesant guide spirituel, il lui arriva souvent d'alourdir ses ailes légères. Que cette mysticité l'ait gardée, je ne le crois pas; au contraire, c'est une des voies par où l'on va vite à la chute. Ce qui la garantit bien mieux, ce fut le rire, la légère ironie, la douce malice, qu'elle opposait aux soupirants.

Et elle y eut peu de mérite, ayant au cœur deux passions, qui lui créèrent contre toutes les autres un *alibi* continuel. L'une, c'était l'amour des sciences, la curiosité infinie qui lui fit chercher les études qui attirent le moins de femmes, les langues et l'érudition même, la menant du latin au grec, du grec à l'hébreu.

Briçonnet le lui reproche : « S'il y avait au bout du monde un docteur qui, par un seul verbe abrégé, pût apprendre toute la grammaire, un autre la rhétorique, la philosophie et les sept arts libéraux, vous y courriez comme au feu. »

L'autre passion, ce fut le culte étonnant, l'amour, la foi, l'espérance, la parfaite dévotion qu'elle eut, de la naissance à la mort, pour le moins digne des dieux, pour son frère François I$^{er}$.

Il y a très peu de portraits de Marguerite. Celui de Versailles est, je crois, d'imagination, calqué sur quelque portrait de François I$^{er}$. La véritable effigie (Voy. *Trésor de Numismatique*) est le revers d'une médaille qui porte de l'autre côté sa mère, Louise de Savoie. C'est une image légère, un brouillard, mais révélateur, qui ouvre tout un caractère, qui répond si bien et si juste à tous les documents écrits, qu'on s'écrie : « C'est la vérité. »

La médaille, non datée, doit avoir été faite du vivant de la mère, peu avant sa mort, lorsqu'elle était toute-puissante, et probablement quand elle fit l'acte important de sa vie, le *Traité des Dames*, ou de Cambrai, en 1529. Elle avait alors cinquante-trois ans, sa fille trente-sept. La mère, forte et grande figure, n'a pas besoin d'être nommée; elle l'est par un trait saillant, le grand gros nez sensuel et charnu de François I$^{er}$, nez de bonne heure nourri, sanguin comme l'ont ces natures fortes et basses, tempéraments passionnés, souvent malsains et maladifs. Louise était toujours malade; tantôt la colère ou l'amour (jusqu'au dernier âge); tantôt la goutte aux pieds, aux mains, et des coliques violentes qui l'emportèrent à la fin.

La fille est un parfait contraste. Il semble que la Savoyarde dont elle fut le premier enfant s'essaya à la maternité par cette faible et fine créature, le pur élixir des Valois, avant de jeter en moule *le gros garçon qui gâta tout*, ce vrai fils de Gargantua. En celui-ci, elle versa à flots et engloutit tout ce que sa forte nature donnait de charnel et de sensuel, de sorte qu'avec beaucoup d'esprit la créature rabelaisienne tint pourtant du porc et du singe. (Voy. au Louvre le dernier portrait.)

Fut-il légitime? Qui le sait? Mais Marguerite sa sœur est certainement petite-fille du poète Charles d'Orléans. Elle a la figure, usée de bonne heure, des races nobles, affinées, vieillies. Elle le dit à chaque lettre, sans la moindre coquetterie, écrivant à gens moins âgés : « Votre tante », ou : « Votre vieille mère. »

Elle était très peu faite pour les travaux de la maternité. Elle n'eut pas d'enfant du duc d'Alençon. Et de Jean d'Albret, son second mari, elle en eut, mais péniblement, fort malade dans ses grossesses, toussant beaucoup, affaiblie des jambes et des yeux, si bien qu'en 1530, à trente-huit ans, étant enceinte, il lui faut se reposer, se préparer, pour écrire une lettre. Ses enfants moururent, ou restèrent très faibles; spécialement Jeanne d'Albret, qui n'avait pas même remué dans le sein de sa mère, et jeune eut plusieurs maladies qu'on croyait mortelles.

Il ne faut pas s'étonner si, dans la médaille, l'admirable artiste nous donne déjà Marguerite, comme elle se donne dans ses lettres, un peu vieille à trente-sept ans. Le nez charmant, fin, mais aigu, est bien de cet esprit *abstrait* que Rabelais évoquait du ciel pour le faire descendre à son livre.

Cette médaille fait penser à un portrait de Fénelon, comme elle, délicat, nerveux, maladif, où la pâle figure conserve un léger mouvement oblique, allure gracieusement serpentine, comme d'un homme infiniment fin, qui ondule et glisse entre deux idées.

J'aime mieux la reine de Navarre. Elle tient de ce mouvement, mais elle a le sourire plein d'esprit, de malice, de bonté.

Cette personne infiniment pure eut toute sa vie remplie par un sentiment unique, qu'on ne sait comment nommer; amour? amitié? fraternité? maternité? Il y a de tout cela, sans doute, et pas un de ces noms ne convient.

Le second volume des lettres, adressé tout entier au roi, étonne et confond, non pas par la véhémence, mais par l'invariable permanence d'un sentiment toujours le même, qui n'a ni phases, ni crises de diminution ou d'aggravation, ni haut, ni bas. Jamais l'arc ne fut si constamment tendu.

Tous les amours du monde doivent s'humilier ici. Ils n'ont rien à mettre en face. Plus ils tendent, plus la corde rompt. La seule chose qui rappelle ces lettres, c'est l'immense et charmant recueil des lettres de Madame de Sévigné. Celles de Marguerite en ont parfois l'agrément (par exemple, quand elle écrit au roi captif ce que font ses enfants), et elles en ont surtout la passion, l'émotion intarissable. La ressemblance y est aussi par la légèreté sèche, distraite de l'objet aimé. François Ier est comme madame de Grignan. Il aime, est touché par moments. Le plus souvent, il a peu à répondre. Cette fixité terrible, pendant cinquante années, qui y tiendrait? Parfois il perd patience, il est dur et tyrannique. Cette âme si dépendante, c'est sa chose visiblement pour user et abuser; il a eu, en naissant, cet être, pour l'adorer quoi qu'il fasse. Il trouvera naturel de lui demander, au besoin, sa vie, son cœur et son sang, sans que jamais il lui vienne en pensée qu'il demande trop.

Plus âgée de deux années, et de dix ans au moins par l'esprit, pleine d'imagination dès la naisssance, elle a vu un matin tomber du ciel, dans ce berceau qui va être un trône, la créature aimée d'avance, ce rêve d'une mère violente et si violemment désireuse. Le voilà qui rayonne dans ses langes de beauté, de royauté future, *soleil* naissant de sa sœur, de sa mère. Cet emblème de Louis XIV est déjà celui par lequel Marguerite désigne son frère, se désignant elle-même par le tournesol, qui n'incline que vers le *soleil*, avec la devise décourageante pour tous : *Non inferiora secutus*. (Il ne suivra pas d'astres inférieurs.)

Alençon et Jean d'Albret, Bourbon, Bonnivet, Marot, toute la foule des admirateurs, courtisans et serviteurs, est ainsi mise de niveau.

Elle ne rappelle même guère qu'elle a un mari. Elle écrit invariablement au roi « qu'elle n'a personne que lui, qu'il est et son père et son fils, son frère, son ami, son époux. »

Il y paraît. L'amour n'est pas une passion si robuste. Celle-ci non seulement résiste aux jalousies et au temps, aux duretés, aux mortifications, mais, bien plus, aux changements tristement prosaïques qui se font dans la figure, l'humeur, la santé de François I$^{er}$. Quand je songe au désolant portrait qu'on a de lui (vers cinquante ans), déformé cruellement, moins par l'âge que par les maladies, j'admire le prisme magique sous lequel elle vit invariablement ce *soleil*.

Si j'osais, de cette femme spirituelle, dire le mot vrai, je dirais qu'elle fut, dès la naissance, *assotie*, *enchantée*, *possédée*. Martyr aussi et jouet de ce démon intérieur, martyr si résigné que, l'idole lui prodiguant les plus rudes épreuves, elle ne souffle pas, n'ose hasarder un soupir de jalousie.

Comme tous les cœurs souffrants, elle se crut de bonne heure dévote, et, ce qu'on eût le moins attendu d'un esprit naturellement aiguisé et raisonneur, elle entreprit d'être mystique. Ne l'est qui veut. Pour elle, c'est un travail. Elle s'y donne, en écrivant, de cruelles entorses à l'esprit. Qu'au contraire elle revienne à son objet (surtout au moment décisif, la captivité de Madrid), alors tout coule à flots, c'est un torrent du cœur, de passion, de facilité, avec une dextérité vive, ardente et résolue.

Autant qu'on peut dater les choses du cœur, il semblerait que le roman de madame de Chateaubriant, arrachée de son mari, disputée avec fureur, haïe, battue (plus tard tuée ?), occupa le roi trois ans (1518, 1519, 1520). Cette fille du beau Phébus de Foix, astre singulier de Gascogne, soit par l'attrait du Midi, soit par sa violente et sinistre destinée, par ses frères enfin, sa brave et intrigante parenté, ne laissa guère respirer le roi. La blanche princesse du Nord dut, avec son esprit, pâlir longtemps, quelque peu oubliée dans son mariage d'Alençon. On se souvient d'elle au jour du malheur. En 1521, il est visible que son frère se rapprocha d'elle et la consulta, donnant même à son mari la faveur inespérée de le nommer son lieutenant à l'armée de Picardie, de sorte que les deux femmes eurent part, la maîtresse le Midi, la sœur le Nord.

Le roi alla jusqu'à vouloir qu'Alençon passât devant le connétable et conduisît l'avant-garde.

Marguerite, inquiète et n'ayant pas une opinion bien rassurante de la bravoure ni de l'habileté de son mari, écrivit pour la première fois à ce prélat qu'on regardait comme un homme de Dieu, à Briçonnet, évêque de Meaux, lui demandant ses prières pour son mari qui partait, et pour elle, entraînée dans de si hautes affaires : « Car il me faut mesler de beaucoup de choses qui me doivent bien donner crainte. »

Le roi devait s'apercevoir qu'il avait été mal conseillé, que ni son chancelier Duprat, ni les amis et parents de sa maîtresse, n'avaient bien vu dans les affaires. Ils avaient été amusés par Charles-Quint et dupes de Wolsey. Si mal entouré, il revint avec confiance aux siens, à sa sœur, son aînée, esprit net et propre aux affaires, dont tout le monde reconnaissait la supériorité.

Il avait son mauvais génie en sa mère et ses maîtresses, son bon génie en Marguerite. Fort éclairée d'elle-même, de plus illuminée par la seconde vue du cœur, elle le conduisait alors dans la vraie voie de son règne, où il eût trouvé à la fois le nerf moral et d'immenses ressources matérielles.

Bien entendu qu'elle agissait instinctivement sans voir ces conséquences ni sans s'en rendre compte, croyant seulement le mettre en bonne voie religieuse, lui mériter l'aide de Dieu.

Elle croyait avoir fait de grands progrès. En novembre, en décembre (1521), elle écrivait à Briçonnet : « Le Roi et Madame sont plus que jamais affectionnés à la réformation de l'Église... délibérés de donner à connoître que la vérité de Dieu n'est point hérésie. » (Génin, II, 273-4.)

Croyant toucher au but, elle faisait de grands efforts auprès de son frère, l'enveloppait d'une tendre et innocente obsession. Elle éprouvait pour lui un redoublement de tendresse, le voyant dans un vrai péril, pour la première fois triste et malheureux. De toutes parts, l'horizon se cernait de noir; les bois de Saint-Germain, où ils passaient l'hiver, n'étaient pas plus dépouillés, plus sombres que la situation. Point d'argent et point d'armée. L'Italie perdue; pour nouveau pape un précepteur de Charles-Quint; Lautrec cachant son drapeau dans les marais de Venise; la France entamée, la Picardie brûlée, une descente anglaise imminente. Et, dans cette grande crise, la résistance intérieure (chose inouïe!), Paris chicanant son roi!... Lui, le vainqueur de Marignan, revenant humilié de l'Hôtel-de-Ville!

Sa femme était alitée, en couches, et sa mère alitée. Et sa sœur, devenue malade en les soignant, se relevait à peine.

Il s'ennuyait dans la fadeur si tiède de ces jours intermédiaires que laisse une passion défaillante.

Il n'échappait que par la chasse. Cet hiver, à Fontainebleau, à Saint-Germain, à Compiègne, il allait chassant et s'étourdissant. Mais, dans tous ces bois, même chose : au bout de chaque allée, la monotonie de l'hiver et l'uniformité d'ennui.

Compatissant à cet état d'esprit, sa sœur l'enveloppait d'autant plus de ses caresses maternelles, de sa tendresse religieuse, et des doux appels de l'amour de Dieu. Jamais jusque-là cet enfant gâté, qui n'envisageait que lui-même, ne s'était avisé de regarder sa *mignonne*, comme il l'appelait volontiers. Il lui advint, en écoutant, de découvrir ce qui était sous ses yeux depuis sa naissance, de voir qu'elle était belle, belle de piété, d'affection, de sa convalescence même et de sa langueur, de sa faiblesse pour lui.

Comment dire ce qui va suivre? Mais la chose est trop constatée. Il était tellement abaissé de cœur par les jouissances vulgaires, qu'il conçut l'idée indigne de voir jusqu'où irait sa puissance sur cette personne uniquement dévouée. Il affecta de douter de cette affection si tendre, osa dire qu'il n'y croyait pas, à moins d'en avoir la *preuve* et la définitive *expérience*.

Nous ne savons bien que ce mot. Le reste se devine ; on voit l'étrange scène et l'effort pour ne pas comprendre, et la rougeur et la pâleur, l'abîme de désespoir. D'autre part, la tyrannie d'un maître jusque-là toujours obéi, la dureté, le doute ironique... L'horreur et le bouleversement d'une situation si nouvelle, la mort de cœur qui la suivit, elle dit tout d'un mot : « Pis que morte ! »

Elle ne pouvait rester. Elle partit sur-le-champ. Son mari passait l'hiver à Alençon, et elle devait le rejoindre. Mais elle dépendait tellement, qu'en partant toute sa crainte était que ce brusque départ, sans adieu, ne blessât le maître. Elle laissa une lettre tendre, s'excusa. A quoi le tyran, irrité effectivement de cette première désobéissance, écrivit, sans ménagement pour ce cœur sanglant qui palpitait dans ses mains, que, puisqu'elle le fuyait, il fuirait plus loin encore ; qu'il allait partir pour Lyon, pour l'Italie, pour la guerre, pour la mort peut-être... enfonçant ainsi le poignard, calculant avec barbarie qu'en une si vive douleur elle s'abandonnerait elle-même.

Ces énormités étonnent ceux qui ignorent combien elles ont été communes dans les familles des dieux de la terre, qui, faisant les lois par leur volonté, se croyaient au-dessus des lois et bravaient la nature même. Le régent et Louis XV (sans parler de faits plus modernes) ont dépassé François I$^{er}$. Pour lui, les contemporains ont eu effroi et terreur de sa brutalité sauvage. On conte qu'en 1524, dans un moment bien sérieux où il venait de prendre le deuil, étant veuf depuis quelques jours, au moment où les impériaux assiégeaient Marseille, les gens de Manosque en Provence vinrent le haranguer, le maire en tête, et la fille du maire, belle et jeune demoiselle. Le roi arrêta sur elle un regard tellement significatif, qu'elle crut avoir à craindre les dernières violences, le soir même prit un corrosif, en laboura son visage, détruisit sa fatale beauté.

Revenons à Marguerite. Le cruel caprice du roi était peut-être moins encore libertinage que malice et vanité. Cet objet, si haut placé dans l'éther du ciel, cette inaccessible étoile que tous regardaient de si bas, pour qui Bourbon, Bonnivet, cent autres soupiraient, il trouvait piquant de la faire descendre, de jouer ce tour à tous.

Il avait le sang de sa mère, si impure et si corrompue. L'aventure venait à point pour celle-ci, et le jour même où elle en avait grand besoin, de sorte qu'on est tenté de croire qu'elle pût y être en quelque chose. Elle venait de faire un crime et de blesser son fils au seul point vulnérable. Sa haine contre Lautrec et sa sœur, l'impatience qu'elle avait de précipiter la maîtresse régnante, lui avaient fait retenir l'argent de la guerre et perdre Milan. Chose incroyable! celui qu'avec une peine infinie on ramassa cet hiver, elle le retint encore. Telle fut son audace et sa rage! lorsque la défaite certaine de Lautrec allait non seulement perdre l'Italie, mais ouvrir la France, envahie tout à la fois par le Nord et par le Midi !

Qui put lui donner l'audace de cette énorme récidive, ce mépris de son fils? Nous n'en pouvons imaginer qu'une raison : elle aura cru le tenir par ce honteux secret, et se sera sentie sûre de pouvoir mettre entre elle et son fils irrité l'aimable et faible personne, habituée à s'immoler à eux. Ayant cette prise nouvelle sur lui, elle en profita sans scrupule, en tira la témérité d'accomplir ce second forfait.

L'infortunée Marguerite était en février dans un château solitaire près d'Alençon, avec son mari ; seule, n'ayant plus même avec elle sa jeune tante, alors en Savoie. Elle montra cependant, dans sa faiblesse et sa tendresse, dans son extrême douleur, une très fine prudence de femme, pensant qu'à cet élan brutal, éphémère, la plus souple résistance, la plus élastique était la meilleure ; les fascines arrêtent la mer mieux que les murs de granit.

Nous possédons la lettre (autographe et olographe) qu'elle adressa à son frère, lettre humble et humiliante, qu'elle le priait de brûler. Il se garda bien de le faire, vain de ce triste triomphe ; peut-être par une basse prudence, voulant garder à tout hasard une arme qui servirait contre elle, si elle s'émancipait jamais.

Dans cette lettre, écrite à genoux, le sens est celui-ci : elle se donne pour se mieux garder.

Toutes les expressions de l'humilité mystique y sont épuisées pour dire son *imperfection*, son *obéissance* et sa *servitude*. La prose n'y suffit pas. Elle continue en vers, lui *dédiant*, dit-elle, tout ce qu'elle a *de puissance et de volonté*. Elle va (chose plus dangereuse) jusqu'à lui dire qu'au moindre mot elle accourra près de lui. Mais, en même temps, pénétrée de douleur, elle le supplie de ne pas demander *expérience pour défaite* (l'épreuve matérielle de sa défaite morale), essayant d'intéresser sa générosité et de le rappeler à lui-même par ce mot habile et touchant : « Sans que jamais de vous je me défie. »

Rien n'indique que François I*er* ait exigé l'accomplissement du sacrifice. Mais il avait brisé ce cœur, y avait jeté une ombre pour toute la vie. Il remportait ce qui était le fond du sacrifice même : l'abandon de la volonté.

La terre avait vaincu le ciel et l'avait abaissé à soi.

Il avait détruit, par un jeu barbare, en sa virginité morale, l'être délicat et charmant où il avait son bon génie.

« La femme, c'est la Fortune », dit l'Orient. Il avait tué la sienne.

Ceci n'est pas une figure. C'est la simple et trop exacte réalité des faits. Marguerite, respectée de son frère et le dominant par sa supériorité légitime et naturelle, aurait doucement mené le roi et la France dans les voies de l'affranchissement. Marguerite, donnée ainsi et subordonnée, personne dépendante, accessoire, et de moins en moins ménagée, influa par moments, sans prendre l'ascendant efficace, sans exercer l'action décisive qui nous aurait sortis des limbes du vieux monde et placés dans la lumière de la libre Renaissance.

A qui servit-elle? A sa mère, dont sans doute elle sauva le crédit, dont elle couvrit l'énorme, l'inexcusable crime.

Le malheur s'était consommé le 29 avril (1522). Lautrec, pour la seconde fois, abandonné sans ressources, n'ayant plus autorité, mené par les soldats, obéit à ses Suisses, qui voulaient combattre et partir, repasser les Alpes. Il fut écrasé à La Bicoque près Milan, l'Italie perdue définitivement, Venise, notre alliée, entraînée dans notre ruine. Et un mois après, jour pour jour, 29 mai, le roi, accablé de douleur, reçut à Lyon le défi d'Henri VIII, qui descendait en France.

Cependant Lautrec arrivait à Lyon. La mère du roi, épouvantée, avait réussi d'abord à envelopper son fils, qui refusait de voir Lautrec. Le connétable de Bourbon, outré d'animosité, passant de l'amour à la haine contre Louise et Marguerite, crut perdre la mère du roi en prenant Lautrec par la main, forçant les portes, les défenses, et le mettant en face de François I$^{er}$. « Qui a perdu le Milanais? » s'écria le roi furieux. « Vous, Sire », répliqua Lautrec. Tout s'éclaircit, et le roi fut anéanti. « Oh! qui l'aurait cru de ma mère? » s'écriait-il.

On devine l'ange secourable qui le désarma, couvrit la coupable, rétablit la *trinité* de famille. Jamais elle ne revint ce qu'elle avait été. Tous trois avaient appris à se connaître. Marguerite, quel que fût son culte, connaissait et craignait le roi, de même qu'il avait fait l'épreuve des furieuses passions de sa mère.

Marguerite était brisée au point de ne pouvoir reprendre même aux consolations religieuses. Elle essayait pourtant de lire l'Écriture à son frère et à sa mère, dans l'intimité de famille. Elle priait Briçonnet de venir les assister, assurant qu'ils avaient grande confiance en lui. L'évêque ne s'y trompait pas et croyait le moment perdu. Il lui avait écrit (dès le 22 décembre 1521) : « Le vrai feu fut dans votre cœur, dans celui du roi, de Madame. Le voilà couvert, assoupi. » Et plus tard : « Couvrez-le... Le bois que vous vouliez faire brûler est trop vert, et il l'éteindroit. » (Septembre ou octobre 1522.)

Marguerite ne peut se relever dans les années suivantes, avouant qu'elle *n'a aucun goût*, qu'elle ne peut *commencer à désirer* (les choses divines). Elle signe : *La vivante en mort*, ou encore : *Votre vieille mère*.

Cette vieillesse d'une jeune reine qui ne peut se relever fait un contraste frappant avec la jeune vigueur dont le peuple, à la veille des plus terribles malheurs, sous le coup des guerres anglaises qui allaient recommencer, reportait son cœur vers Dieu. Lefèvre d'Étaples, à Meaux, traduisit le Nouveau-Testament. Pour la première fois, la foule se mit à marcher sans le prêtre, appuyée sur un livre seul, sur elle-même, sur ses propres chants, sur les psaumes, tout à l'heure traduits.

Chant sublime de résignation. Parmi les critiques et

les fautes de ceux qui mènent le monde, parmi les calamités publiques qui commencent à l'envelopper, le peuple n'accuse que lui-même, ses fautes, ses démérites. Il loue Dieu, et, d'un humble cœur, n'exige rien de la Justice, et se remet tout à la Grâce.

# CHAPITRE X

### Le connétable de Bourbon: (1521-1524.)

On a vu dans quel état de dénuement la guerre avait surpris le prodigue et imprévoyant François I<sup>er</sup>, sans argent et sans armée, pour tout trésor ayant la promesse d'un emprunt, une parole des banquiers florentins, qui promirent au roi et prêtèrent à l'empereur.

Aux conférences de Calais, Gattinara, jetant les masques, traita les gens du roi de France comme ceux d'un homme perdu.

Les Italiens en jugèrent ainsi, et Léon X, qui avait appelé les Français, traita avec les Espagnols. Le 1<sup>er</sup> juillet, en consistoire, il nomma général des armées de l'Église le jeune marquis de Mantoue, Frédéric II, qui, ayant épousé l'héritière de Montferrat, attendait de l'empereur cet important fief d'Empire. Les Gonzague, longtemps incertains, furent dès lors fixés sans retour.

Leur cousin, Bourbon (Montpensier-Gonzague), le connétable de Bourbon, parent aussi des Croy, entre en rapport avec ceux-ci en novembre ou décembre de la même année. Ayant emporté d'assaut la ville d'Hesdin, il y avait trouvé la comtesse de Rœulx, dame de Croy, sa cousine. Soit qu'elle ait ébranlé déjà sa fidélité, soit qu'il ait jugé de lui-même qu'il fallait ménager l'empereur, que les Croy gouvernaient, il ne retint point cette prisonnière importante, et lui fit la galanterie de la renvoyer sans rançon.

Ce mystérieux personnage qui avait tant de parents parmi les ennemis de la France fut jugé, comme on a vu, très dangereux par Henri VIII. Louis XII l'avait cru tel, et pourtant avait fait sa fortune. François Ier, qui y mit le comble, ne s'en défiait pas moins. Examinons ses origines.

Fils d'une Italienne, d'une Gonzague, il était de sa mère, tout Gonzague, fort peu Montpensier.

Les Montpensier sortaient du troisième fils d'un Bourbon; les Bourbons, comme on sait, descendent d'un sixième fils de saint Louis. Cette branche, peu riche, était vouée à la guerre; ils servaient de généraux. Le père du connétable mourut vice-roi de Naples.

Autre n'était la position des Gonzague, marquis de Mantoue. N'ayant qu'une place, mais forte, qui est la première de l'Italie, ils gagnaient en se louant comme généraux au pape, à Venise, au roi de France. Princes et condottieri (comme les ducs d'Urbin et de Ferrare), ils faisaient, ils vendaient les soldats, les formant, les disciplinant, puis les cédant pour quelque argent. Si petits, ils n'en avaient pas moins une ambition immense, des vues lointaines et ténébreuses. Ils avaient alliance avec le sultan, alliance en Allemagne, dans les pays riches en soldats, où l'homme est à bon marché. Ils avaient marié de leurs filles aux princes soldats de Wurtemberg et de Brandebourg, une en France à ces Montpensier. Plus tard, un Gonzague, devenu, par mariage, duc de Nevers, figura dans nos guerres civiles.

Leur prévision les servit bien. Les Montpensier, pour être cadets de cadets, n'en avaient pas moins de belles chances. Les races princières s'usant si vite, ils pouvaient se trouver bientôt derniers héritiers de Bourbon; et (qui sait?), comme Bourbons, peut-être arriver jusqu'au trône.

Tous ces cadets ne rêvaient d'autre chose. On le voit par leurs devises. Berri (frère de Charles V) : *Le temps viendra*. Bourgogne : *J'ai hâte*. Bourbon : *Espérance*. Bourbon-Albret : *Ce qui doit être ne peut manquer*.

Le prévoyant Louis XI, ayant fauché les autres, avait laissé, non sans regret, ces Bourbons debout. Il voyait que l'aîné mourait, et au cadet Pierre de Beaujeu, pour le ruiner plus sûrement, il avait donné sa fille. Pierre, vieux, faible, maladif, était médiocre en tout sens. Le bon roi calcula « qu'à nourrir les enfants qui en viendraient la dépense ne serait pas forte ». Il tira de Pierre l'engagement précis qu'à sa mort tout reviendrait au roi.

Il avait calculé sans sa fille, autre Louis XI, non moins absolue que son père, qui, pensant bien que son frère, le petit Charles VIII, lui échapperait bientôt, voulut se garder un royaume dans le royaume, en maintenant cette puissance de Bourbon que, par elle, Louis XI avait compté détruire. Elle fit signer à son frère des lettres qui annulaient son contrat de mariage.

De ce triste mariage il y avait pourtant une fille, faible et contrefaite. On ne la maria pas moins au second fils d'un Montpensier, Charles (Montpensier-Gonzague), orphelin de père et de mère, qu'Anne de Beaujeu adopta, éleva, et dont elle fit l'homme brillant, dangereux et fatal qui faillit perdre la France.

Rien ne fut plus irrégulier. La petite fille, bossue, qui n'avait pas quatorze ans, fit à son jeune mari la donation de cette succession immense, qui autrement revenait à la couronne. Cela eut lieu en février 1504, pendant la maladie de Louis XII, dans ce fatal entr'acte de son règne où la reine Anne de Bretagne conclut brusquement le traité de Blois, qui donnait sa fille et la France à Charles-Quint. Dans ce beau projet, cette folle, qui avait besoin d'appui, s'assura celui de l'autre Anne (Anne de Beaujeu) en permettant l'autre folie, celle de transmettre à ce Charles, moitié Italien, le dernier des grands fiefs de France.

Deux actes insensés et coupables, l'un en grand, l'autre en petit. Les résultats furent analogues. Charles-Quint se souvint toujours qu'il avait eu la France en dot. Et Charles de Bourbon devenu souverain dans sept provinces, fut, par cette fortune monstrueuse, par une éducation de frénétique orgueil, mené au rêve atroce de mettre la France en morceaux.

Le bonhomme Louis XII, revenu à lui, déchira le traité de Blois. Mais il n'osa déchirer le contrat de mariage des Bourbons; il craignit la vieille fille de Louis XI. Il n'aimait pas beaucoup cet enfant taciturne, secouait la tête et disait : « Rien de pis que l'eau qui dort. » Il lui donna cependant, à la bataille d'Agnadel, l'honneur du plus beau coup d'épée, de charger en flanc l'armée italienne, ce qui décida la victoire.

Dans le danger de la France, en 1513, cet homme de vingt-quatre ans montra beaucoup de sang-froid, de capacité. Nommé lieutenant du roi en Bourgogne, à l'avant-garde de la France du côté des Suisses, au moment où ils s'éloignaient, il devait garnir les places et les réparer, enfin fermer si bien la porte qu'ils ne fussent pas tentés de revenir. Il le fit à merveille, contint les gens de guerre, pacifia les campagnes, établit un *maximum* modéré et raisonnable auquel le soldat devait acheter, au lieu de prendre pour rien. Cela lui gagna fort le peuple, et tellement le bon Louis XII, qu'il eut envie de le faire connétable, d'en faire l'ami et l'appui de son successeur François I$^{er}$.

Il n'était pas sans inquiétude. Sa femme Anne de Bretagne (qui vivait encore) gardait toujours son coupable roman du traité de Blois, de donner sa fille et le royaume au petit-fils de l'empereur. Si elle se fût entendue pour cela avec Anne de Beaujeu, comme en 1504, l'étranger très probablement eût régné en France. Louis XII fit venir celle-ci, la gagna contre sa femme, en lui promettant de rétablir pour son fils adoptif la charge de connétable.

Rien, sans cela, n'excuserait Louis XII d'une chose si imprudente. Le connétable, roi de l'armée, avait un pouvoir si absolu, que le roi même, en campagne, ne pouvait rien ordonner que par lui. Absurde pouvoir, et toujours fatal, qui irritait l'envie (d'où l'assassinat de Clisson), ou qui tentait la trahison (d'où la tragédie de Saint-Pol). Louis XI n'eut garde de refaire un connétable. La régente en fit un, honorifique, son beau-frère, vieux, malade et paralytique, toujours au lit. Mais, ici, en faire un jeune, et de telle puissance, donner cette royauté militaire à celui qui avait déjà contre le roi une souveraineté féodale, c'était l'acte le plus téméraire.

Était-il sûr que Louis XII l'eût voulu sérieusement, et l'avait-il écrit? J'en doute. De toute façon, le nouveau roi n'en devait tenir compte. Mais l'Italien, plus fin, ami et camarade du même âge, l'avait habilement enlacé. Il avait pris pour le lier un moyen très direct; il saisit le fils par la mère. Tendre et crédule, malgré son âge, la Savoyarde se crut déjà sa femme, et lui mit au doigt son anneau. Cet anneau entraînait l'épée de connétable. A lui maintenant, avec cette épée, de se faire son chemin. Il flatta le fils et la mère pour la devise : « A toujours mais! » — en écrivant une tout autre sous son épée : « *Penetrabit.* » (Elle entrera.)

Les Suisses, comme on l'a vu, nous surprirent à Marignan ; on vainquit à la longue. La chose fit plus d'honneur à la bravoure du connétable qu'à sa prévoyance. Il brilla comme homme d'armes, eut un cheval tué, et fit plusieurs belles charges. François Ier lui donna le poste de haute confiance, la garde de sa conquête. L'année même, 1515, Bourbon fit chez lui, près de Moulins, la fondation d'un couvent en mémoire de la victoire « qui était restée au roi *et à lui* Bourbon, et qui avait ôté aux Suisses leur titre de *châtieurs* de rois. »

Cet acte, s'il fut connu, ne fit pas plaisir à François Ier, encore moins l'espèce de code militaire qu'il fit, en profitant des lumières de La Trémouille et de La Palice, chose utile, mais qui mettait les gens de guerre dans la main du connétable, de ses prévôts et maréchaux.

Autre grief : le train royal, l'armée de serviteurs dont le connétable était entouré. A la naissance de son enfant, dont le roi fut parrain, François Ier le vit servi à table par cinq cents gentilshommes en habit de velours. Et ce n'était pas un vain luxe, c'était une force. L'élève d'Anne de Beaujeu, de la fille de Louis XI, avait des vues sérieuses. Cette clientèle était grave et choisie, propre à le servir dans les grandes affaires, tel de la main, tel de la tête : les Arnauld, plus tard si célèbres, les L'Hospital, le gendre de Philippe de Comines, les Chiverny, et autres qui ont marqué bientôt. Il y avait aussi des hommes d'épée, bouillants et de main trop rapide, entre autres ce Pompéran, qui tua un homme du roi, et qui, sauvé par lui, eut le sinistre honneur de le désarmer à Pavie.

Il faut voir l'énormité du royaume que ce Bourbon avait en France. Il réunissait deux duchés, quatre comtés, deux vicomtés, un nombre infini de châtellenies et seigneuries.

Son bizarre Empire ne comprenait pas seulement le grand fief central et massif de Bourbonnais, Auvergne et Marche (plusieurs départements), mais des positions excentriques fort importantes, le Beaujolais, le Forez, les Dombes, trois anneaux pour enserrer Lyon, les rudes montagnes d'Ardèche, Gien pour dominer la Loire, puis, tout au nord, Clermont en Beauvaisis. On comprend à peine un damier de pièces si hétérogènes. Ce qui l'explique, c'est qu'une bonne partie venait des confiscations diverses de Louis XI, qu'il mit aux mains qu'il croyait sûres, celles de sa fille et de son gendre. Sinistres dépouilles des Armagnac et autres, prises aux traîtres, et qui firent des traîtres.

Tel était l'effet naturel des apanages féodaux, constitués par la royauté. Toujours à recommencer. Les plus sages précautions n'engendraient que la guerre civile.

Comme si ce monstre de puissance n'eût pas été assez à craindre, la furieuse folie d'une femme galante à la force féodale ajouta celle de l'argent. Elle le traita en mari, lui donnant, sur des finances entamées par une grande guerre européenne, trois ou quatre pensions princières : connétable, 24,000 livres ;

chambrier, 14,000; 24,000 comme gouverneur de Languedoc; 14,000 à prélever sur les tailles du Bourbonnais. Des facilités inouïes pour y ajouter; en une fois, il se fit voter par la pauvre Auvergne une somme de 50,000 livres! Il faut décupler tout cela, pour la différence de valeur monétaire; puis apprécier qu'en ces temps, relativement si misérables, l'argent avait une puissance incalculable.

Plus sot que sa mère n'était folle, le roi le mit en Milanais, après Marignan, lui laissa la conquête, établit l'Italien en pleine Italie, près de Mantoue et des Gonzague. Toutes les bandes errantes de soldats à vendre eussent afflué près de lui, et d'Italie et d'Allemagne. Bientôt, dans ce connétable de France, on eût eu un roi des Lombards.

Ce qui devait le retenir, c'est que le roi n'avait pas d'enfant mâle. Il pouvait être héritier, être à la fois, par une situation bizarre, beau-père et fils adoptif du roi. En 1518 naquit un Dauphin, et alors, tournant le dos à la mère du roi, il voulut Renée de France, fille du roi Louis XII; il eût pu un jour ou l'autre soutenir qu'elle représentait la branche aînée des Valois, écarter François I$^{er}$, qui, de la branche d'Angoulême, n'avait que le droit d'un cadet. Pour cela, que fallait-il? Annuler la loi salique, en quoi il aurait été applaudi, aidé de son cousin Charles-Quint et de tous les princes qui avaient eu dans leur famille des filles de la maison de France.

Louise, désespérée, pour exercer sur l'infidèle une contrainte salutaire, avait imaginé d'abord de supprimer ses pensions. Le roi, en 1521, soit défiance, soit jalousie, lui ôta l'un des plus hauts privilèges du connétable, le droit de mener l'avant-garde, de conduire l'armée où et comme il voulait. François I$^{er}$ y était en personne, et ne s'en remit qu'à un homme plus sûr, son beau-frère, le duc d'Alençon.

La trahison eut dès lors un prétexte. Madame de Rœulx, prise dans Hesdin, dut entamer la négociation. Elle était des Croy, et ceux-ci, en concurrence avec Marguerite d'Autriche, auprès de Charles-Quint, tellement primés par elle dans l'intrigue électorale, durent saisir avidement la première lueur d'une affaire qui devait les relever auprès du maître. Le premier prince du sang! le seul resté des grands vassaux! le connétable de France! Trois hommes en un donnés à l'empereur!... Mais ce n'était rien encore. Par ces trois titres, Bourbon était moins que par la popularité qu'il avait dans les robes longues. Les Parlements de Paris, de Provence, comme on va voir, lui étaient favorables. Des magistrats respectés, un Budé, lui dédiaient leurs livres. Tranchons le mot, il avait pour lui le germe du parti qu'on eût appelé, à une époque, le parti de la liberté. Chance énorme! Charles-Quint, au nom des libertés publiques, eût fait délibérer, voter, les meilleurs citoyens de France pour la ruine de la France et le triomphe de l'étranger!

On a voulu ne voir rien de plus que la vengeance d'une femme dans le grand procès commencé au nom de Louise, le 12 août 1522, comme héritière des biens de la maison de Bourbon. Sans dire qu'elle n'y fut pour rien, je suis porté à croire qu'il y eut aussi autre chose, qu'un homme, visiblement le centre des mécontents, un cousin de Charles-Quint, parent des Croy, des Gonzague, parut assez dangereux pour qu'on entreprît de le ruiner.

Quel était son droit? un seul, la donation *de sa femme*, donation d'une enfant *de moins de quatorze ans;* donation de biens, non tous patrimoniaux, mais, en bonne partie, biens de condamnés, dont Louis XI avait donné *un usufruit*.

Quel était le droit de la mère du roi? Comme *nièce du dernier duc de Bourbon*, elle était l'incontestable héritière des biens spéciaux de cette maison, souvent transmis par les femmes au treizième siècle, et même récemment par Suzanne de Beaujeu. Seule rejeton des aînés, elle passait évidemment avant les Montpensier, descendus d'un cadet.

Il y avait un troisième héritier, il est vrai, bien autrement autorisé, qui eût dû réclamer, celle de qui tout fief a dérivé, la France.

Cette affaire fut un grand coup pour la vieille Anne de Beaujeu, coupable d'avoir rétabli, contre la volonté de son père, cette dangereuse puissance. Ce fut comme si l'ombre de Louis XI fût venue lui demander compte de ses dons si mal employés. Elle en creva de rage et de dépit. (14 novembre 1522.)

Sa mort précipitait les choses. Elle laissait des fiefs personnels qui, sans procès ni jugement, revenaient d'eux-mêmes à la couronne. C'étaient Gien, passage important de la Loire, et deux positions militaires des montagnes de l'Auvergne, Carlat, Murat, arrachées à grand'peine par Louis XI aux Armagnac, et données par lui, non pas aux Bourbons, mais à son *alter ego*, à sa fille Anne de France. A quel titre le connétable les eût-il gardés? On ne le voit pas. Mais il lui coûtait de les rendre, incorporés qu'ils étaient depuis trente ans au royaume des Bourbons. Gien était son avant-garde sur la Loire. Les fiefs d'Auvergne étaient son fort. Ces pays sauvages encore au temps de Louis XIV (Voy. *Mémoires* de Fléchier), qu'étaient-ils au seizième siècle? C'était à l'entrée de l'Auvergne, dans le fort château de Chantelle, qui lie l'Auvergne au Bourbonnais, que la maison de Bourbon avait son trésor, ses joyaux. De là, elle veillait les quatre routes (qui vont aussi en Languedoc). Elle avait de patrimoine ce qu'on appelait le *delphinat* d'Auvergne, et par mariage elle avait essayé d'avoir aussi le *comté*. Mais la dernière héritière fut donnée par Louis XII à son homme Jean Stuart, duc d'Albany, et la puissance royale établie en basse Auvergne. Bourbon défendait la haute, qui allait lui échapper.

Nul traité, nul mariage, ne pouvait prévenir ce coup. Le premier démembrement allait commencer, la première pierre tomber du grand édifice, grand en lui-même et plus grand comme dernière et suprême ruine du monde féodal. C'était comme une tour qui en restait au centre de la France. J'appelle ainsi la maison de Bourbon. Elle ne pouvait consentir à tomber qu'en se transformant, devenant le trône de France.

Bourbon franchit le pas que, depuis un an, sans nul doute, les Croy l'engageaient à faire; il envoya à Madrid et demanda la sœur de l'empereur, l'invasion de la France par les impériaux et les Anglais.

Le 14 janvier 1523, Thomas Boleyn, envoyé d'Henri VIII à Madrid, écrit à Londres qu'on en confère. Les instructions que Wolsey envoie en réponse, reproduisant les motifs que mettait en avant Bourbon, disent « que ce vertueux prince, voyant la mauvaise conduite du roi et l'énormité des abus, veut réformer le royaume et soulager le pauvre peuple ». Henri VIII, comme Henri V et la pieuse maison de Lancastre, aurait volontiers travaillé avec Bourbon à cette réforme de la France.

Je ne doute aucunement que les gens graves et de mérite qui tenaient pour le connétable n'aient envisagé ainsi les choses. C'est la fausse situation où tant de fois s'est vue la France, toute personnifiée dans un roi. Les fautes, les crimes de ce roi, on ne pouvait rien y faire que par cette médecine atroce qui équivalait au suicide, l'appel au sauveur étranger. C'est-à-dire que, pour soigner et guérir la France, on n'avait remède que de l'anéantir.

C'était une indigne ironie de proposer pour médecins ceux qui étaient le mal même, les grands, qui, aux États de 1484, s'étaient hardiment présentés. Mais la France n'en voulut pas, aimant mieux encore un tyran, la fille de Louis XI.

L'ironie n'était guère moins grande de prendre pour médecins du royaume les parlementaires, hier procureurs, hommes de ruse et d'avarice, têtes dures et étroites, que la pratique, les sacs poudreux, les petits vols, n'avaient point du tout préparés à se faire les tuteurs des rois.

Les *Chats fourrés* de Rabelais, et les seigneurs *Hume-veines* (les buveurs du sang du peuple), qu'il a mis sur même ligne, dans sa verve révolutionnaire, c'était la base où s'appuyait la réforme de Bourbon. Pour amender le *prodigue* (prodigus et furiosus) qui dévastait nos finances, un bon conseil de famille allait s'assembler où ne siégeraient que des Français, le Français Charles-Quint (né Bourgogne et Bourbon), le Français Henri VIII (descendu d'une fille de Philippe-le-Bel), tous deux venant de saint Louis.

Les juges et les hommes d'épée, brouillés depuis deux cents ans, venaient d'être réconciliés par le roi même, par la *cour* et la haine qu'elle inspirait : la *cour*, institution nouvelle, jusque-là inconnue, la *cour* qui ne voyait qu'elle et méprisait le reste, la noblesse autant que le peuple ; une cour de dames surtout, toute place, toute pension donnée dans un cercle de favorites, toute la monarchie devenue le *royaume de la grâce*. Les parlementaires et les nobles jusque-là se disputaient les biens d'Église, qu'un semblant d'élection leur donnait ou à leurs valets. Le roi les mit d'accord par son traité avec le pape, donna les écailles aux plaideurs, garda l'huître. Dès lors, toute chose alla au hasard, parfois aux serviteurs utiles, souvent aux femmes aimables qui enlevaient par un sourire les grâces du Saint-Esprit ; un envoyé au Turc était payé d'un évêché ; une maîtresse, pour ses trois frères, en gagna trois, etc.

Là était la plaie profonde au cœur des parlementaires, des universitaires, des nobles.

Les premiers, sous prétexte d'une enquête nécessaire, s'étaient ordonné à eux-mêmes d'aller à Moulins chez le duc. On peut deviner assez comment ce prince magnifique les reçut et les caressa, leur soumettant sans doute ses idées sur le bien public et regrettant de ne pouvoir les voir exécutées par eux.

Au retour, en décembre 1522, au milieu d'un rude hiver, d'une grande misère publique, s'associant à la vive irritation de Paris, ils essayèrent par remontrances leur révolution timide, tâtèrent le roi, envoyèrent des plaintes au chancelier, qui, durement, sans hésiter, mit leurs députés en prison. Le peuple ne bougea pas.

Les parlementaires ainsi repoussés, c'était aux nobles à essayer. Ils le firent en mars. Bourbon était à Paris *pour solliciter son procès*. On mit en avant un homme pour tâter le roi encore. Jean de La Brosse, qui avait épousé l'héritière de Penthièvre, avait cédé ses droits à Louis XI, qui lui paya pension. Charles VIII, Louis XII, François Ier, tinrent la cession bonne, ne se souciant point de remettre en main féodale le nord de la Bretagne, une si belle descente aux Anglais. La Brosse suivait le roi comme son ombre, en réclamant toujours. Dans ce moment critique où l'on put croire qu'il faiblirait, La Brosse reproduit la demande. Le roi reproduit son refus.

La Brosse alors, s'enhardissant, dit : « Monseigneur, il me faudra chercher parti hors du royaume. — Comme tu voudras, La Brosse. » Ce fut la réponse de François Ier.

Elle dut faire plaisir à Bourbon. Beaucoup de nobles se serraient autour de lui, un Saint-Vallier, un Escars, un La Vauguyon, un La Fayette entre autres. Le dernier officier distingué d'artillerie, le premier hautement apparenté, allié aux Brezé, qui, de père en fils, étaient sénéchaux de Normandie. La fille de Saint-Vallier, savante, accomplie (de grâce, sinon de cœur), la fameuse Diane de Poitiers, déjà fort en renom, avait épousé Louis de Brezé, petit-fils de Charles VII et d'Agnès Sorel. Saint-Vallier, capitaine de cent gentilshommes de la maison du roi, avait, par cette charge, des occasions faciles de tuer ou de livrer son maître.

Un autre partisan de Bourbon, c'était la reine elle-même, qui, ne voyant que la famille, l'aurait voulu pour sa sœur. « Un jour qu'elle dînait seule, Bourbon se trouvant là, elle lui dit de s'asseoir, de dîner avec elle. Le roi survient. Bourbon veut se lever. « Non, *monseigneur*, restez assis, lui dit le roi. Eh bien, il est donc vrai? vous vous mariez? — Non, Sire. — Je le sais, j'en suis sûr. Je sais vos trafics avec l'empereur... Qu'il vous souvienne bien de ce que je dis là... — Sire, vous me menacez! Je n'ai pas mérité d'être traité ainsi. »

Le duc, après le dîner, partit, mais non pas seul; toute la noblesse le suivit.

# CHAPITRE XI

La défection du connétable. — Invasion. (1523-1524.)

C'est Charles-Quint lui-même qui fit ce récit à Thomas Boleyn. Celui-ci trouvait étonnant que le roi ayant lâché une telle parole, il eût laissé partir le duc. L'empereur ajouta : « Il n'aurait pu l'en empêcher; tous les grands personnages sont pour lui. »

Bourbon prit pour quitter Paris un prétexte fort populaire, celui de donner la chasse aux bandits du Nord, qui empêchaient les denrées d'arriver. Mais, dans le centre du royaume, en Auvergne, en Poitou, en Bourbonnais, il n'y avait pas moins de brigands, et plus organisés. C'était une armée véritable; leur chef, *le roi Guillot*, avait des trésoriers, percevait des impôts. Ce roi était un gentilhomme du Bourbonnais, nommé Montelon (Montholon?). Il est fort difficile de distinguer si ce chef, sorti des pays de Bourbon, était bien un brigand, ou un de ses partisans qui fit feu avant l'ordre. Quoi qu'il en soit, Bourbon eût aliéné tous les siens (les grands et les parlementaires) s'il n'eût comprimé cette Jacquerie.

A Paris même où le roi était en personne avec la cour, il y avait tumulte, des rixes et des batteries, des gens tués. Le roi fit dresser des potences aux portes de l'hôtel royal, et elles furent enlevées la nuit par des gens armés. Il semble qu'il s'en soit pris au Parlement, qui avait en effet la meilleure partie de la police. Il y tint un lit de justice, parla fort durement, et, rappelant des temps peu honorables au Parlement, dit que, lui vivant, on ne reverrait pas les temps de Charles VII. (30 juin 1523.)

Le *roi Guillot* étant pris et amené, son procès marqua mieux encore la discorde et l'irritation. Le Parlement ne voulut y voir qu'un bandit et un gentilhomme. La cour aggrava son supplice, comme celui d'un rebelle, coupable de haute trahison. La sentence disait qu'il serait décapité, puis écartelé. Le bourreau, non sans ordre, fit la chose à rebours, l'écartela vivant. (29 juillet.)

Le Parlement mit le bourreau en prison. Le 1er août, où il devait juger le grand procès de la succession de Bourbon, il refusa, se dit incompétent, et renvoya la chose au Conseil, c'est-à-dire au roi ; faisant entendre que, dans ce temps de violence, il n'y avait plus de justice.

Depuis le mois de mai, Bourbon s'était retiré et négociait avec l'Espagne et l'Angleterre. Nous devons aux dépêches anglaises (très bien extraites par Turner) de pouvoir dater avec précision tous les actes de cette négociation souterraine. Trop en vue à Moulins, au milieu de sa cour, il allait souvent en Savoie et en Bresse; et c'est de là qu'il écrivait, là qu'il recevait les agents étrangers qui n'eussent pu pénétrer en France. La Savoie nous était ennemie, malgré la parenté, le roi l'empêchant de créer des évêchés qui l'auraient affranchie du siège de Lyon. C'est d'Annecy en Savoie que, le 12 mai, Bourbon envoie à Wolsey. C'est à Bourg, sur terre savoyarde, qu'il reçoit, le 31 juillet, Beaurain (de Croy), fils de la dame de Rœulx, agent de l'empereur.

Les difficultés étaient celles-ci. L'empereur et l'Angleterre avaient deux intérêts contraires. Et le parti français qui soutenait Bourbon en avait un troisième. Comment les concilier?

L'empereur, avec sa sœur, eût donné deux cent mille écus d'or, mais *après que Bourbon aurait agi*. Sa défiance ajournait, retenait justement ce qui donnait moyen d'agir.

L'Anglais, non moins déraisonnable, eût payé sur-le-champ, mais *à condition qu'il le reconnût roi de France*, à condition qu'il se brouillât et avec l'empereur et avec la France même.

Il est évident que les Anglais se croyaient encore en 1400, qu'ils ignoraient la haine qu'ils inspiraient depuis les guerres de Charles VI, et la force nouvelle du sentiment français, la vive personnalité de la France, son horreur du joug étranger.

Bourbon, pour n'avoir pas de maître, s'en fût volontiers donné deux. Il semble qu'il ait cru faire deux dupes qui feraient la dépense, pour qu'il eût le profit. Le roi détrôné ou tué, le Parlement eût déclaré sans doute que la France voulait un roi français.

Le traité, rédigé à Bourg entre Beaurain et Bourbon (*Négoc. Autr.*, II, 589), est bien des gens qui veulent se tromper les uns les autres.

L'empereur donne sa sœur, et la retient, ajoutant prudemment : « Si elle y veut entendre », ce qui le laisse maître de faire ce qu'il voudra. Cette sœur, veuve du roi de Portugal, du maître des Indes, avait, outre sa dot, six cent mille écus de joyaux.

La France serait-elle démembrée? Oui, eût dit Charles-Quint. Non, eût dit Henri VIII, qui voulait le tout.

L'Espagnol semble accepter Bourbon pour allié. L'Anglais le veut vassal, exige son serment. Là-dessus, Bourbon s'en remet « à ce que décidera l'empereur ».

Les deux rois entreront par le midi et l'ouest, Bourbon par l'est avec des Allemands. Où ira-t-il? « Au lieu le plus propice pour mieux besogner. » Mais l'Anglais exige qu'en cas de bataille il lui amène ses troupes et celles de l'empereur.

Bourbon, avec l'argent des rois, lèvera dix mille Allemands pour guerroyer avec eux et *autres* gens de guerre.

Ces *autres*, ce sont ses vassaux, c'est le ban et l'arrière-ban qu'il pouvait lever dans ses fiefs (jusqu'à quarante mille hommes).

Ces *autres*, ce sont les mécontents innombrables,

qui ne manqueront pas de se joindre à lui pour renverser François Ier. Enfin, c'est la France elle-même, lasse décidément des Valois, qui passera aux Bourbons, menée à eux par ses Parlements.

Mais pour cela il fallait rester libre, surtout ne pas se faire Anglais. Bourbon voulait éluder le serment qu'exigeait Henri VIII. Il refusa la Toison d'or, que Charles-Quint voulait lui imposer, et qui impliquait le serment à l'Espagne.

Les Anglais n'en démordirent pas, et tirèrent de lui une promesse verbale. On s'arrangea. Les rois brûlaient d'agir. Le moment semblait admirable. Les envoyés anglais écrivaient à Wolsey : « Il n'y a jamais eu de roi si haï que celui-ci. Il est dans la dernière pauvreté et la plus grande alarme. Il ne peut emprunter. Et il a tant tiré d'argent que, s'il en lève encore, il met tout contre lui. »

On promit à Bourbon qu'avant le 1er septembre on agirait de tous les côtés à la fois.

Marguerite d'Autriche ne pouvait le croire. Elle pensait que le temps manquerait; que Bourbon éclaterait trop tôt et se perdrait. Ce fut tout le contraire. D'Espagne et d'Angleterre la passion fut telle, que tout fut prêt avant l'heure dite.

L'argent anglais était déjà à Bâle, ou plutôt le crédit anglais. La banque seule dut encore accomplir ce singulier miracle d'envelopper la France d'armées improvisées.

Les lansquenets, levés par cet argent, passent le Rhin le 26 août, traversent la Franche-Comté, touchent la Lorraine (1ᵉʳ septembre), vont entrer en Champagne.

Du 23 au 30 août, les Anglais débarquent à Calais, et le 4 septembre s'entendent avec les Flamands pour leur invasion commune.

Le 6 septembre, les Espagnols entrent en France.

Ponctualité admirable, excessive, Bourbon écrivait, le 20 août, qu'on n'allât pas trop vite, qu'il n'éclaterait que dans dix jours au plus. Les Anglais, à Calais, restent donc inactifs. Les Allemands, déjà loin vers l'ouest, rétrogradent un moment vers l'est pour n'agir pas trop tôt.

La conduite de François Iᵉʳ est étonnante. Dans un si grand danger, il regardait vers l'Italie. Il y appelait sa noblesse.

Il se fiait à trois choses peu sûres. D'une part, il préparait une flotte au duc d'Albany pour passer en Écosse, entraîner l'Écosse sur l'Angleterre, détrôner Henri VIII. Mais, la chose eût-elle réussi, elle eût eu lieu trop tard. Les Anglais détruisirent la flotte.

En même temps, il avait à Londres un très secret agent par lequel il tâchait de regagner Wolsey.

On dira qu'il ignorait l'immensité de son péril, l'attaque universelle. Mais il voyait du moins l'imminente descente anglaise.

Quoi qu'il en soit, sa folie même lui tourna bien. En appelant ce qu'il avait de forces vers les Alpes, il traversait le Bourbonnais. Dans ce passage continuel de la gendarmerie française, Bourbon ne pouvait éclater. Il lui fallait attendre que le roi eût passé les monts pour se lever derrière, lui couper le retour, le tenir, l'écraser, entre la révolte et l'ennemi.

Autre chose qui servit le roi. Il n'avait pas d'armée soldée. Il avait envoyé faire des levées en Suisse. Il fallait bien attendre. Donc, il allait à petites journées, et, sans le savoir, par cette lenteur, il désolait Bourbon, qui avait cru le voir partir en août. Cela obligeait celui-ci à jouer la plus triste comédie : il s'alita, contrefit le malade.

Le roi voulait, à tout prix l'emmener, et, le voyant d'ailleurs tellement appuyé et fort, il penchait vers un accommodement. Il paraît qu'il lui eût laissé la jouissance viagère de ses fiefs, s'il eût épousé la sœur de Louise de Savoie et se fût ainsi remis dans leurs mains. Il avait annoncé au Parlement qu'il laissait sa mère régente, et que le connétable serait *lieutenant du royaume;* titre d'honneur et nominal, puisqu'il l'emmenait en Italie.

Le roi n'était encore qu'en Nivernais, quand il reçut de sa mère la lettre la plus effrayante : « Un des plus gros personnages et du sang royal vouloit livrer l'Estat; et même il y avoit dessein sur la vie du roi. » La reine avait dans ses mains deux gentilshommes normands, nourris dans la maison de Bourbon, qu'un agent de la conspiration y avait engagés. Épouvantés des maux qui pouvaient frapper le royaume, ils s'en étaient confessés, en autorisant le prêtre à avertir Brezé, le sénéchal de Normandie. Brezé était le gendre de Saint-Vallier, l'un des plus compromis. Cependant il envoya les deux hommes à la reine.

Le roi n'avait que quelques cavaliers, et justement une compagnie très suspecte. Il attendit pour avancer qu'on lui eût amené des lansquenets. Il entra alors à Moulins, mit ses soldats aux portes et alla loger chez le duc.

Le faux malade, interrogé, n'osa nier cette fois. Il avoua que l'empereur lui avait fait des ouvertures, et dit qu'il n'avait rien voulu écrire, mais attendre le roi pour révéler tout.

Le roi fit semblant de le croire, le rassura, lui dit qu'il n'avait rien à craindre du procès ; que, gagnant, perdant, on trouverait moyen qu'il n'y eût point dommage. Il ajouta gaiement : « Je vous emmène en Italie, et vous y aurez l'avant-garde, comme à Marignan. » Le malade demanda quelques jours, ne pouvant supporter encore le mouvement de la litière. Le roi partit, emportant une vaine promesse écrite, et lui laissant un écuyer « pour l'informer de sa santé ».

Ce surveillant l'incommodait. Il l'écarta en se mettant en route, et l'envoyant au roi. Le roi renvoya l'écuyer. A La Palisse, le malade fit le mourant; les cris, les pleurs des serviteurs, rien n'y fut épargné. L'écuyer, réveillé la nuit par cette musique lamentable, se laisse encore tromper, et part pour avertir le roi. Bourbon, du lit, saute à cheval, et court, bride abattue, à son château de Chantelle. Il apprenait que le Parlement, ayant la main forcée par la dénonciation, ordonnait de saisir ses fiefs.

Il entrait dans Chantelle, quand l'inévitable écuyer,

que le roi avait fort grondé, entra sur ses talons. Le connétable lui dit qu'il n'irait pas à Lyon, que, de chez lui, plus à son aise, il saurait se justifier. L'écuyer avouant qu'il avait ordre de ne pas le perdre de vue, il le vit si irrité et ses gens prêts à le pendre aux créneaux, qu'il fut trop heureux de partir.

C'était le 7 septembre; les Espagnols entraient en Gascogne, les Allemands en Champagne. Il ne désespéra pas d'amuser encore le roi, lui envoya un homme grave, l'évêque d'Autun, Chiverny, avec une lettre où il promettait *sur l'honneur* de le servir, si on lui rendait seulement les biens propres de Bourbon. C'était abandonner le douaire d'Anne de Beaujeu.

L'évêque rencontra une forte gendarmerie qui l'arrêta. Quatre mille hommes marchaient vers Chantelle. Bourbon s'enfuit dans la nuit du 9 au 10, galopa au midi, prit l'habit d'un varlet, ferra ses chevaux à rebours, n'emmenant avec lui qu'un homme, Pompéran, vêtu en archer. Ils gagnèrent Brioude, le Puy, d'où, par les chaînes désertes du Vivarais, ils arrivèrent au Rhône, en face de Vienne en Dauphiné. Au pont de Vienne, le prétendu archer demande à un boucher si les archers, ses camarades, gardaient le passage. — « Non. » Rassurés, ils passèrent, non le pont, mais un bac qui était plus bas.

Dans ce bac, des soldats reconnurent Pompéran. Alarmés, ils gagnèrent les bois, puis logèrent chez une vieille veuve qui leur donna nouvelle alerte. Elle dit à Pompéran : « Ne seriez-vous pas de ceux *qui ont fait les fous* avec M. de Bourbon ? » Le prévôt de l'hôtel n'était qu'à une lieue qui les cherchait. Ils en firent six jusqu'au fond des montagnes. Ils voulaient gagner la Savoie, joindre Suse, Gênes, s'embarquer pour l'Espagne. Mais tout était plein de cavaliers. Rejetés encore vers le Rhône, à grand'peine ils parvinrent à toucher la Franche-Comté.

Ce qui étonne, c'est qu'il n'en bougea point. On comprend qu'il n'ait pas voulu se faire tort près de son parti en s'allant joindre au roi d'Espagne, encore moins aux Anglais. Mais comment ne joignit-il pas en toute hâte ses Allemands que son secrétaire même avait levés pour lui, et qui, par la Franche-Comté, avaient marché vers la Champagne? Là était le grand coup, et rapide; en deux enjambées on était à Paris. Coup perfide, ils étaient entrés par la Comté, la province paisible pour qui la bonne Marguerite obtenait toujours neutralité, paix et libre commerce au milieu de la guerre. Là la France se croyait couverte, et là elle était vulnérable. Cette perfidie et ce calcul, Bourbon en perdait tout le prix.

Il reste en Comté près de trois mois : septembre, octobre, novembre. On le voit par ses lettres. Personne ne s'en doutait. Ses amis le cherchaient partout, jusqu'à la Corogne en Espagne.

Qu'attendait-il?

Que la France vînt à lui. Elle ne bougeait pas.

Nous le voyons le 21 octobre encore là, qui rassemble quelques cavaliers pour envoyer à ses Allemands. Et nous l'y voyons en novembre, envoyant aux Anglais un officier d'artillerie, La Fayette, qui avait défendu Boulogne autrefois, et qui, cette fois, devait aider les Anglais à la prendre.

Les alliés avaient cru sottement n'attaquer qu'un roi. Ils trouvèrent une nation.

Du moins, la France féodale, la France communale, s'unirent et s'accordèrent pour repousser l'ennemi. Des armées régulières, pourvues de tout, furent arrêtées ou retardées par ces résistances unanimes. A Bayonne, tous, hommes, femmes, enfants, s'armèrent contre les Espagnols, « et les poltrons devinrent hardis ». A l'est, les Allemands pénétrèrent en Champagne; mais, n'ayant pas un cavalier pour courir le pays, ne trouvant pas un homme qui leur fournît des vivres, ils mouraient de faim. Le duc de Guise les coupa sur la Meuse, en tua bon nombre, au grand amusement des dames lorraines qui, d'un château, en eurent le spectacle et battaient des mains.

Le grand danger était au nord, où 15,000 Anglais étaient aidés de 20,000 impériaux. A cette masse énorme, La Trémouille opposa la valeur des Créqui et autres gentilshommes, la furieuse et désespérée résistance des pauvres communes, suffisamment instruites de ce qu'elles avaient à attendre par les atroces ravages de Nassau en 1521.

Tout cela n'eût pas suffi sans les dissentiments des alliés. Mais Wolsey et son maître voulaient des choses différentes. Henri ne voulait pas qu'en plein automne, et les routes déjà gâtées, on pénétrât en France. Il voulait un second Calais, prendre Boulogne; rien de plus. Mais ce n'était pas là l'intérêt des impériaux;

Marguerite d'Autriche voulait les places de la Somme, la Picardie. Wolsey était de ce parti, étant à ce moment l'homme des impériaux et leur dévoué serviteur.

Le pape Adrien VI était mort le 14 septembre; Wolsey innocemment croyait qu'ils travaillaient le conclave pour lui. L'empereur, qui avait vu l'insistance des Anglais à stipuler la royauté de France, n'eut garde de faire un pape anglais qui eût employé son pouvoir à replacer son roi au Louvre. Il fit nommer un Médicis, bâtard; on lui donna dispense. Élection irrégulière et litigieuse, qui le laissait d'autant plus dépendant. (19 novembre 1523.)

Cette nouvelle tomba sur Wolsey au moment où, malgré son maître, il suivait les impériaux et faisait leurs affaires en France, prenant pour eux la Picardie. L'hiver était épouvantable; les hommes gelaient, perdaient les pieds, les mains; mais on allait toujours. Pour les encourager, Wolsey, dans cette rude campagne, leur donnait le pillage. On brûlait avec soin ce qu'on ne prenait pas. On arriva ainsi à onze lieues de Paris.

Paris se fût-il défendu? Le Parlement semblait n'y pas tenir. Il reçut assez mal ceux que le roi envoya pour organiser la défense. Tout à coup, chose inattendue, les Anglais tournent bride et partent. « Il fait trop froid, écrit Wolsey à l'empereur; ni homme ni bête n'y tiendrait. Et vos Allemands, qui venaient du Rhin, sont maintenant dispersés. »

Bourbon et son parti s'étaient mutuellement attendus. De septembre en décembre, il était resté immobile à croire que la noblesse de France allait venir le joindre. Soit loyauté, soit intérêt, elle s'attacha au sol, ne remua point. Le roi (25 septembre) lui avait donné, il est vrai, une preuve inattendue de confiance; il rendit aux seigneurs *le pouvoir de juger à mort les vagabonds, aventuriers, pillards, que les prévôts royaux leur livreraient.* L'homme du roi n'était que gendarme, le seigneur était juge. Si la chose eût duré, c'eût été l'abandon de tout l'ordre nouveau, une abdication de la royauté.

Cela pour la noblesse. Le clergé eut sa part. Le roi lui avait pris le tiers du revenu. Il adopta dès lors la méthode, toujours suivie depuis, de dédommager le clergé avec du sang hérétique. L'empereur et Marguerite d'Autriche faisaient de même; ils venaient de brûler trois luthériens en Flandre.. On brûla à Paris un ermite qui osait dire que la Vierge avait conçu comme une femme. Un gentilhomme même, Berquin, aurait été brûlé par l'évêque et le Parlement, si la sœur du roi n'eût agi pour lui. La chose ne se fit pourtant que par la force; il fallut que le roi l'enlevât de prison par les propres archers de sa garde.

Grand scandale pour le clergé, qu'un tel acte arbitraire empêchât *la justice!* Le roi le consola en faisant partir de Paris douze religieux Mendiants qui, par toute la France, prêcheraient contre les luthériens.

Et le peuple, que fit-on pour lui? On supprima dans Paris le monopole des boulangers. On fit quelques réformes dans les dépenses. On essaya d'établir un contrôle contre les gens des finances, de les centraliser. Tous fonds perçus durent être dirigés sur un point, sur Blois.

Le roi, en ce moment critique, était très affaibli. Il demandait justice au Parlement qui fermait l'oreille. On n'osait dire que les complices de Bourbon fussent innocents ; mais l'on ne trouvait pas et l'on ne voulait pas trouver de preuves. Des députés des Parlements de Rouen, Dijon, Toulouse et Bordeaux furent mandés, pour revoir la procédure, et n'eurent garde de parler autrement que ceux de Paris. Toute la robe était liguée.

La seule justice qu'il y eut, ce fut la sentence de Saint-Vallier, et le roi paraît ne l'avoir obtenue qu'en promettant qu'il ferait grâce sur l'échafaud.

Lui-même s'était montré flottant dans cette affaire. D'abord il mit à prix la tête de Bourbon, puis s'adoucit sur une visite que lui fit la sœur de Bourbon, duchesse de Lorraine ; il négocia avec lui, l'engageant à venir, lui promettant de l'écouter.

Pour Saint-Vallier, de même, il varia. D'abord il s'emporta, dit qu'il tuerait ce traître, homme de confiance et de sa garde même, qui voulait le livrer. Puis il le fit juger, et se contenta d'un simulacre de supplice. Mille bruits coururent. On disait que Saint-Vallier n'avait conspiré que pour venger sa fille, déshonorée par le roi. Il n'avait de fille que madame de Brezé, mariée depuis dix ans. Ce qu'on a dit aussi et qui est plus probable, c'est que la dame, qui avait vint-cinq ans, beaucoup d'éclat, de grâce, avec un esprit très viril, alla tout droit au roi, fit marché avec lui ; tout en sauvant son père, elle fit ses affaires personnelles, acquit une prise solide et la position politique d'amie *du roi*. Un volume de lettres témoigne de cette amitié.

Mais, pendant ces intrigues, que devient l'armée d'Italie? Elle passa six mois sous le ciel au pied des Alpes, consumée de misère, usée de maladies, refaite par de petits renforts. Elle se soutenait par nos réfugiés italiens; nous en avions beaucoup, Pisans, Florentins, Bolonais, Génois, Napolitains, d'autres de Rome et de Pérouse. Le chef était un Orsini, le Romain Renzo de Cere, vaillant soldat, qui tout l'hiver assiégea Arona. Au printemps, l'ennemi se trouva fortifié de six mille Allemands que Bourbon était allé chercher, avec l'argent de Florence et du pape. A l'arrière-garde, Bonnivet combattit bravement jusqu'à ce qu'il fût blessé. Le pauvre chevalier Bayard, malade de ce cruel hiver, soutenait le poids du combat, quand une balle lui cassa les reins. « Jésus! dit-il, je suis mort... *miserere mei, Domine!* » On le descendit sous un arbre, et personne ne voulait le quitter. « Allez-vous-en, dit-il, messieurs, vous vous ferez prendre. » Un moment après passa le vainqueur, le connétable, qui dit « que c'était grand'pitié d'un si brave homme ». A quoi le mourant répliqua ces propres paroles : « Monseigneur, il n'y a point de pitié en moy; car je meurs en homme de bien. Mais j'ay pitié de vous, de vous voir servir contre vostre prince et vostre patrie et vostre serment. »

Bourbon goûtait déjà les fruits amers de sa défection. Son maître, l'empereur, à qui, sans argent, sans secours, il venait de faire une armée, et une armée victorieuse, venait de le récompenser à sa manière en le subordonnant à un de ses valets, Lannoy, l'un des Croy, le vice-roi de Naples, un Flamand sans talent.

Le voilà, cet homme si fier, attelé sous Lannoy à deux bêtes de proie, le féroce Espagnol Antonio de Leyve, ex-palefrenier, et l'intrigant Pescaire, espion et dénonciateur de tous les généraux, Italien traître à l'Italie, cherchant de tous côtés à pêcher en eau trouble. Rivé ainsi entre ces gardiens, envieux, désireux de le perdre, il regardait vers l'Angleterre. Mais Wolsey, refroidi, disait qu'il n'aurait pas un sou s'il ne jurait fidélité au roi d'Angleterre *et de France*, c'est-à-dire s'il ne se perdait auprès de l'empereur, auprès de la France même, et n'y détruisait son parti.

Étrange situation. Il entre en France, menant l'armée impériale, exige des Provençaux qu'ils fassent serment à Charles-Quint, et lui-même en secret il fait serment à Henri VIII. (Voy. les dépêches mss. dans Turner.)

Il eût été roi de Provence, sous la suzeraineté des deux rois. Il comptait sur l'ancienne chimère des Provençaux d'être un royaume à part, royaume conquérant, qui eut jadis les Deux-Siciles. Le Parlement d'Aix n'était peut-être pas loin de cette idée. Quand Bourbon eut sommé Marseille de lui donner *des vivres*, elle consulta le Parlement, qui, sans répondre, envoya un de ses membres. Le conseil de ville, sous cette influence, mollit, promit des vivres, mais *en petite quantité*. (*Capt. de Fr. I^er*, p. 341.)

Tout paraissait favoriser l'invasion. Bourbon ne rencontrait personne. Le 9 août, il entra dans Aix. De là il eût voulu aller directement en Dauphiné, prendre Lyon et le Bourbonnais. Une fois là, il était chez lui, il y frappait la terre en maître, la soulevait, entraînait ses vassaux et la France centrale pour emporter Paris.

Qui empêcha la chose? François I^er? Non, Charles-Quint.

Le roi, jusqu'en septembre, ne parvint pas à former une armée. Bourbon avait tout le mois d'août pour avancer en France.

Le conseil de Madrid avait une telle défiance, tant d'envie et de peur du dangereux aventurier, qu'il craignit de trop réussir, de vaincre par lui, mais pour lui. Au moment où il s'élançait de toute sa passion et de toute sa fureur, on le rattrapa par sa chaîne et on le tira en arrière. Pescaire, les Espagnols, lui signifièrent froidement qu'il ne s'agissait pas d'avancer, que l'empereur voulait Marseille, port excellent, commode, entre l'Espagne et l'Italie. Ils le retinrent frémissant sur la grève.

Comment aller plus loin? L'Espagne ne payait pas et l'Angleterre ne payait plus. Comment entraîner le soldat? A cela Bourbon eut une réponse. Il avait déjà pris, du Diable et de son désespoir, un talisman horrible dont il usa jusqu'à sa mort. Irrésistiblement, le soldat le suivait. Et que faisait-il pour cela?

Rien du tout, au contraire. Il fallait ne rien faire, rien qu'être aveugle et sourd, ne voir ni meurtre, ni pillage, ni viol, fermer, briser son cœur, ne garder rien d'humain. Le soldat l'eût suivi pour avoir Lyon, comme plus tard pour avoir Rome. Et cela sans promesse, par un traité tacite où tout était compris, tout argent, toute femme et tout crime.

Les impériaux promirent Marseille à leurs soldats, leur montrant que toute la Provence s'y était réfugiée, qu'un immense butin y était entassé. Bourbon, comme on a vu, y avait intelligence dans les notables, et y comptait. Mais le peuple gardait une haine énergique aux Espagnols; au bout d'un siècle, il conservait présent le sac de la ville, surprise alors, pillée par les Aragonais. Il se forma en compagnies, se retrancha, combattit vaillamment. Il était soutenu et par des gentilshommes que le roi envoya, et par les proscrits italiens, sous Renzo (Orsini), vaillante légion, déjà vieille dans l'exil, endurcie dans nos camps, et plus sûre que les nôtres mêmes. Contre un Français la France fut défendue par l'Italie.

> Quand Bourbon vid Marseille,
> Il a dit à ses gens :
> Vray Dieu ! quel capitaine
> Trouverons-nous dedans ?
> Il ne m'en chaut d'un blanc
> D'homme qui soit en France,
> Mais que ne soit dedans
> Le capitaine Rance.

Cette vieille chanson de nos pauvres piétons contre

leurs capitaines et à la gloire de l'Italien reste la couronne civique de ce fils adoptif de la France, couronne tressée des mains du peuple.

Le siège traîna. Et la population inflammable de Marseille prit un ardent élan de guerre, les femmes comme les hommes. Si elles ne combattirent, elles travaillèrent aux retranchements. L'unanimité de la ville imposa aux défections. Et pendant que Bourbon attendait des parlementaires, des propositions, des paroles, il ne reçut que des boulets. A une messe des Espagnols, un boulet tua le prêtre à l'autel et deux hommes. Pescaire dit à Bourbon qui accourait : « Ce sont vos Marseillais qui viennent, la corde au cou, vous apporter les clefs. » Et, après une reconnaissance meurtrière où on vit le fossé bordé d'arquebuses, Pescaire disait : « La table est mise pour vous bien recevoir. Courez-y ; vous souperez ce soir en paradis... »

Tout ce que Bourbon obtint fut qu'on essayerait encore un assaut. Il manqua, et l'on sut que la très forte armée du roi était arrivée tout près, à Salon. Pescaire déclara qu'on ne pouvait risquer d'être écrasé entre une telle armée et la ville. Bourbon s'arracha de Marseille (20 septembre 1524). On partit, mais déjà serré en queue par les Français qui, au Var, atteignirent, détruisirent l'arrière-garde. L'armée n'arrêta pas. Ces graves Espagnols, ces pesants lansquenets, devinrent tout à coup de vrais Basques. Cette retraite semblait un carnaval de bohêmes déguenillés. A pied, à mulet ou à âne, ils filèrent lestement par le chemin de la Corniche, si vite que, vers Albenga, ils firent quarante milles en un jour.

Charles-Quint avait bien mérité son revers. Il avait à la fois lancé et retenu Bourbon, le faisant combattre lié, entravé, à la chaîne. La terrible réputation de ses armées, plus redoutées qu'aucun brigand, avait fait la résistance obstinée, désespérée de Marseille. Sa dureté personnelle, éprouvée par l'Espagne même, imposait aux proscrits étrangers enfermés dans Marseille la loi de vaincre ou de mourir. Dans l'affaire toute récente des *Communeros*, il ne confirma pas une seule des grâces promises par ceux qui l'avaient fait vainqueur. Il envoya à la potence des hommes à qui les royalistes garantissaient la vie sur leur honneur. Cruel renversement des idées espagnoles, et qui accusait hautement un gouvernement étranger! Le roi, source sacrée de l'honneur et de la grâce, tache l'honneur des siens, ne fait grâce à personne; il survient après la victoire et pour se montrer seul cruel! « Il y eut, dit-on, peu d'arrêts de mort. » C'est vrai (damnable hypocrisie!); on ne commença à juger qu'après avoir exécuté longtemps sans jugement.

Les cortès témoignèrent gravement leur indignation en refusant l'argent à Charles-Quint. Et c'est ce qui, plus que tout le reste, lui fit manquer son siège de Marseille.

Les grands de son parti étaient plus irrités que d'autres. Il laissait à leur charge ce qu'ils avaient avancé pour lui dans la guerre des *Communeros*. Le connétable de Castille lui disait : « Pour vous avoir gagné deux batailles en deux mois, payerai-je les dépens? » Cette risée sortit le jeune empereur de sa réserve habituelle. Il lui échappa de dire : « Mais si je te jetais du balcon? — Je suis trop lourd; vous y regarderiez », dit en riant le vieux soldat.

## CHAPITRE XII

La bataille de Pavie. (1525.)

Cette retraite faisait au roi une situation admirable. De roi haï, impopulaire, il se retrouvait l'épée de la France, le défenseur du sol, le protecteur des pays ravagés par l'invasion barbare de cette affreuse armée de mendiants. Toute la noblesse de France était venue comme à un rendez-vous d'honneur, pour témoigner sa loyauté; elle était enivrée, fière, de se voir si grande, et (chose rare) complète. Une formidable infanterie suisse avait rejoint le roi. Jamais si belle armée, ni si ardente. Il y eût eu sottise à laisser perdre un si grand mouvement, comme voulaient les vieux généraux; et sottise ruineuse; comment nourrir tout cela, sinon en Lombardie! Les Anglais ne menaçaient pas. Le roi alla donc en avant, sans attendre sa mère, qui venait pour le retenir.

Il passa sur trois points; en dix jours, cette armée énorme se trouva de l'autre côté. Là, toute la difficulté fut de découvrir les impériaux; ils s'étaient dispersés, cachés dans les places fortes. Le roi arriva à Milan. Les Milanais, qui n'étaient pas d'accord entre eux, avaient appelé à la fois le roi et les impériaux. Le roi ne les traita pas moins bien. Il arrêta toute l'armée aux portes, et d'abord ne laissa pas entrer un seul soldat, sauvant ainsi la ville. Ce ne fut que le lendemain que, refroidies, calmées, sous la ferme conduite du vieux et respecté La Trémouille, les troupes entrèrent en grand ordre.

L'effet moral de la prise de Milan était très grand. Venise, le pape et les petits États devaient dès lors compter avec le roi. Restait à trouver les débris de l'armée impériale, à les forcer de place en place. La bande la plus forte, sous Antonio de Leyve, était enfermée dans Pavie. Le roi alla l'y assiéger (28 octobre 1524).

Cette conduite était-elle absurde? Nullement. Les Italiens, qui avaient tant souffert de la mobilité des Français, de leurs capricieuses expéditions, les virent pour la première fois persévérants et persistants, enracinés dans l'Italie et décidés à ne pas lâcher prise. Grand motif de se joindre à eux.

Que voulait le roi? 1° se faire nourrir, solder par les petits États; 2° diviser les impériaux, en leur donnant des craintes pour Naples, d'où leur venait le peu que donnait l'empereur. La partie paraissait gagnée par celui qui saurait faire contribuer l'Italie. Une bande de dix mille hommes qu'il envoya vers le Midi lui rallia les volontés douteuses. Les villes de Toscane commencèrent à payer. Ferrare paya, et, de plus, fournit des munitions. Pour les impériaux épuisés, leur dispersion paraissait infaillible. Pavie même était pleine de trouble et de murmures. Cinq mille Allemands qui y étaient, avec cinq cents Espagnols qui ne les contenaient nullement, furent plusieurs fois au point de se livrer au roi avec la ville.

Il resta là quatre mois, amusé par les ingénieurs, qui tantôt canonnaient, tantôt piochaient pour détourner le fleuve, voulant prendre la ville par le côté où les eaux la gardent. Rien ne réussissait. Ce roi, vif et impatient de sa nature, cette fois paraissait peu pressé. Cette si longue campagne d'hiver, « où son armée logeait à l'auberge de l'étoile », c'est-à-dire sous le ciel, il s'y résigna merveilleusement. Pourquoi? Il s'amusait (Guichardin nous l'a dit), donnant tout au plaisir, rien aux affaires. Un hiver d'Italie, passé ainsi, lui semblait assez doux.

L'intérêt était grand pour les hommes de François I<sup>er</sup> de faire que leur maître fût bien. Ils gagnaient gros à cette guerre oisive, comptant au roi une infinité de soldats qui n'existaient qu'en chiffres, des Suisses, des Allemands de papier, qui n'en mangeaient pas moins, n'étaient pas moins payés. Ses généraux étaient gens très avides; tous suivaient leur exemple. Le roi, qui s'amusait, dormait, faisait l'amour, sur la foi de ces chers amis, était rongé et dévoré sans s'en apercevoir, en danger même; il y parut bientôt.

Il logeait agréablement dans une bonne abbaye lombarde. Luther, dans son voyage à Rome, fut effrayé, scandalisé du luxe de ces abbayes, de la chère délicate, de l'éternelle mangerie, des vins, pour ne parler du reste. Il s'enfuit indigné. Le roi ne s'enfuit point. Au contraire, il s'établit là quatre mois en grande patience, tantôt à l'abbaye, tantôt à Mirabella, ancienne villa des ducs de Milan, au milieu d'un grand parc.

La Lombardie n'était plus ce qu'elle avait été. Elle avait cruellement souffert, infiniment perdu. Mais, comme il arrive dans ces grands naufrages, les lieux élus où l'on concentre les débris semblent d'autant plus riches. Je croirais donc sans peine que l'abbaye et la villa, arrangées pour le roi de France, rappelaient, soit les *Granges* de Sforza, soit la *Pouzzole* du roi de Naples, et autres lieux de volupté que les descriptions nous font connaître. Ces villas étaient ravissantes par le mélange d'art et de nature, de ménage champêtre, qu'aiment les Italiens. Nos châteaux encore militaires, dans leur morgue féodale, semblaient dédaigner, éloigner la campagne et le travail des champs, la terre des serfs. Noblement ennuyeux, ils offraient pour tout promenoir à la châtelaine captive une terrasse maussade, sans eau ni ombre, où jaunissaient quelques herbes mélancoliques. Tout au contraire, les villas italiennes, bien supérieures par l'art, et vrais musées, n'en admettaient pas moins familièrement les jardinages, s'étendant librement tout autour en parcs, en cultures variées. Les compagnons de Charles VIII, qui les virent les premiers, en ont fait des tableaux émus.

Gardées au vestibule par un peuple muet d'albâtre

ou de porphyre, entourées de portiques « à mignons fenestrages », ces charmantes demeures recélaient au dedans non seulement un luxe éblouissant d'étoffes, de belles soies, de cristaux de Venise à cent couleurs, mais d'exquises recherches de jouissances d'agrément et d'utilité, où tout était prévu : caves variées, cuisines savantes et pharmacies, lits profonds de duvet, et jusqu'à des tapis de Flandre, où, garanti du marbre, pût, au lever, se poser un petit pied nu.

Des terrasses aériennes, des jardins suspendus, les vues les plus variées. Tout près, l'idylle du ménage des champs. Aux jaillissantes eaux des fontaines de marbre, le cerf, avec la vache, venant le soir sans défiance, de grands troupeaux au loin en liberté, la fenaison ou les vendanges, une vie virgilienne de doux travaux. Tout cela encadré du sérieux lointain des Apennins de marbre ou des Alpes aux neiges éternelles.

L'hiver n'ôte rien à ces paysages. L'abandon même et les ruines y ajoutent un charme nouveau. Dans les jardins où cesse la culture, dans les grandes vignes laissées en liberté, les plantes vigoureuses semblent se plaire à l'absence de l'homme. Elles sont maîtresses du logis, s'emparent des colonnades, se prennent aux marbres mutilés et caressent les statues veuves. Tout cela très sauvage et très doux, d'un *soave austero* dont on se défie peu, mais trop puissant sur l'âme, l'endormant, la berçant d'amour et de vains rêves.

Dans les vers qu'il écrit plus tard dans sa captivité,

François Ier se montre très sensible à ce paysage italien. Il s'y oublia fort. Mais on peut soupçonner, sans calomnier sa mémoire, que le charme des lieux n'y fut pas tout. Quatre mois sans amours? Cela serait une grande singularité dans une telle vie. On a cherché à tort quelles grandes dames purent faire oublier les Françaises. Mais tout est dame en Italie. Celles qu'a tant copiées le Corrège, de formes parfois un peu pauvres, mal nourries et trop sveltes, n'en sont que plus charmantes. Leur grâce est tout esprit.

C'était le moment d'une grande révélation pour l'Italie. Aux pures madones florentines que déjà Raphaël anime, l'étincelle pourtant manque encore. Mais voici une race nouvelle, arrivée de souffrance, qui grandit dans les larmes. Un trait nouveau éclate, délicat et charmant, le sourire maladif de la douleur timide qui sourit pour ne pas pleurer. Qui saisira ce trait? Celui qui l'eut lui-même et qui en meurt : le paysan lombard du village de Correggio, l'artiste famélique qui ne peut nourrir sa famille : il saisit ce qu'il voit, cette Italie nouvelle, toute jeune, mais souffrante et nerveuse. C'est la petite *sainte Catherine du Mariage mystique* (Voy. au Louvre), pauvre petite personne qui ne vivra pas, ou restera petite. Plus que maladive est celle-ci ; elle n'est pas bien saine, on le voit aux attaches irrégulières des bras, qu'il a strictement copiées. Et, avec tout cela, il y a là une grâce douloureuse, un perçant aiguillon du cœur qui entre à fond, fait tressaillir de pitié, de tendresse, d'un contageiux frémissement.

Telle était l'Italie à ce moment, amoindrie et pâlie. Et Corrège n'eut qu'à copier. Il puise à la source nouvelle, à ce sourire étrange entre la souffrance et la grâce (Prudhon l'a eu seul après lui). Heureusement pour l'Italien, si la race changeait, le ciel était le même. Sans cesse il reprenait son harmonie troublée et s'envolait dans la lumière.

François I$^{er}$ ne vit pas le Corrège, peintre de campagne, et qui meurt bientôt peu connu (1529). Mais il vit et goûta l'Italie du Corrège. Et je ne fais pas doute que ce soit le secret de sa longue inaction.

Ne serait-ce pas aussi à cette époque que le Titien a fait de lui le solennel portrait que nous avons au Louvre? Titien ne vint jamais en France. François I$^{er}$ alla deux fois en Italie, à vingt-cinq ans et à trente et un ans. C'est évidemment au second voyage que se rapporte le portrait, avant ou après la bataille. S'il accuse plus de trente-six ans, si des plis (je ne dis des rides) se forment déjà au coin des yeux, accusez-en, si vous voulez, les soucis de la royauté, les travaux et les veilles de ce prince si laborieux.

Je ne m'étonne pas s'il resta là si longtemps sans s'en apercevoir. Tout y venait heurter, et il ne le sentait pas. Il était trop avant au fond de ce rêve. Ses Italiens partaient, dès janvier; Corses la plupart, ils étaient rappelés par les Génois leurs maîtres. L'armée fondait, sans qu'il le vît. Les hommes mouraient de froid et de faim. Une poule coûtait dix francs d'aujourd'hui. Les seigneurs, sans feu ni abri, venaient à ses cuisines. Il apprit coup sur coup que quatre corps avaient été surpris et enlevés, et cela ne l'éveilla pas. Quelques milliers de Suisses allaient venir, et il les attendait, sans même rappeler ses dix mille hommes envoyés au midi.

Ses ennemis faisaient un grand contraste.

Pescaire montra une vigueur extraordinaire. Il contint tout à la fois généraux et soldats. D'une part, il releva Lannoy, qui mollissait, voulait traiter ou partir et secourir Naples. D'autre part, il paya le soldat de paroles. Il enjôlait les Espagnols surtout, disant qu'ils étaient bien heureux d'une telle occasion, qui allait les enrichir à jamais, le roi étant là en personne avec tant de grands seigneurs. Quels prisonniers à faire ! et quelles riches rançons !

Aux Allemands, il dit qu'il s'agissait de sauver leurs frères allemands enfermés à Pavie. Le fils du vieux Frondsberg, leur général, y était; il fit parler le bon vieux père. Pour les gens d'armes, qu'il trouva insensibles, il fallut financer; Pescaire donna et fit donner par les chefs ce qu'ils avaient d'argent.

L'embarras n'était pas moindre dans la ville. Antonio de Leyve, peu sûr de ses Allemands, qui criaient : *Geld! Geld!* et voulaient le livrer, n'y trouva de remède qu'en tuant leur chef par le poison et leur persuadant que l'argent était là dehors tout prêt pour les payer; il en fit venir quelque peu et leur donna patience.

Bourbon arrivait d'Allemagne. Sa rage et sa fureur pour sa fuite de Provence lui avaient fait des ailes. Plus dur au brigandage que les vieux brigands italiens, il sut faire de l'argent. Une razzia sur Florence l'avait alimenté l'autre année. Celle-ci, ce fut le tour de la Savoie. Faute d'argent, il prit les bijoux ; il porta l'écrin de la duchesse aux usuriers d'Allemagne. Avec quoi, il trouva sans peine la quantité de chair humaine qui était nécessaire. L'archiduc donna quelque chose ; et, par une diabolique hypocrisie, Bourbon trouva moyen de tirer aussi des villes impériales. Il exploita l'affaire du jour, la querelle religieuse, dit que le pape était l'allié de François Ier (mensonge, Clément trompait les deux), et il ne manqua pas de lansquenets qui se crurent luthériens pour aller boire en Italie.

Pescaire cependant, avec ses agents italiens, travaillait habilement l'armée du roi, attirait des transfuges, décidait des défections. La plus terrible eut lieu cinq jours juste avant la bataille. Les Grisons, effrayés d'un coup frappé près d'eux, ou peut-être gagnés, rappelèrent cinq mille des leurs qui étaient devant Pavie. Événement tout semblable au rappel des Allemands la veille de la bataille de Ravenne. Mais, cette fois, il n'y eut pas là un Bayard pour les retenir.

Enfin, un peu alarmé, le roi unit son camp, jusque-là divisé, et se fortifia. Il se croyait couvert par les faibles murailles du grand parc de Mirabella. La nuit du 8 février, Pescaire y envoie des maçons qui, en une heure, en abattent trente brasses. En avant, son neveu Du Guast et six mille fantassins, mêlés des trois nations, marchaient droit sur Mirabella. Après venait Pescaire, qui s'était réservé la masse des Espagnols pour le principal coup. Il avait donné l'arrière-garde aux Allemands, conduits par Lannoy et Bourbon.

Ceux qui marchaient en avant, passant sous les boulets français, doublèrent le pas. Le roi crut les voir fuir, il s'élança avec la gendarmerie, et se mit devant ses canons ; ils ne purent plus tirer sans tirer sur lui-même.

Pescaire le vit passer, et d'un millier d'arquebuses espagnoles bien tirées, presque à bout portant, il lui mit sur le dos grand nombre de ses meilleurs gens d'armes.

Le roi, dans son aveugle élan, tomba du premier coup sur un brillant cavalier, et le tua, dit-on, de sa main. Coup superbe pour un héros de roman ; c'était le dernier descendant du fameux Scanderbeg.

Pendant cette belle prouesse, la *bande noire* de nos lansquenets eut quelques moments d'avantage. Ils furent peu imités des Suisses, qui, ce jour, se montrèrent tout différents de leurs aïeux.

Le roi, avec ses grands seigneurs, soutint quelque temps la bataille avec une vaillance qu'admirèrent les ennemis. Il y eut là un grand massacre des premiers hommes de France : La Trémouille, La Palice, Suffolk, prétendant d'Angleterre, furent tués, et Bonnivet se fit tuer, courant à l'ennemi la visière haute et le visage découvert.

Le roi, deux fois blessé, au visage, à la cuisse, et la face pleine de sang, sur un cheval percé de coups, voulait gagner un pont. Le cheval s'abattit, il tomba dessous, et deux Espagnols arrivaient dessus pour le prendre ou le tuer. Mais à l'instant il y eut là à point un groupe de Français, dont l'un mit l'épée à la main pour le garder des Espagnols. C'était justement Pompéran, ce douteux personnage qui avait mené Bourbon hors de France, s'était ensuite rallié au roi (*Captivité*, 58) pour rejoindre ensuite Bourbon. Un autre était son secrétaire même et très intime agent, La Mothe-Hennuyer. Ils lui dirent de se rendre au connétable, ce qu'il refusa. On appela Lannoy, qui accourut, et qui, lui donnant son épée, reçut celle du roi à genoux.

## CHAPITRE XIII

La captivité. (1525.)

> Vaincu je fus rendu prisonnier,
> Parmi le camp en tous lieux fut mené,
> Pour me montrer, çà et là promené...
> (*Vers de François Ier.*)

Ce traitement barbare s'explique : le prisonnier était le gage de l'armée. Elle s'était battue gratis, dans l'espoir de le prendre et d'avoir sa rançon. Les généraux purent dire : « Voilà votre homme; vous l'avez maintenant. Dès ce jour, vous êtes payés. »

Des arquebusiers espagnols, qui avaient réellement fait la principale exécution, un rustre s'avança, et familièrement dit au roi de France : « Sire, voici une balle d'or que j'avais faite pour tuer Votre Majesté... Elle servira pour votre rançon. » Le roi sourit, et la reçut.

Mais, le soir ou le lendemain, il arracha de son doigt une bague, seule chose qui lui restât, et, la donnant secrètement à un gentilhomme qu'on lui permit d'envoyer à sa mère, il lui dit : « Porte ceci au Sultan. »

Ainsi la grande question du temps fut tranchée, les scrupules étouffés et les répugnances vaincues.

Événement immense, décidé par le désespoir, qu'il crut lui-même impie sans doute comme un appel au Diable, mais qui réellement fut une chose de Dieu, le premier fondement solide de l'alliance des religions et de la réconciliation des peuples.

Cet homme, étourdi en bataille, fut en captivité plus fin qu'on n'aurait cru. Il ne s'était rendu qu'à Lannoy, l'homme de l'empereur. Cela le servit fort. Il caressa aussi Pescaire. Celui-ci, parfait courtisan autant qu'habile capitaine, se présenta en deuil. François I<sup>er</sup>, soit sensibilité, soit flatterie pour les Italiens, qui devinrent en effet l'épine de Charles-Quint, traita Pescaire en roi futur de l'Italie et se jeta dans ses bras.

Sa parfaite dissimulation parut le soir, au moment amer où il lui fallut recevoir le connétable de Bourbon. Celui-ci se montra modeste, présenta ses devoirs et offrit ses services. Le roi l'endura et lui fit bon visage. Un auteur assure même qu'il l'invita à sa table avec les autres généraux.

La fameuse lettre à sa mère, qu'on a toujours défigurée, témoigne assez de son abattement : « De toutes choses, ne m'est demeuré que l'honneur et la vie, qui est sauve. »

Le plus triste, ce sont ses lettres à Charles-Quint. Elles étonnent de la part d'un homme aussi spirituel.

Elles sont d'une bassesse impolitique. Il risque d'exciter le dégoût, et de s'ôter toute croyance. Il demande *pitié*, n'espère que dans la bonté de l'empereur, qui, sans doute, en fera un ami, et non *un désespéré*, et qui, au lieu d'un prisonnier inutile, rendra un roi *à jamais son esclave*. Ce triste mot revient trois fois. (*Captivité*, 131; *Granvelle*, 1, 266, 268, 269.)

Nous ne sommes point partisan du suicide. Et cependant, s'il fut jamais permis, c'est à celui peut-être dont la captivité devient celle d'un peuple, à celui dont la personnalité étourdie met la Patrie sous les verroux. Quoi! la France était là, dans un petit fort italien, sous l'arquebuse d'un brigand espagnol! Dans l'hypothèse absurde d'un Dieu mortel en qui une nation incarnée pâtit, s'avilit, qu'il abdique, ce Dieu, ou qu'il meure. Malheur à la mémoire du prisonnier qui s'obstina à vivre, et qui montra la France sous le bâton de l'étranger!

Ce héros de théâtre, dégonflé, aplati, parut ce qu'il était, un gentilhomme poitevin de peu d'étoffe, dévot par désespoir (autant que libertin), rimant son malheur, ses amours, comme eût fait à sa place Saint-Gelais, Joachim Du Bellay, ou tout autre du temps.

D'abord, il se mit à jeûner et faire maigre. Sa tendre sœur, émue outre mesure, tremble qu'il ne se rende malade. Elle lui défend le maigre, et, pour le soutenir, lui envoie l'aliment spirituel, un saint Paul... Une recluse a dit à un saint homme : « Si le roi lit saint Paul, il sera délivré. »

Le livre vint peut-être un peu tard. Au souffle tiède d'un printemps italien, la poésie avait succédé à la dévotion. Le roi, à travers ses barreaux, avait regardé la campagne lombarde, le paysage si frais, si charmant en avril, et sublime, de Pavie aux Alpes, et il s'était mis à rimer une idylle virgilienne. Ces très beaux vers sont de lui? Ils ne ressemblent guère à sa faible complainte sur la bataille de Pavie. On aura très probablement arrangé, orné, ennobli. L'idée première, fort poétique, peut être du captif, inspirée par ce regard mélancolique sur cette campagne de printemps. Contre la belle Italie qui lui fut si fatale, contre le Pô et le Tésin, gardiens de sa prison, il appelle à lui nos fleuves nationaux, leurs nymphes éplorées. Cette pièce est non seulement d'une grande facture, mais d'un sentiment profond de la France.

> Nymphes, qui le pays gracieux habitez
> Où court ma belle Loire, arrosant la contrée...
> Rhône, Seine, Garonne, et vous, Marne et Charente,
> ... Fleuves qu'alentour environne
> L'Océan et le Rhin, l'Alpe et les Pyrénées,
> Où est votre seigneur que tant fort vous aimez? etc.
>
> (*Captivité*, 227.)

S'il eût eu d'autres yeux, si, au lieu de cette vague sensibilité poétique, il eût eu un cœur d'homme, ou du moins le tact de sa situation, il aurait vu par la fenêtre tout autre chose : l'Italie frémissante, épouvantée d'être, par sa défaite, livrée à l'armée des brigands. Car, qui avait vaincu? L'empereur? Non, mais ce monstre sans nom, trois bandes en une, et point de chef. Valets, tremblants flatteurs de leurs soldats, quel crime pouvaient empêcher ou défendre ces misérables généraux? Venise supplia le pape de former une ligue armée. Le pape y entre en mars, et en sort en avril. Et pourtant il n'eût pas coûté, pour détruire ces brigands, moitié de l'argent qu'ils volèrent.

Ce que François Ier eût vu encore, s'il n'eût été myope, c'était l'impuissance et la pauvreté de l'empereur, la jalousie de l'Angleterre, la fermentation des Pays-Bas, les ressources faciles qu'avait la France en elle et dans ses alliés. Demain Soliman, Henri VIII, allaient armer. Mais le jour même, une amitié plus prompte, une épée plus rapide se déclara pour lui. Le petit duc de Gueldre ramassa six mille hommes et se jeta sur les Pays-Bas; Marguerite d'Autriche, qui ne pouvait lever un sou, et se mourait de peur entre l'invasion et la révolution, agit fortement à Madrid et arracha de Charles-Quint l'autorisation d'une trêve.

Le roi voyait du moins de près les discordes et les disputes de ceux qui le gardaient, les demandes de solde, les cris, les fureurs des soldats. Les généraux se haïssaient à mort.

Bourbon, en haine de Pescaire, eût volontiers tourné le dos à Charles-Quint. Il s'offrait aux Anglais. Pour un secours d'argent, rien que la solde d'un mois, il levait une bande, fondait en France, emportait tout, faisait roi Henri VIII.

Pescaire, vrai vainqueur de Pavie, traitait avec son maître. Si l'empereur était ingrat, il avait une chance, s'il pouvait espérer au désespoir de l'Italie. Elle s'était donnée presque à César Borgia ; pourquoi pas à Pescaire ?

Quant à Lannoy, il s'était fait le confident de François Ier. Il avait sa sœur mariée en France, et, comme Flamand, il était au point de vue de Marguerite d'Autriche, craignant fort pour la Flandre, voyant les Pays-Bas en pleine révolution, et très impatient de réconcilier les deux rois.

La chose n'était pas facile. Le jeune empereur, qui en public avait affiché une modération toute chrétienne et défendu même les réjouissances, dans une lettre à Lannoy, écrite de sa main, montre à quel degré d'infatuation ce bonheur inouï avait mis son esprit : « Puisque vous m'avez pris le roi de France, dit-il, je vois que je ne me saurais où employer, si ce n'est contre les infidèles. »

S'il pouvait faire un peu d'argent, il comptait en avril entrer en France, non par Bourbon, mais lui-même et de sa personne. Aussi, laissant là Henri VIII et sa fille, il se tournait vers une riche dot, celle de Portugal ; l'Anglaise ne lui apportait qu'une quittance de ses dettes, et la Portugaise donnait du comptant.

Ses demandes à François Ier étaient exorbitantes, rédigées d'une manière insultante, odieuse, par le haineux Gattinara.

D'abord le pape Boniface VIII donna jadis toute la France à la maison d'Autriche. Mais l'empereur est si modéré, qu'il se contentera d'en prendre la moitié, sans parler de Milan et de Naples. Il veut : 1° les provinces du Nord, la Picardie, la Somme, avec la suzeraineté d'Artois et de Flandre ; 2° l'Est, la Bourgogne ; 3° le Midi, la Provence pour Bourbon, qui reprendra de plus ses fiefs du centre, Auvergne, Bourbonnais, etc. Est-ce tout? Non. On fera droit aux prétentions d'Henri VIII, il est vrai, et réduites : la Normandie, la Gascogne et la Guyenne, — plus l'Anjou, province centrale, qui disjoindra la Bretagne et la France.

Ni le roi, ni sa mère, ne firent de réponse officielle. Le roi mit quelques notes, toutes conformes aux instructions que la régente donne à ses envoyés. Ni Somme, ni Bourgogne, ni Provence, — mais l'offre d'*épouser la sœur* de Charles-Quint, et de se faire soldat pour l'*aider à prendre sa couronne* impériale en Italie. Ce que la mère explique, offrant impudemment l'Italie et d'aider à prendre Venise. Cette femme éhontée ajoutait un appoint, sa fille, qu'elle jetait à l'empereur. (*Captivité*, 174, 194).

Une affaire préalable, c'était d'avoir vraiment le prisonnier, de le tirer des mains de l'armée, de le mettre dans celles de Charles-Quint, en le transportant en Espagne. François Ier avait l'espoir de se faire enlever dans le trajet. Mais Lannoy habilement fit prévaloir en lui une autre idée, un roman qui justement, comme tel, lui alla à merveille. Ce fut d'arranger tout par un mariage, de jouer à Bourbon le tour de lui prendre sa femme, Éléonore, cette sœur de Charles-Quint, qui lui était promise. Elle était veuve, point du tout agréable. Le roi dit et fit dire que, dès longtemps, il y avait pensé. Il en était amoureux sans la voir. S'il passait en Espagne, il était sûr de conquérir et cette sœur et toute la famille de Charles-Quint, de mettre tout le monde pour lui ; l'empereur, son futur beau-frère, avait la main forcée, et ne pourrait s'empêcher de traiter.

Cela était absurde. Et cela se réalisa à la lettre. François I$^{er}$ paraît avoir compris qu'à sa folie répondrait parfaitement celle des Espagnols, qu'ils raffoleraient du roi soldat pris en bataille, qu'ils le compareraient à leur roi, jusque-là si peu pressé de voir l'ennemi.

Le gardien et le prisonnier conspirent ensemble. Le roi prête même ses galères au transport. On part pour Naples, on arrive en Espagne (23 juin 1525). Bourbon, Pescaire, sont furieux; Bourbon reste tout seul à Gênes, n'ayant aucun secours, ni d'Espagne, ni d'Angleterre, pas même de vaisseau pour passer, voyant le temps se perdre, la saison s'écouler.

Lannoy et les Croy, tout en flattant les idées guerrières du jeune maître, lui avaient fait entendre qu'il devait faire seul la conquête. L'empereur ne pouvait entrer avec une petite bande, faire une pointe aventureuse, désespérée, comme aurait fait Bourbon. Il fallait une armée, et nouvelle, celle d'Italie étant si peu à lui. L'argent des Pays-Bas était fort nécessaire, et leur exemple pour avoir l'argent de l'Espagne. En mai, Marguerite d'Autriche convoque les États de Hollande et de Flandre, les priant de contribuer au moins pour leur sûreté, pour faire face aux brigands de Gueldre. Refus net, positif, violente accusation du système d'impôts suivi depuis cent ans. Le Luxembourg, le Hainaut et l'Artois, ruinés par la guerre, n'avaient rien et ne donnèrent rien. Le Brabant accorda, mais à une étrange et dangereuse condition. Pourvu que Bois-le-Duc y consentît. Or, il se trouvait justement que Bois-le-Duc était en pleine révolution luthérienne, forçant les cloîtres et rançonnant les moines. Anvers, Delft, Amsterdam, d'autres villes, remuaient de même. Aux lettres effrayées de Marguerite l'empereur ne voit d'autre remède « que d'attirer en trahison les magistrats de Bois-le-Duc, et d'en faire un exemple ». Au reste, si Rome lui concède l'argent qu'on lève sur les prêtres pour réprimer les luthériens, il prendra l'affaire pour son compte, se chargera d'être bourreau. (Lanz, *Mém. Stuttgard*, XI, 16-26.)

Tel était l'aspect redoutable de cette année 1525. Une révolution immense semblait éclater en Europe. Une? Non; mais vingt, de causes différentes, de caractères plus différents encore.

En Allemagne, c'est la sauvage révolte des paysans de Souabe et du Rhin. Ils prennent la Réforme au sérieux, et veulent réformer le servage, établir sur la terre le *royaume de Dieu*.

Nos ouvriers de Meaux sont entrés ardemment dans la révolution religieuse. Un des leurs, intrépide apôtre, le cardeur de laine Leclerc, se fait brûler à Metz. Et il se trouvait au moment que des bandes de paysans d'Allemagne tombaient sur la Lorraine. Malheur à la noblesse si le serf d'Allemagne et le serf de France s'étaient entendus! Le duc de Guise les prit au passage, et les tailla en pièces.

Les ouvriers en laine d'Angleterre se révoltent en même temps, mais sans lever encore le drapeau de la Réforme. Ils accusent seulement les impôts écrasants qui obligent le fabricant de les jeter sur le pavé.

La plus étrange révolution est celle qui couve en Italie, non des villes, non des campagnes, mais une révolution de princes, celle des souverains ruinés, désespérés, contre le brigandage des impériaux.

Même en Turquie, révolte. Et c'est ce qui retarde la diversion de Soliman en faveur de François I$^{er}$. Les Janissaires, ces misérables moines de la guerre, la plupart enfants grecs, sans patrie, sans foyer, déchirent par moments leurs drapeaux; par moments arrachant à leurs maîtres des augmentations de solde que l'enchérissement subit de toutes choses doit rendre en effet nécessaires.

Charles-Quint, à lui seul, se trouvait avoir sous les pieds trois ou quatre révolutions : celle d'Espagne à peine éteinte, celle d'Allemagne en plein incendie (mais les princes, la noblesse, y couraient comme au feu), celle d'Italie, muette et sombre, très imminente. Mais la plus grave pour lui, la plus immédiate, celle qui le paralysa, et qui réellement aida d'abord à nous sauver, c'était celle des Pays-Bas. Révolution financière et religieuse, où ces peuples, sacrifiés depuis cent ans à la politique étrangère, recouvraient leur sens propre, s'éveillaient, réclamaient liberté d'industrie et de conscience.

Là fut notre salut. Ce mouvement des Pays-Bas se prononce au printemps, en mai. Celui d'Italie, plus tardif, avortera. L'assistance de Soliman est ajournée. Celle même d'Henri VIII n'est déclarée que tard, et dans l'automne.

Un des confidents de Charles-Quint lui écrivait après Pavie : « Dieu donne à chaque homme *son août* et sa récolte ; à lui de moissonner. » Il avait eu cet *août* en mars. Bourbon pouvait alors, avec une bande quelconque, et sans argent, subsistant de pillage, entrer en France, percer sans peine jusqu'à Lyon, jusqu'en Bourbonnais. Les Parlements l'eussent probablement accueilli.

Charles-Quint manqua ce moment et attendit... quoi ? Une dispense du pape pour épouser sa cousine de Portugal, qui devait, par une dot énorme de neuf cent mille ducats, rendre l'essor à l'aigle de l'Empire.

Ne pouvant faire la guerre à la France, il la faisait au prisonnier. Il ne faut pas croire là-dessus les historiens espagnols. Il suffit de voir les affreux logis où le roi fut claquemuré. A Madrid, c'était une chambre dans une tour des fortifications. Petite, horrible cage, avec une seule porte, une seule fenêtre à double grille de fer, scellée au mur des quatre côtés. La fenêtre étant haute du côté de la chambre, il fallait monter pour voir le paysage, l'aride bord du Mançanarez ; sous la fenêtre un abîme de cent pieds, au fond duquel deux bataillons faisaient la garde jour et nuit.

Cela était atroce, mais logique. Tenant la France dans cet homme qui régnait encore, qu'avait à faire son maître, sinon de le désespérer, de faire qu'il se trahît lui-même et ouvrît le royaume? Le tempérament de l'homme était fort propre à donner cet espoir. Jeune, fort et sanguin, chasseur infatigable et toujours à cheval dans nos forêts de France, le voilà tout à coup assis et cul-de-jatte. Cinq pas en long, cinq pas en large. Cet homme insatiable de femmes, le voilà moine, et tenu presque un an en parfaite abstinence. Ajoutez le climat d'Espagne, ardent, sec, aigre, la poussière salée de Castille dans cette fenêtre, pour tout air respirable. Enfin la perte de toute illusion, l'évanouissement du roman dont Lannoy l'avait amusé, l'espoir étroit comme ces murs où il heurtait à chaque pas. Vivre là, mourir là ; être enterré d'avance, se sentir clos et déjà dans la pierre !

Cet état fut au comble lorsqu'il sut la réponse qu'un confident de l'empereur avait faite à sa mère, officieusement, doucereusement, réponse dure au fond, impitoyable, qui plaquait au visage le plus dur des refus. Le sens était qu'on n'avait que faire d'elle pour s'emparer de l'Italie, ni de François I$^{er}$ pour épouser la sœur de Charles-Quint. Et pour l'offre qu'elle fait de sa fille, on ne daigne même en parler.

Le cercle est fermé, sans espoir. Le roi restera là, ou satisfera l'empereur, Henri VIII et Bourbon ; il partagera la France.

François ne trouva aucune force contre son malheur. Il tomba malade et appela sa mère pour la voir encore.

Elle ne pouvait quitter. Elle envoya sa fille.

Charles-Quint ne se souciait aucunement de cette visite. Il comprenait fort bien que, si les Espagnols s'intéressaient déjà au prisonnier, le dévouement de sa sœur, son adresse, allaient augmenter infiniment cet intérêt. Jusque-là, il tenait son homme, pouvait le resserrer dans l'ombre, exploiter son captif. Mais, si elle arrivait, la lumière se faisait, tout éclatait, les cœurs émus allaient se soulever, et l'Espagne elle-même arracher la clef du cachot.

D'autre part, l'homme était malade. S'il mourait, tout était perdu. On tira donc de son geôlier un sauf-conduit, mais vague, peu rassurant *pour la personne* qui le visiterait. Et encore on ne l'obtint que par une promesse que fit Montmorency, qu'à ce prix on pourrait recevoir comme ambassadeur le connétable de Bourbon. Charles-Quint l'avait craint comme conquérant de la France ; il le désirait, au contraire, comme perturbateur et brouilleur, chef de factions, étincelle d'anarchie et de guerre civile. Ce que Philippe II eut en Guise, son père l'eût voulu en Bourbon.

Avec cette promesse qu'on ne tint pas, bien entendu, on hasarda d'envoyer Marguerite. Elle partait un peu à la légère, sans autre garantie qu'un mot obscur qui, rétracté, interprété, la faisait prisonnière. Elle allait, par un long voyage, aux mois ardents, fiévreux d'Espagne, chercher un jeune prince fort dur, à qui sa mère l'offrait à la légère, et qui n'avait daigné lui répondre. On la sacrifia (comme toujours). Et elle-même le voulait ainsi. Sa tendresse pour son frère, accrue par le malheur, éclate, dès Pavie, dans ses lettres et ses vers mystiques d'une passion exaltée. Passion, du reste, si naturelle en elle qu'elle n'est pas troublée, et garde une grande lucidité d'esprit.

Ces lettres vaudraient qu'on les citât. Elles sont fort touchantes. Elle mêle, associe la nature à son entreprise ; le paysage y apparaît à travers ce prisme de cœur : « Madame me conduit quelques jours sur le Rhône. Que ne peut-elle laisser aller son corps! La mer l'aurait bientôt portée là où je vais! »

Et plus loin, en Espagne, traversant les grandes plaines poudreuses et brûlées de la Castille, elle écrit à son frère : « Croyez que, pour vous faire service, en quoi que ce puisse être, rien ne me sera étrange, tout me sera repos, honneur, consolation... jusqu'à y mettre au vent la cendre de mes os. » (Septembre 1525.)

Tout porte à croire qu'elle y mit davantage, qu'elle y fut l'instrument docile, aveuglément passionné, de la politique de Duprat et de la régente; en d'autres termes, que, ne voyant qu'un but, sauver son frère mourant, elle porta pour rançon au geôlier le secret qu'avait confié à l'honneur de la France le désespoir de l'Italie.

La mère, la sœur, craignaient infiniment pour le cher prisonnier. Le 18 septembre, quand Marguerite arriva, on désespérait de lui. On tremblait que Charles-

Quint ne le laissât dans son cachot, violemment irrité qu'il allait être de l'abandon d'Henri VIII et de sa ligue avec la France.

Donc il fallait, à tout prix, l'apaiser.

L'Italie, même impériale, avait appelé la France; non seulement le pape et Venise, mais Francesco Sforza, la créature de Charles-Quint, avaient crié à l'aide, sous les outrages et les supplices. On commençait à croire qu'il voulait dépouiller Sforza. Il lui montrait l'investiture, ne la lui donnait pas, la mettant au prix monstrueux de 1,200,000 ducats. Plusieurs croyaient qu'il donnerait Milan au connétable de Bourbon.

Les Allemands étaient partis. Les Espagnols restaient. Les Italiens, pour s'en débarrasser, avaient mis leur espoir dans l'homme même de Pavie.

Pescaire avait vaincu, et Lannoy avait profité. Aux termes de la parabole qui paye le fainéant pour le laborieux, l'empereur récompensait le Flamand pour la victoire de l'Italien.

Pescaire, le lendemain de la bataille, avait pris pour lui un comté. L'empereur le lui ôte, disant que, depuis deux ans, il l'a promis aux Colonna : mortelle injure. Pescaire cria si haut que les Italiens prirent confiance en lui, lui dirent tout, tramèrent avec lui pour massacrer les Espagnols.

Alonso d'Avalos, marquis de Pescaire, était, comme César Borgia, un Italien d'origine espagnole. Entre tous ces damnés qui se dirent les disciples de Borgia, lui seul eut du génie. Né près de Naples, doué des fées, heureux dès le berceau, il eut, à quatre ans, la singulière faveur de fiancer la reine d'Italie, celle qui fut le centre des penseurs italiens, la poésie de Michel-Ange et son sublime amour, Victoria Colonna. Elle était d'une part Colonna, de ces fameux Romains, des héros de Pétrarque, d'autre part des Montefeltro, ducs d'Urbin, illustres généraux des siècles militaires de l'Italie. A cette dame il fallait un trône, et c'est peut-être ce qui alluma d'abord l'ambition de Pescaire. Ce simple gentilhomme eût voulu une souveraineté pour cette fille des souverains. Ils étaient du même âge, et tous deux poètes. Il l'épousa à dix-sept ans. Il eut d'abord des succès étonnants; ses années marquent nos défaites. En 1521, il prend Milan malgré Lautrec. L'année suivante, il tue Bayard, bat Bonnivet à La Bicoque; en 1525, Pavie!

A un tel homme, si hardi, si prudent, « exquis en paix, en guerre » (c'est le mot de François I$^{er}$), la fortune offrait tout. La misérable impuissance des rois, épuisés dès l'entrée des guerres, ouvrait les plus hautes espérances aux aventuriers héroïques. N'avait-on pas vu, au quinzième siècle, le grand Huniade faire souche de rois, et les Sforza de ducs? L'intrigant César Borgia avait failli faire un royaume. Pourquoi un Seckingen, un Bourbon, un Pescaire, n'auraient-ils pas ceint la couronne?

Les Italiens offraient à Pescaire celle de Naples; le pape lui en aurait donné l'investiture. L'âme de l'entreprise était Morone, le chancelier de Francesco Sforza. L'affaire était conclue avec la France, qui renonçait au Milanais, promettait une armée (24 juin 1525).

Le désespoir du roi dans sa prison d'Espagne, son appel à sa mère, à sa sœur, sa maladie en août et les craintes de sa famille dérangèrent tout. Les Italiens, qui ne voyaient rien faire pour eux et soupçonnaient qu'on allait les trahir, commencèrent à se troubler. L'empereur avait déjà conclu avec la France une trêve de juillet en janvier. Pescaire joua un double jeu. Il dit à ses complices que, pour endormir l'empereur, il fallait lui mander quelques mots de la chose, et lui faire croire qu'on la ferait avorter. Ayant ainsi obtenu des Italiens la permission de les trahir, il le fit en effet, et plus qu'il n'était convenu.

Plusieurs assurent que ce fut la pieuse, la vertueuse Victoria Colonna, qui lui fit livrer ses amis : il était très perplexe; elle le décida par la considération du serment qu'il avait prêté à l'empereur, dont il était l'homme de confiance, par l'obéissance qu'on devait à l'autorité légitime, par le *loyalisme* espagnol, qui jamais ne trahit son maître; enfin par la vertu chrétienne, le pardon des injures, le sacrifice de sa jalousie et de sa haine contre les Colonna, auxquels l'avait sacrifié l'empereur.

Cela le toucha fort, et il réfléchit sans doute aussi qu'après tout l'empereur pouvait d'un mot le faire très grand en Italie, tandis que la Ligue ne lui donnait qu'une promesse, une douteuse éventualité, rien que la guerre. Il allait servir les Français, qu'il venait de battre, contre les Espagnols qui l'aimaient, l'admiraient comme un des leurs, et qui avaient fait sa victoire.

Et il poussa si loin cette vertu sublime de servir un maître ingrat, qu'il se fît espion pour lui, agent provocateur, compromettant habilement ses amis et les enfonçant dans le piège. En attendant, il gagnait du temps, disant que sa conscience n'était pas rassurée encore, et faisant consulter (sans doute par sa femme) les plus profonds casuistes de Rome.

Mais revenons à Marguerite, qui arrive à Madrid, et trouve son frère malade à la mort dans ce misérable galetas. Sa vue seule, son embrassement, son étreinte, l'eût ressuscité. La France tout entière et la patrie entra avec elle dans cette chambre, le charme de la famille, de l'enfance et des souvenirs. Elle ne craignit pas pour le roi une émotion religieuse; elle fit dresser un autel, dire la messe, et communia avec lui de la même hostie.

Il était beaucoup moins malade qu'on ne croyait. Sa vigueur de jeunesse se réveilla par le bonheur. De corps, de cœur, il s'était vu lié, serré, et, dans cette constriction, il avait cru mourir. Une véhémente expansion, et morale, et physique, eut lieu dans tous les sens. Sa sœur, en quinze jours, fit ce miracle de le si bien remettre, « qu'il eût couru le cerf ». Elle donne plusieurs détails naïfs de cette résurrection, et plus naïfs que poétiques, comme une mère parle d'un enfant.

M. de Sismondi, avec un grand sens historique, avait jugé, sur les dépêches des envoyés du pape, que la régente trahissait; qu'après avoir en juin promis secours aux Italiens, en août, voyant le roi désespéré, malade, elle avait brusquement changé de politique, demandé grâce à l'empereur en dénonçant ses alliés. Au milieu de septembre, on sut à Rome que Charles-Quint était instruit et des offres faites à Pescaire, et des négociations avec la France.

L'hypothèse est si vraisemblable, que celui qui ne veut pas l'admettre doit oublier l'histoire des monarchies, méconnaître spécialement ce moment de l'histoire où le gouvernement tout personnel ne fut que la famille, le sang, la chair et l'amour éperdu d'une mère capable de tout, mère jusqu'au crime, asservie à l'instinct de la femelle pour sa progéniture.

Une seule raison militait contre cette hypothèse : c'est que Marguerite ait été le dénonciateur. La passion l'expliquerait cependant; elle voyait son frère à la mort; pour le sauver, elle eût livré un monde.

Au reste, la dénonciation avait précédé son voyage. Elle n'arrive à Madrid que le 18 septembre. Le 19, on savait à Rome que l'empereur était instruit. Donc, il le fut au moins quinze jours avant qu'elle arrivât.

Marguerite le trouva à Madrid, qui sans doute pensait tirer d'elle de plus amples révélations. Comme il tenait le frère, comme il pouvait d'un mot adoucir sa situation et lui donner la vie peut-être, il ne lui était que trop aisé de faire parler sa sœur. La chose, en général, était connue. Mais les circonstances précises qui permirent d'agir à coup sûr ne le furent qu'à ce moment, du 18 au 20 septembre. Pescaire avait flotté jusque-là. Mettez une vingtaine de jours pour le message de Madrid à Barcelone, à Gênes et à Milan, vous arrivez au 10 octobre, au jour où Pescaire vit sa situation, se sentit dans la main de l'empereur, où le preneur, se trouvant pris, trama la trahison qu'il accomplit le 14, jour où il livra ses amis.

Ce qui fut conjecture pour Sismondi est à peu près certain, maintenant qu'on a publié les actes et les lettres. (*Marguerite*, 1841 ; *Charles-Quint*, éd. Lanz, 1844 ; *Négoc. Autrich.*, 1845 ; *Captivité*, 1847.)

La chose, bien entendu, n'y est nulle part. Mais plusieurs mots restent inintelligibles, inexplicables, si l'on n'admet que Marguerite s'était acquis un titre à la reconnaissance des impériaux, et fut étonnée, indignée, de leur ingratitude.

Ce titre n'était pas une offre nouvelle qu'elle eût faite aux dépens de la France. Qu'offrait-elle? Que le roi cédât la Bourgogne, *en la gardant* comme dot de la sœur de l'empereur. Elle offrait Naples, elle offrait la Catalogne, l'Aragon et Valence ! je ne sais quels droits de nos rois sur ces provinces espagnoles !

Certes, de pareilles offres n'expliqueraient nullement l'étonnement qu'elle montre et son désappointement en voyant la dureté immuable des impériaux.

Elle reproche à Lannoy d'avoir manqué d'*honneur*. (*Captivité*, 354.) Que signifie ce mot?

Il est visible qu'à Madrid, pour tirer d'elle des lumières, des renseignements sur les secrets alliés de la France, on l'avait leurrée d'espérances qui s'évanouirent, lorsqu'à Tolède elle se trouva devant le conseil d'Espagne et le violent Gattinara.

L'empereur, très probablement, ne voulut rien devoir, et dit : « Je savais tout. »

Du reste, pensant bien que, dans les épanchements de sa douleur auprès de sa sœur Léonore et de la famille impériale, elle pourrait en dire encore plus, il crut utile de l'amuser, de lui dire qu'*elle serait contente*, qu'il ferait les choses si bien, qu'*elle serait surprise* (3 et 8 octobre). Il écrivait aussi de bonnes paroles au roi.

Le 5 octobre, elle parut devant le conseil impérial avec les envoyés de France. Gattinara y perdit toute mesure. Sans égard à la situation de la princesse et des Français, le furieux Savoyard parla comme jamais n'eût osé l'empereur. Il cria, menaça. Marguerite s'en alla pleurer chez la reine de Portugal.

Il voulait d'abord avoir la Bourgogne, la tenir, avant tout examen de la question. De plus, il lui fallait la Picardie, la Somme. Il ne voulait point de mariage du roi ou de sa sœur, mais un futur mariage entre deux enfants. Enfin, il fallait que le roi aidât l'empereur; en troupes? non, en argent, c'est-à-dire qu'il fût tributaire, et payât l'armée ennemie.

Tel fut le fruit de la faiblesse, de la déloyauté. Voyant l'affaire italienne éventée, Pescaire anéanti, enfin la France elle-même qui se livrait et brisait son épée, Gattinara nous mit le genou sur la gorge, et traita sans ménagement la femme faible et passionnée qui avait cru sauver ce qu'elle aimait.

Dans les lettres de Marguerite à son frère convalescent, on sent qu'elle craint extrêmement de lui faire mal et qu'elle parvient à se contenir. Et cependant son cœur déborde d'amertume et de douleur.

Elle n'ose plus parler, sentant qu'elle n'a que trop parlé, et qu'on profitera âprement des moindres paroles. (*Captivité*, 357.)

Lannoy, assez embarrassé, lui conseille doucement d'aller voir l'empereur. Elle répond qu'elle n'ira pas sans y être invitée; que, si l'empereur veut lui parler, on la trouvera dans tel couvent. Elle y attend depuis une heure après midi. A cinq heures, elle attend encore. On la laisse se morfondre là. L'empereur va et vient, à la chasse, en pèlerinage, et que sais-je? Partout. Elle, fort délaissée, elle tue les journées à errer de couvent en couvent.

Que se passait-il cependant en Italie? Le 14 octobre, Pescaire accomplit son forfait.

Il l'accomplit, de concert avec son ennemi contre ses amis, avec Antonio de Leyve, le bourreau espagnol, qu'il avait promis d'égorger, contre ceux qui voulaient lui mettre sur la tête la couronne d'Italie.

Il crevait de douleur, d'ambition rentrée, peut-être de remords; il était alité à Novare. Cela l'aida au crime. Il tira parti de sa maladie pour attirer ses amis au piège. Il pria le chef du complot, le chancelier de Milan, de venir voir ce pauvre malade. Et celui-ci, qui le connaissait bien, y vint pourtant.

Il vint. Et le malade le fit parler, parler bien haut et longuement, tout expliquer. Antonio entendait tout, caché derrière une tapisserie. L'épanchement fini, on saisit l'homme. Et Pescaire, se levant, passa dans une salle pour interroger comme juge son complice, qu'il avait perdu.

Il avait reçu d'Espagne l'ordre de pousser Sforza, de le dépouiller peu à peu, de le désespérer afin qu'il éclatât, et donnât occasion à l'empereur de le déclarer déchu de son fief.

Pescaire, qui tenait déjà Lodi et Pavie, demanda à Sforza de lui ouvrir Crémone; il n'osa refuser. Alors il occupa Milan, tenant le duc dans le château, lui demandant seulement de se laisser entourer de tranchées. Il le priait aussi de lui livrer son secrétaire intime. Sforza résista alors, et, ne prenant conseil que de son désespoir, fit tirer sur les Espagnols.

Cette perfidie du fort contre le faible tourna mal au premier. Les Vénitiens, qui, dans leur peur, allaient se racheter avec une grosse somme, réfléchirent qu'après tout, puisque l'empereur prenait le Milanais, il en viendrait à eux, et que leur propre argent allait servir à payer l'invasion. Ils le remirent en poche. Au lieu d'argent, ils donnèrent un conseil à l'empereur, celui de ne pas prendre Milan, ce qui allait mettre le monde contre lui. L'empereur, sans argent, fut bien obligé de les croire.

Pescaire se mourait cependant (30 novembre). Né pour la gloire, pour l'immortalité, il avait su s'attacher au poteau de l'infamie éternelle.

Sa femme, à qui sans doute il avait caché l'extrémité où il était, fut avertie trop tard. Elle accourut du fond du royaume de Naples. A Viterbe, elle apprit sa mort. Elle resta inconsolable, et le pleura toute sa vie. Combien dut-elle aussi pleurer sur elle-même, si, par scrupule de religion et de chevalerie, elle lui donna le fatal conseil qui fit de lui un traître, et tua son âme et sa mémoire !

## CHAPITRE XIV

#### Le traité de Madrid et sa violation. (1525-1526.)

La profonde irritation de François I<sup>er</sup>, son aigreur et son amertume sont visibles dans les sèches réponses qu'il fit le 10 octobre aux dernières propositions de l'empereur. (*Granvelle*, I, 270; *Captivité*, 366.) Il dit même, sur un des articles, qu'*il aime autant un jamais.*

Il fit dire par son médecin que l'empereur ferait beaucoup mieux de prendre l'argent qu'on offrait, *avant que son prisonnier ne fût mort.*

Il lui fit savoir encore qu'il était déterminé à user ses jours en prison et à faire couronner le dauphin; qu'il le prierait seulement *de lui assigner un lieu où il restât jusqu'à sa mort.* (*Nég. Autrich.*, II, 630, 340.)

L'outrageuse ingratitude des impériaux, le mépris qu'ils semblaient faire du frère et de la sœur, les avaient tous deux relevés. Ils prenaient par irritation la mesure forte et décisive qu'il eût fallu prendre dès le premier jour.

Je ne doute pas que ce conseil vigoureux de l'abdication ne soit venu de Marguerite. Elle commença à voir clair, à sentir que cet ami, ce parent auquel tous deux s'étaient offerts et livrés, que l'empereur était l'ennemi, un corsaire et un marchand, que le roi ne pouvait l'amener à rien qu'en lui dépréciant son gage. Il croyait tenir un roi, et il ne tenait qu'un homme qui pouvait au premier moment lui échapper par la mort.

Le roi abdiqua (novembre); et sa sœur emporta l'abdication.

Cette vigueur qui étonne dans cet homme sensuel et mou, dans cette femme passionnée qui si énergiquement s'arrachait à son amour, qui délaissait en prison son malade à peine rétabli, tout cela s'explique en partie par les sentiments de mysticité exaltée qu'elle avait apportés en Espagne et qu'elle avait un moment fait partager à son frère. Dès le lendemain de Pavie, elle lui avait envoyé les *Épîtres* de saint Paul, lui disant, comme on a vu, que *saint Paul le délivrerait*. Une recluse l'avait assuré « à un saint homme », Briçonnet peut-être, ou plutôt Sigismond de Haute-Flamme (Hohenlohe), grand seigneur d'Alsace et chanoine de Strasbourg. C'était un ardent luthérien qui poussait à la conversion de François Ier, et qui en conserva l'espoir jusqu'en juillet 1526. Ce pieux personnage n'en resta pas moins dévoué au roi et à sa sœur, et nous le voyons peu après employé par François Ier à lever une armée de lansquenets.

Si l'on suit avec attention le fil des événements, on trouve qu'effectivement rien n'agit en faveur du roi plus que *saint Paul* et Luther. La fermentation protestante dont les Pays-Bas étaient travaillés avait frappé Marguerite d'Autriche d'une telle terreur, que, sans attendre ce qu'on ferait en Espagne, *elle signifia en juin aux Anglais qu'on ne pouvait rien* et ne ferait rien. Et elle le leur prouva en faisant trêve, dès juillet, pour les Pays-Bas. Les Anglais firent, le 30 août, leur traité avec la France. Charles-Quint au 18 octobre l'apprit, sans pouvoir le croire. Mais les Anglais l'avouèrent, lui disant que c'était sa tante qui leur avait avoué la définitive impuissance et l'épuisement des Pays-Bas, et les avait ainsi jetés dans l'alliance française.

Une chose y fut plus décisive encore, le mariage de Portugal et le peu de cas que Charles-Quint semblait faire de la fille d'Henri VIII. Celui-ci dut le rendre, en dégoût et mauvaise humeur, à sa femme, tante de Charles-Quint, dont il était fort las. Il regarda de plus en plus vers la France, d'où il avait peut-être emporté un regret. Il y parut bientôt, un an après, lorsque de France reparut ce jeune astre, qui éblouit le roi, le fit Français et protestant, et changea la foi de l'Angleterre.

A l'autre bout du monde, en Turquie, la France, secondée par Venise, n'agissait pas moins efficacement. Le vieux doge André Gritti, prudent et énergique, avait mis là son bâtard, Ludovico, homme d'audace et d'intrigue, lié avec le grand vizir, un

Grec, né sujet de Venise, qui gouvernait absolument Soliman et l'empire. Les premiers envoyés avaient été assassinés, sans doute par l'Autriche. Mais d'autres, plus heureux, arrivèrent, le Polonais Laski, puis le Hongrois Frangepani. Ils furent reçus comme ils l'auraient été à Paris ou à Venise. Un mouvement commença immense de l'empire turc; l'Allemagne, qui, à l'ouest, avait justement alors ses jacqueries, vit à l'est s'ébranler les Turcs, comme ennemis de Charles-Quint, et comprit l'extrême danger qu'un empereur autrichien attirait sur elle et sur la Hongrie.

Ainsi il semblait que toute la terre, de l'Irlande à l'Arabie, s'émût pour François I<sup>er</sup>. De l'Asie, de l'Arabie, de l'Égypte, cent tribus barbares venaient à l'appel du Sultan, qui, disait-il, allait marcher à la délivrance de *son frère, le roi des Francs.*

Mais nul pays ne se déclarait pour lui plus vivement que l'Espagne. Dès son arrivée, en juin, tout le pays de Valence s'était précipité pour le voir. Le peuple du Cid et d'Amadis courait avidement voir un héros vivant. Les femmes en raffolaient. Une fille du duc de l'Infantado, doña Ximena, déclara que, ne pouvant épouser le roi de France, elle n'aurait jamais d'autre époux, et se fit religieuse.

Le caractère espagnol, d'une ardente générosité, se révéla mieux encore quand la princesse suppliante fut si durement traitée. Ce fut comme si la France était venue en confiance s'asseoir au foyer de l'Espagne et qu'on l'en eût repoussée. Tout le monde s'efforça d'expier près de Marguerite la froide et brutale politique du gouvernement flamand. Elle fut tendrement reçue de la sœur de Charles-Quint, enveloppée, adoptée, honorée de toutes manières dans l'aimable et noble famille du vieux duc de l'Infantado. Qu'on eût pu pour un intérêt, je ne sais quelle pauvreté de province ou de royaume, refuser la main de ce roi, miroir de toute chevalerie, refuser l'adorable sœur dont un regard valait un monde, c'était pour ces vrais Espagnols un sujet d'étonnement. Un grand d'Espagne, le vieux duc peut-être, dans sa galanterie héroïque, alla jusqu'à dire à Marguerite que, si l'empereur partait pour l'Italie, il ne manquerait pas d'Espagnols pour ouvrir la porte à François I$^{er}$.

La perfidie de Bourbon, qui avait eu l'affreux succès de faire son maître prisonnier, les mettait hors de toute mesure. Quand il arriva en Espagne, il se fit autour de lui un désert. Pas un homme ne lui dit un mot. Et l'empereur ayant prié un des grands de l'héberger : « Je ne puis refuser, dit-il, ma maison à Votre Majesté. J'en serai quitte pour la brûler le lendemain. »

Ces dispositions admirables, si touchantes, du peuple espagnol, étaient bien propres à soutenir le courage du roi. Cependant, sa sœur partie, les jours traînant, la saison attristée ne montrant plus au prisonnier que la plaine grise de Madrid, il commença à se trouver moins bien et à retomber. Sa sœur essayait de le soutenir par ses lettres. Mais elle-même en s'éloignant de lui, elle s'attendrissait de plus en plus. Elle écrit à Montmorency : « Toute la nuit, j'ai cru tenir le roi par la main, et ne me voulois éveiller pour le tenir plus longuement. » Elle lui écrit à lui-même qu'il s'en faut peu qu'elle ne revienne, qu'elle voudrait lui ramener une litière qui le portât chez lui en songe, etc., etc. Enfin, après Saragosse, dans l'inquiétude où elle est qu'il ne soit malade, il semble qu'elle perde courage : une lettre de sa mère l'achève, elle succombe, écrit à son frère : « Si les honnêtes offres que vous avez faites ne les font parler autrement, je vous supplie qu'il vous plaise de *venir, comment que ce soit.* » (*Marg.*, II, 62, mi-décembre.)

Ce dernier mot veut-il dire en abandonnant la Bourgogne, ou en abandonnant l'honneur et trompant par un faux serment? Ce qui nous tenterait de pencher pour le premier sens, c'est que la mère de Marguerite, dans ses dernières instructions (fin novembre), dit qu'il faut examiner « si l'on doit s'arrêter à cette Bourgogne, qui a été jadis hors des mains du roi, et y est revenue, comme elle pourroit encore faire. »

Marguerite n'était pas loin de sortir d'Espagne quand elle reçut de son frère l'avis de faire diligence. Bourbon, arrivé le 15 novembre, insista très probablement avec l'ardent Gattinara pour qu'on ne laissât pas la princesse emporter l'abdication. On aurait pu la chicaner sur les termes de son sauf-conduit ou le prétendre expiré, l'arrêter et s'assurer un précieux otage de plus. Mais elle doubla le pas, et arriva heureusement.

Qu'avait à faire l'empereur? Toute l'Europe se le demandait. Machiavel ne peut croire qu'il relâche jamais le roi. Praët, l'ambassadeur de Charles-Quint en France, lui écrit sagement qu'il faut faire de deux choses l'une : ou *mettre lui et son royaume si bas* qu'il ne puisse nuire, ou le *traiter si bien et se l'attacher si étroitement, qu'il ne veuille jamais mal faire.* Si le premier parti est impossible, *il vaut mieux retenir le roi que de le laisser aller à demi content.* Peut-être, avec le temps, quelque dissension naîtra en France, qui profitera à l'empereur.

Ces dissensions étaient possibles. Le Parlement de Paris avait montré une extrême mauvaise humeur. Une grande partie de la noblesse tenait fortement pour Bourbon. Praët, très bon observateur, en fut frappé. A son arrivée sur le Rhône, plusieurs gentilshommes vinrent à lui, lui firent cortège, se montrèrent impudemment les courtisans de l'étranger.

Il est vrai que le peuple avait des sentiments contraires. La bravoure et le malheur de François Ier l'avaient ramené. Sauf Paris, fort hostile, la France fut émue. Elle se crut prisonnière en lui, et quand madame d'Alençon arriva en Languedoc, elle fut entourée, de ville en ville, par la foule des bonnes gens qui demandaient des nouvelles du roi et l'écoutaient en pleurant.

L'objet de ce culte pieux jouait alors un rôle étrange. Il avait pris son parti d'en sortir par un parjure. Il commençait à jouer la farce du traité de Madrid.

Voyons ce qu'était ce traité. Le roi renonçait à l'Italie, donnait la Bourgogne, épousait la sœur, rétablissait Bourbon, abandonnait ses alliés. Il livrait ses fils en otage, et, si le traité n'était exécuté, il rentrait en prison.

Le matin du 14 janvier, où il devait signer et jurer, il protesta secrètement par-devant notaire, établit par acte authentique qu'il allait faire un faux serment.

Le plus avilissant, c'est qu'il lui fallut soutenir la comédie pendant trois mois (du 15 décembre au 15 mars). L'empereur l'étudia, l'observa. Sans le lâcher, et le menant toujours entre des gens armés, il le mit en rapport avec ses dames et sa famille. Il lui fit voir la veuve de Portugal, sa future femme, fort brune, bonne personne, à grosses lippes autrichiennes; et, pour développer ses grâces, il lui fit danser devant le prisonnier une sarabande mauresque. Le roi riait de la sœur et du frère, faisait le galant, l'amoureux.

Machiavel ici décerne à Charles-Quint un brevet d'*imbécillité*. Et, en effet, que voulait-il? Pouvait-il croire que le mariage forcé d'un homme tenu sous l'escopette, d'un amoureux gardé à vue qui faisait ses déclarations entre des soldats, serait un lien sérieux? Ignorait-il son temps? Et ne savait-il pas que le pape était là pour délier le roi et le blanchir?

Il est croyable qu'il crut l'avoir brisé, que sa faiblesse et son désespoir en prison firent croire à Charles-Quint que l'homme était fini de cœur et de courage. Avec la furieuse jalousie qu'il avait (de naissance et d'éducation), il trouvait dans l'affaire bien autre chose que la Bourgogne et bien autrement importante, à savoir l'avilissement de ce fameux vainqueur de Marignan, le déshonneur du paladin. Aux Espagnols infatués du roi l'empereur allait le montrer, ou comme un idiot et un lâche s'il accomplissait le traité et trahissait ses alliés, ou comme un déloyal s'il refusait de l'accomplir, un parjure, un menteur, un misérable acteur qui avait pu, trois mois durant, jouer ce jeu. A cela il gagnait bien plus qu'une province. La France, avilie en son roi, allait devenir tôt ou tard le satellite de l'Espagne, tourner dans son orbite. Ce roi, s'il était brave encore, l'empereur se chargeait de l'employer comme soldat, de s'en servir (François l'avait offert lui-même) contre les alliés de la France. Par cette honte de Madrid, il devenait Samson l'aveugle, qui désormais travaille au profit de son maître, pousse la meule et tourne sous le fouet.

On assure que ni Marguerite d'Autriche ni le chancelier Gattinara n'approuvèrent le traité. Les garanties matérielles y manquaient certainement. Mais Charles-Quint, c'est la seule excuse politique qu'on puisse lui trouver, en attendait un résultat moral, très important, s'il eût été atteint : l'avilissement durable du roi et de la France, placés dans ce honteux dilemme de sottise ou de déshonneur.

Gattinara jura qu'il ne signerait pas. Charles-Quint prit la plume, signa lui-même.

L'échange eut lieu à La Bidassoa, dans une barque, au milieu de la rivière. Le roi y sauta, mit ses deux enfants à sa place, et, sur le bord français, monta un cheval turc, plein de feu, qui, d'un tourbillon, le porta à Bayonne.

L'Espagne, qu'il fuyait, l'attendait encore là. Les envoyés de l'empereur y étaient pour le prier de ratifier. Il les paya « en monnaie de singe », d'une farce, d'un sourire, disant en substance : Vous avez vos Cortès, moi mes États ; je dois les consulter.

Un homme de la fin du siècle, des temps sérieux et fanatiques, Tavannes, a supposé que lui-même jugea son acte infâme, se méprisa, se condamna, et passa outre. Il le qualifie *un désespéré*.

C'est lui attribuer plus qu'il n'eut, la conscience, le remords et l'obstination contre le remords.

Le Titien en sait davantage. Dans sa peinture profonde, puissamment lumineuse, et qui éclaire le fond du fond, la créature légère est si naturellement menteuse, qu'en elle le mensonge est moins un acte que l'efflorescence instinctive d'un caractère tout à fait faux. C'est la menterie vivante, comédie, farce, conte et fable. Le *hâbleur* espagnol ne dit pas encore bien cela. J'aime mieux le *vanus* des Latins. Il est *vanus* et *vanitas*.

Je suis même porté à croire que la chose la plus solide qu'il ait apportée en naissant, son vice, avait faibli après Madrid. Sa longue prison avait fait impression sur son tempérament. Il était revenu un peu lourd. Quand il voulut faire le jeune homme dans une chasse, il tomba de cheval et faillit se tuer. Nous le verrons errer de femme en femme et chercher sa jeunesse. En vain. Elle est partie ; et il devient de plus en plus homme de conversation.

Il rapportait d'Espagne une favorite qui chaque jour passait une heure ou deux dans son lit le matin. C'était une petite chienne noire que Brion lui avait achetée, et qui fut sa compagne de captivité. Marguerite en plaisante, s'en dit jalouse, et, dans une pièce de vers assez jolie, attaque *cette noire* qui a fait oublier *la blanche*.

Sa mère, à Mont-de-Marsan, lui amenait un monde de femmes, entre autres la triste Chateaubriant, à laquelle il tourna le dos. Disgrâce irrévocable. La mère, d'un tact parfait, avait deviné et trouvé la vraie maîtresse du moment : une blanche de blancheur éblouissante, en haine de l'Espagne et de la brune Léonore, une demoiselle savante et bien disante, une parleuse pour un roi parleur, très fatigué déjà, qu'il fallait amuser : Anne de Pisseleu, jeune Picarde, charmante et hardie.

Le moment était décisif pour Marguerite. Et ce qui lui fait honneur, c'est qu'elle ne sut en profiter. Son dévouement, sa passion contagieuse, qui, plus qu'aucune chose, avait tourné la tête aux Espagnols et préparé le traité, cet immense service, n'eût pas suffi pour lui faire exercer un ascendant durable. Il eût fallu le talent de sa mère, talent dont la maîtresse imita, suivit la leçon, et qui la maintint vingt années : *avoir une belle cour*, un cercle de femmes agréables et faciles, qui, sans aspirer au pouvoir, amusaient des goûts éphémères.

La maîtresse trôna, et la sœur fut destituée. Pour garder l'une, éloigner l'autre, on les maria toutes deux.

Pour marier, titrer la maîtresse, il y eut peu à chercher. Ce La Brosse ou Penthièvre, qui avait suivi Bourbon et rentrait gracié, fut trop heureux de cet excès d'honneur. Il épousa, partit, vécut seul en Bretagne, redevint un très grand seigneur.

Sa femme, devenue madame la duchesse d'Étampes et maîtresse du terrain, paraît avoir exigé qu'on mariât et éloignât Marguerite. Elle en pleura « à creuser le caillou », comme elle le dit. Elle épousait l'exil, la pauvreté et la ruine, Jean d'Albret, un roi sans royaume. Elle vécut à Pau, à Nérac, surtout d'une pension du roi. De vraie reine de France, elle fut pauvre sollicituse, courtisant de loin les ministres sur l'espoir que son frère la remettrait dans la Navarre. Si l'on songe que cette petite cour de Pau devint l'asile des grands esprits, des plus glorieux proscrits de la pensée, on regrettera d'autant plus l'exil de Marguerite, comme le plus fatal obstacle qu'ait rencontré la Renaissance.

Que le roi ait rapporté d'Espagne le *Saint Paul* de sa sœur, j'en doute. Ce qui est sûr, c'est qu'il rapporta *Amadis*. Il aimait la lecture des romans de chevalerie. Dans les longs jours, les lentes heures de sa reclusion, le prisonnier nonchalamment feuilleta l'ennuyeuse et mélancolique épopée. Cette poésie du vide lui allait à merveille; il ne tenait qu'à lui de se croire le *Beau Ténébreux*. Amadis est l'écho d'un écho, pâle et faible copie des vieux poèmes, plus propre à amuser l'inaction qu'à provoquer les actes héroïques. Du fier Roland au triste Lancelot, de celui-ci à Amadis, la sève va diminuant. Sous l'exagération des exploits improbables, on sent l'esprit de cour et le bavardage oisif, la vie paresseusement monacale que l'on menait dans les châteaux.

A la scolastique d'amour, perdue dans les brouillards, se mêlaient volontiers les contes, tout autrement positifs, de Boccace, les *Cent Nouvelles* de Louis XI, celles de Marguerite. Ces récits éternels de galantes aventures, au fond peu variés, s'accordaient à sa vie nouvelle d'inaction. Il avait été prisonnier. Tel il resta, je veux dire, sédentaire.

Son plus grand amusement, dès lors, fut de bâtir. Il se bâtit des demeures conformes à cet état d'esprit. Vers 1523, après son étrange aventure avec sa sœur, il était en galanterie avec deux dames mariées du voisinage de Blois. Les rendez-vous étaient dans les forêts d'en face, à un petit château des anciens comtes. Blois, devenu le centre financier de la France, était trop fréquenté. Au retour de Madrid, plus ami encore du repos, il s'y fit faire un parc, très grand, fermé de murs, qu'on put remplir de bêtes, s'épargnant ainsi les courses des longues chasses et des grandes forêts. La Bicoque ne suffisait plus. Il fallut un château; non un vieux château fort, serré et étranglé, comme un soldat dans sa cuirasse; non le donjon sauvage, inhospitalier, d'où la châtelaine, à son plaisir, chasse les dames, la société, le charme de la vie. Tout au contraire, moins un château qu'un grand couvent, qui, de ses tours, de son appareil féodal, couvrira, enveloppera de nombreuses chambres, de charmants cabinets, des cellules mystérieuses. C'est l'idée de Chambord.

Ce n'est ni le donjon gothique, ni la *villa*, le palais italien, qui a plus de salles que de chambres, beaucoup de place avec peu de logements. La société ici est l'essentiel, on le sent bien, une société intriguée et mobile. Beaucoup d'aise. Des appartements isolés comme un cloître, qui ne se commandent point, ne se lient point par enfilades. Même des escaliers à double vis, qui permettent de monter ou descendre de deux côtés sans se rencontrer ni se voir.

Au dehors, l'unité, l'harmonie solennelle des tours, avec leurs clochetons et cheminées en minarets orientaux, sous un majestueux donjon central. Au dedans, la diversité, toutes les circulations faciles, et les réunions, et les apartés, toutes les libertés du plaisir.

Un spirituel architecte de Blois, inspiré du génie des cours, et peut-être guidé par le maître, par le royal abbé du couvent futur, fit le plan de cette construction originale. Rien ne coûta pour une œuvre si utile et si nécessaire. A travers les malheurs publics et dans les plus excessives détresses financières, dix-huit cents ouvriers y travaillèrent pendant douze ans. Les saintes de l'endroit, les maîtresses du règne, la brune du Midi et la blanche du Nord, mesdames de

Chateaubriant et d'Étampes, y figurent solennellement en cariatides. Le chiffre de François I$^{er}$ y est partout, avec le D de Diane, mis par le père? ou par le fils?

Cette édifiante retraite était toute la pensée du roi. De Tours, de Blois, sans cesse il y venait et la regardait s'élever. Les affaires de l'Europe venaient bien loin après. De Blois, où était le trésor, l'argent, de sa pente naturelle, allait droit à Chambord, aux constructions, aux dépenses de la cour. Parfois il s'en échappait quelque peu du côté des affaires pour la guerre d'Italie, peu, à regret, toujours trop tard.

# CHAPITRE XV

Le sac de Rome. (1526.)

Machiavel, en disant que l'empereur était un imbécile, ajoutait que le roi *serait un sot* et tiendrait sa parole. Les Italiens en avaient peur et venaient l'observer. C'était lui faire bien tort. Il mit tout son talent à les rassurer sur ce point, jura qu'il s'était parjuré, que, du reste, il ne se souciait plus de Milan, qu'il n'inquiéterait point Francesco Sforza. Les envoyés du pape disent dans leurs dépêches que, quand même il songerait encore aux conquêtes, sa mère ne le permettrait pas.

On a supposé que, par un machiavélisme horrible, il ne songea qu'à compromettre les Italiens, qu'à les mettre en avant, pour améliorer son traité et obtenir de moins dures conditions. Cette profondeur de perfidie n'était pas dans son caractère. L'insuffisance des secours en 1526 fut le résultat naturel du chaos, du désordre, de l'épuisement des finances, du gaspillage des maîtresses, du luxe et des constructions. Il agit peu, parce qu'il n'agissait guère que sous l'impression d'une nécessité, d'un danger immédiat. La distraction et la paresse étaient tout en lui désormais, dominaient tout, entravaient tout.

Les suites en furent épouvantables pour l'Italie. Bourbon, envoyé par l'empereur pour remplacer Pescaire, y trouva une armée étrange, nullement impériale ; c'était plutôt une démagogie militaire, analogue aux horribles bandes des *mercenaires* antiques sous les successeurs d'Alexandre et sous Carthage. Cette république armée délibérait, jugeait ; elle mit un de ses généraux au ban et le condamna à mort par coutumace.

Sous Moncade et Du Guast, deux Borgia, sous l'Espagnol féroce Antonio de Leyve, ce vampire militaire mangeait, suçait Milan. L'Italie, éperdue, s'agitait et armait, ne faisait rien. Elle ne pouvait les tirer de là. Tout le monde avait perdu la tête, même Venise, qui croyait recruter en Suisse, y perdait son argent. Le général de la ligue italienne, le duc d'Urbin, avait pour tactique invariable de ne voir jamais l'ennemi.

Et cependant le vampire suçait toujours. Chaque soldat était logé à discrétion, prenait tout, demandait encore, battait son hôte, se faisait nourrir délicatement et traitait ses amis. Chacun avait deux hôtes au moins, l'un pour nourrir, l'autre pour payer. Nul moyen de s'enfuir. Plusieurs tenaient leur hôte garrotté. On n'entendait que cris de femmes et d'enfants, torturés par ces noirs démons. On ne voyait que gens s'étrangler ou se jeter par la fenêtre ou dans les puits.

Quand Bourbon arriva, il y eut une lueur d'espérance. Ce qui restait de notables vint embrasser ses genoux et demander grâce pour la ville. Il répondit avec douceur que tout cela n'arrivait que par défaut de solde; que, s'ils pouvaient seulement payer un mois, trente mille ducats, il emmènerait l'armée; il leur en donna sa parole. Trente mille ducats à trouver dans cette ville ruinée! On y parvint pourtant. Et les soldats restèrent!...

Bourbon avait sauvé et rançonné ce Morone, confident de Pescaire, le premier intrigant de l'Italie. Morone lui parut si rusé, si pervers, qu'il le prit avec lui, en fit son homme, son conseil. Il ne voyait plus clair dans la situation; il demanda à Morone où il fallait aller. Il répondit : « A Rome! »

Rome venait d'être déjà violée. Pompeio Colonna, un de ces Gibelins sauvages de la campagne romaine, bandit, prêtre, soldat, cardinal, s'était jeté un matin sur la ville et avait failli tuer le pape. Cela montra combien il était facile de prendre Rome. Tout ce qu'il y avait de brigands en Italie y songea et joignit Bourbon.

Mais il fallait y arriver. Et ce n'était pas chose simple à travers tant de villes fortes, sans cavalerie et sans canons, ayant en queue une armée italienne appuyée de quelques Français, plus tard de Suisses. Il eût suffi d'une cavalerie nombreuse et bien conduite pour suivre, entourer, affamer cette pesante armée d'infanterie, qui, comme un corps sans bras ni jambes, se traînait, n'ayant jamais que le lieu de son campement, sans pouvoir agir à deux pas.

Aussi Bourbon, entre Ferrare et Plaisance, eût voulu rester là. Et plus tard, en Toscane, il eût voulu rester encore. Mais le duc de Ferrare, très impatient de l'éloigner, l'aidait et le payait pour aller en avant, le poussant au Midi, et lui disant : « A Rome ! »

L'Italie se livrait. C'est là le malheur des malheurs, dans ces moments extrêmes. La lumière s'éteint, le cœur baisse. Les plus fiers, les plus grands succombent. Machiavel et Michel-Ange remettent aux Médicis l'espoir de la patrie. Machiavel veut qu'on improvise des légions ; il veut un grand chef militaire, et il croit le voir dans un hardi bâtard, le jeune capitaine des *Bandes noires*, Jean de Médicis.

Pendant que l'on raisonne, les événements courent, se précipitent. Et déjà il n'est plus besoin que, de Milan ou de Ferrare, un doigt italien montre Rome. Bourbon y va fatalement ; il ne peut plus ne pas y aller. Cette armée décrépite des bourreaux de Milan n'est plus que l'accessoire d'une grande force vive, furieuse avalanche humaine, qui vient de rouler des Alpes, poussée du vent du Nord, et qui, sous forme d'armée, n'est pas moins que la Révolution allemande.

Nous ne pouvons conter la guerre des paysans, le dur et sombre événement qui fut comme un avortement de Luther, le protestantisme princier, aristocratique, officiel, s'enveloppant et repoussant le peuple ; au peuple qui montrait ses plaies, la réponse des théologiens : « C'est l'affaire des juristes. » D'où l'alliance des politiques, sans acception de croyance, et l'essai du tolérantisme à la diète de Spire, la liberté des uns pour la servitude des autres.

De cette grande révolution, mille éléments restaient d'une fermentation indomptable, une flamme qui devait brûler ou se brûler. Le furieux chaos de misères et de haines, d'implacables douleurs, se rallia autour d'un vieux soldat, Georges Frondsberg, figure sanguine, apoplectique, populaire par l'emportement, en qui grondait la colère des foules. Il avait apparu à Worms à côté de Luther, à Pavie pour prendre le roi, ami du pape. Il voulait cette fois faire une bonne fin et aller droit en paradis en étranglant le pape. A cet effet, il portait et montrait une grosse chaîne d'or.

Ce que ne pouvaient ni l'empereur ni son frère, lui, il le fit sans peine. Les Allemands tenaient tant à le suivre, que, pour engagement par homme, il suffit d'un écu. On savait bien d'ailleurs qu'il y aurait de grands coups à faire, beaucoup à prendre et beaucoup à détruire. Le souffle d'Alaric semblait être rentré dans ses fils, et le démon qui lui fit dire : « Je ne sais quoi me mène à Rome. » Les Vandales et les Goths revivaient, mais plus âpres, avec un amour consciencieux de gâter, brûler, ruiner. Les Espagnols étaient trop paresseux, les Allemands ne l'étaient pas. Il ne quittaient pas un gîte sans l'incendier.

Singulière alliance ! Les dévots Espagnols qui, cette année, exécutaient en Espagne l'atroce persécution des Maures, en Italie marchaient du même pas que les brûleurs d'églises. Combien moins de scrupule encore avait la foule des voleurs italiens qui venaient par derrière !

Les Allemands allaient à Rome, non ailleurs. C'est ce qu'on ne comprit pas.

Le pape, qui avait de bonnes et amicales lettres de l'empereur, qui avait une trêve avec le vice-roi de Naples, ne craignit que pour la Toscane, pour le patrimoine des Médicis. Sa grande peur était un petit mouvement républicain qui se fit à Florence. Son homme, Guichardin, froid et avisé politique qui suivait l'armée alliée derrière celle de Bourbon, ne comprenait pas plus. Il croyait que c'était uniquement affaire d'argent et de pillage ; il ne voyait pas la grandeur, la fureur et l'emportement du mouvement fanatique qui emportait le reste.

C'est au milieu de ce malentendu, de ce vertige, que la Nécessité, de sa chaîne d'airain et de sa main de fer, les étrangla. Leur Jean de Médicis, à sa première rencontre avec les Allemands, alla de sa personne bravement les regarder de près ; il les croyait sans artillerie, ne sachant pas que le duc de Ferrare leur avait donné quatre fauconneaux. Le premier coup fut pour lui et lui cassa la cuisse ; on le rapporte, il meurt à Mantoue dans les bras de l'Arétin, son commensal, son compagnon de lit.

Un boulet italien avait tué l'espoir de l'Italie. Le jeune ami de l'Arétin, que Machiavel eût pris pour Messie, le voilà mort. On regarde de tous côtés, on cherche, et l'on ne voit personne.

Il avance cependant, ce Bourbon, volontairement

ou non, on ne sait, mais il avance avec son immense cohue, dispersée pour les vivres sur un vaste pays. Nul n'ose en profiter. Le duc d'Urbin, qui le suit avec des Italiens, attend les Suisses pour combattre; puis, quand il a les Suisses, il attend autre chose.

Henri VIII fait aumône au pape. La France donne à peine le quart de l'argent promis, quelque cent lances, des galères percées qui ne naviguent pas. Le pape se rassure par la trêve, par la présence du vice-roi Lannoy qu'il fait venir, par les lettres respectueuses qu'il reçoit de Bourbon lui-même.

Bourbon trompe le pape, et le vice-roi, et tout le monde. Il assigne rendez-vous au vice-roi, qui va l'attendre. Il donne ainsi le change, franchit brusquement l'Apennin. Le voici en Toscane. Les pluies, les neiges de printemps, ne l'ont pas arrêté. Les révoltes même ne l'arrêtent pas. Sa vie est en péril; mort ou vif, il ira : il est comme une pierre lancée par la fatalité. Il voit les Espagnols tuer un de ses lieutenants. Une autre fois, ce sont les Allemands; il est réduit à se cacher. Frondsberg leur parle et les gourmande; en vain : sa face, respectée jusque-là, n'impose plus; le vieillard colérique, indigné, s'emporte, rougit; son front s'empourpre, il tombe à la renverse; on le relève; il était mort.

Le prudent vice-roi se garde bien d'aller en lieu si dangereux. Il se tient à Florence, ménage un traité pour la ville. Mais ces barbares étaient si furieux, qu'ils furent tout près de tuer l'entremetteur de ce traité d'argent.

Jamais la dualité du caractère de pape, la discordance du prêtre-roi et du pontife armé, ne ressortit plus forte, par une hésitation plus folle. Tout à l'heure, Clément VII était un conquérant, il voulait prendre à Charles-Quint le royaume de Naples. Maintenant que le danger approche vraiment grand et terrible, il se ressouvient qu'il est pape, inviolable; il se rassure et licencie ses troupes.

Ce grand tableau du vertige du pape et de l'approche des Barbares a été fait par une main non récusable, par la plume solennelle du Florentin Guichardin, l'homme de Clément VII, écrit d'une encre froide à geler le mercure. Et il n'en fait que plus d'impression. Si le *fatum*, le sort aveugle et sourd, se mêlait de conter, il ne le ferait pas d'une manière plus froide, plus grande et plus terrible.

Tout à coup, Bourbon, jusque-là assez lent, prend sa course, laisse tout, bagages, artillerie. Son infanterie marche sur Rome plus vite que la cavalerie alliée qui veut le suivre. Rome est le prix de la course. Mais la fureur, la haine, l'attente du pillage donnent des ailes aux gens de Bourbon. Les Allemands vont donc entrer dans Babylone, mettre la main sur l'Anti-Christ! les Espagnols ravir un trésor de mille ans, saisir la dépouille du monde!

Le pape quelque peu effrayé, essaye de réarmer. La jeunesse romaine, les domestiques des prélats, les palefreniers des cardinaux, les peintres et artistes, reçoivent des armes. Cellini, le bravache, prépare son arquebuse. Mais de l'argent, où en trouver? Les riches cachent le leur, au moment de tout perdre. L'un d'eux ne rougit pas d'offrir quelques ducats. Il en pleura bientôt; s'il ne paya, ses filles payèrent, de leur corps, de leur honte et du plus indigne supplice.

Le 5 mai, Bourbon, campé dans les prés de Rome, envoyait un message dérisoire pour demander à traverser la ville; il allait, disait-il, à Naples. Le 6, un brouillard favorise l'approche; il donne l'assaut. Les Allemands y allaient mollement. Lui, qui dans un tel crime doit réussir au moins, il saisit une échelle et monte. Une balle l'atteint, il se sent mort : « Couvre-moi », dit-il à Jonas, un Auvergnat qui ne l'a pas quitté. L'homme lui jette son manteau.

La ville n'en fut pas moins emportée, et avec un grand massacre de la jeunesse romaine. Guillaume Du Bellay, notre envoyé à Florence, qui était venu en poste pour avertir le pape, se mit l'épée à la main au pont Saint-Ange avec Renzo de Cere, arrêta les brigands, et donna à Clément VII le temps de s'enfuir du Vatican dans le château. Du long corridor suspendu qui faisait la communication, il vit l'affreuse exécution, sept ou huit mille Romains tués à coups de pique et de hallebarde.

Il n'y eut jamais une scène plus atroce, un plus épouvantable carnaval de la mort. Les femmes, les tableaux, les étoles, traînés, tirés pêle-mêle, déchirés, souillés, violés. Des cardinaux à l'estrapade, des princesses aux bras des soldats; un chaos, un bizarre mélange d'obscénités sanglantes, d'horribles comédies.

Les Allemands, qui tuèrent beaucoup d'abord, et firent des Saint-Barthélemi d'images de saints, de Vierges, furent peu à peu engloutis dans les caves, pacifiés. Les Espagnols, réfléchis, sobres, d'horrible expérience après Milan, savourèrent Rome, comme torture et supplice. Les montagnards d'Abruzze furent de même exécrables. Le pis était que les trois nations ne communiquaient pas. Ruiné et rançonné par l'une, on tombait dans les mains de l'autre.

Ce fut une tragédie, comme l'incendie de Moscou ou le renversement de Lisbonne. Chaque fois qu'une de ces grandes capitales, qui concentrent un monde de civilisation, est ainsi frappée de ruine, on rêve la mort universelle qui attend les empires, les futurs cataclysmes par lesquels disparaîtra la terre elle-même vieillie.

Mais, chose étrange, inattendue! L'Europe est médiocrement émue du sac de Rome. Loin de là, de plusieurs côtés s'élève un rire sauvage.

L'Allemagne rit. C'est fait du pouvoir spirituel, du mystère de terreur. Le Christ est délivré par la captivité de l'Anti-Christ.

L'empereur même, le roi catholique, en rit sous cape. Il désavoue le fait, mais sa joie perce; il continue les fêtes pour la naissance de son fils. Le pape, brisé comme prince, abaissé et maté, n'en reviendra jamais; c'est maintenant le jouet des rois.

Ceux de France et d'Angleterre sont charmés de la chose. Superbe occasion de faire contribuer le clergé, de sanctifier la guerre, d'accuser Charles-Quint.

Ainsi cette chose inouïe et terrible, qui devait effrayer la terre et faire crouler le ciel, elle fait à peine sensation. Qu'est-ce donc ? Ce sanctuaire est-il comme les redoutés vases d'Éleusis qu'on n'osait regarder, mais, si l'on regardait, on ne découvrait que le vide ?

Le vieil oracle virgilien : « A Rome, un Dieu réside », s'est trouvé démenti. Le monde a eu la curiosité d'y aller voir; il demande : Où donc est ce Dieu ?

Et la peinture récente de Raphaël, la flamboyante épée de saint Pierre et saint Paul, qui fait reculer Attila, elle n'a pas fait peur aux soldats de Frondsberg. Des salles de conclave, de concile, ils font écurie. S'ils ont peur, c'est tout au contraire d'habiter ces voûtes païennes, de loger, eux chrétiens, pêle-mêle avec des idoles, dangereuse œuvre du Démon.

N'est-ce pas ce que tant de martyrs du Libre Esprit avaient dit au bûcher contre la Babel du pape ?

N'est-ce pas ce que les vrais patriotes italiens (d'Arnoldo de Brescia jusqu'à Machiavel) ont annoncé à l'Italie : qu'elle mettait sa vie dans la mort et que la mort l'entraînerait ?

« Rome a mangé le monde », disait le vieil adage. Cette fois, le monde a mangé Rome.

Le génie italien, si longtemps captif et malade dans cette fatale fiction d'un faux empire du monde qui annula sa vitalité propre et fit avorter la patrie, le génie italien pourrait remercier cette grande calamité qui le délivre, repousser et nier cette communauté de la mort. Rome est morte; vive l'Italie!

Il n'en est pas ainsi. Ce n'est pas impunément que, toute une longue vie, l'esprit a endossé le corps, traîné cette chair de tentations, de péchés, de souillures. Quand il faut la jeter, et, libre, déployer ses ailes, nous hésitons toujours. Telle l'Italie, qui si longtemps vivait dans cette forme, dans cette condition d'existence, fut accablée du coup, et il lui fallut des siècles pour s'en relever.

Voyons comment les deux grands Italiens ont pris la chose. Regardons un moment Michel-Ange et Machiavel.

Tous deux avaient erré. Tous deux, dans les illusions qui entourent des moments si sombres, avaient cherché l'espérance dans le désespoir, cru que l'on pourrait sauver le pays par les Médicis, faire la force avec la bassesse; mais non, il n'en est pas ainsi. Et Dieu punit de telles pensées.

D'abord le pape, qui était Médicis, accepta sa sentence, se mit plus bas encore que ne l'avait mis son malheur, montra que, pour être sorti de captivité, il n'était pas plus libre. Traité outrageusement comme un petit prince italien, il prouva qu'il n'était rien autre chose. Florence lui tenait au cœur bien plus que Rome. Et, pour ravoir Florence, il s'humilia devant l'empereur. Il y fut ramené par le prince d'Orange, le chef des brigands italiens qui, derrière les Barbares, traîtreusement, avaient pillé Rome.

Dans le moment si court de la lutte suprême de

Florence, d'une ville contre le monde, ni Machiavel ni Michel-Ange ne manquèrent à la patrie.

Machiavel y trouva appliqué son *Arte di guerra*, toute la jeunesse levée en légions, dans la forme qu'il avait tracée. On prenait le système, mais on repoussait l'homme. Négligé, oublié, pas même persécuté.

L'indomptable vigueur de son esprit paraît encore dans l'étrange description qu'il a faite de la peste de Florence un mois avant sa mort, un mois après le sac de Rome.

Cet homme, d'un malheur accompli, seul, vieux, pauvre, haï, méprisé, savez-vous ce qu'il fait? Parmi les litanies funèbres, sur le bord de sa fosse, il écrit une espèce de *Pervigilium Veneris* du mois de mai. C'est l'idylle de la peste.

Dans la ville, il est fort à l'aise : il va en long, en large, au milieu des fossoyeurs qui crient : « Vive la mort! » comme c'était l'usage de chanter Mai et le printemps. A travers les ténèbres, il croit voir passer la peste dans une litière. C'était une jeune morte, traînée par des chevaux blancs.

Il s'en va sur la place où l'on élit les magistrats. Il n'y a plus de peuple. Des citoyens encore, mais allongés sur des civières qu'on porte. Au défaut de vivants, au vote on appelle les morts.

Étonnant aspect des églises! Le clergé est mort, les moines sont morts. Tel reste pour confesser les femmes malades qui se traînent et viennent mourir là. Il est assis au milieu de la nef, les fers aux pieds, aux mains, pour empêcher qu'il ne les touche. Songez-y, dans ce temps de mort, c'est tout d'être vivant. Trois dévots en béquilles, qui circulent dans l'église, lancent un regard d'amour à trois vieilles édentées. Machiavel, avec ses soixante ans, est sûr de plaire et de trouver fortune.

Sur les tombes qui entourent l'église, il trouve une jeune femme échevelée qui se frappe le sein. Il avance, non sans quelque crainte; il console, interroge. Elle répond, s'épanche, elle conte en paroles hardies (les morts n'ont peur de rien), en lamentations effrénées, les joies conjugales qu'elle n'aura plus. Ce disant, elle pâme. Est-elle morte? Pestiférée ou non, Machiavel la délace et desserre, « quoiqu'elle ne fût pas très serrée ». Elle revient alors, et jure qu'elle n'a plus souci d'elle, de mœurs ni de pudeur. Là-dessus, un sermon équivoque du bon apôtre, qui prêche la décence des plaisirs secrets.

C'est l'horreur sur l'horreur! la mort entremetteuse!... Ailleurs, à Santa-Maria-Novella, sur les degrés de marbre de la grande chapelle, il trouve, sous de longs vêtements, une admirable veuve. Suit la description, laborieuse, mythologique, de cette divinité. Morceau sensuel, triste, qui sent le vieillard et l'effort. Cupidon, Vénus, les Hespérides, ne réchauffent pas tout cela. Moins froid le marbre funéraire où siège cette idole de mort.

Machiavel près d'elle essaye son éloquence. Il n'en faut pas beaucoup. Elle est tout d'abord consolée. La différence d'âge qu'il avoue ne l'arrête guère. La fortune qu'il prétend avoir, les soins et l'amitié, c'est tout ce qu'il faut à la belle. Elle se laisse tout doucement ramener. Un moine accourt. Mais le traité est fait : « Mon cœur, dit Machiavel, est maintenant chez elle, et mon âme est restée dans ses noirs vêtements. »

Sa vie y reste aussi, un mois ou deux après il meurt.

Le plus dur, c'est de vivre et de rester dans la contradiction. Michel-Ange avait commencé le tombeau de Laurent et de Julien de Médicis. Il l'achevait pendant qu'il défendait la ville contre les Médicis.

Tout le monde a pu voir à Florence (où à Paris, École des Beaux-Arts) les sublimes figures du *Jour* et de la *Nuit*, du *Crépuscule* et de l'*Aurore*, ce monument qui devint, sous la main du grand citoyen, le tombeau de la Patrie même. La *Nuit* roule en son rêve une mer de honte et de misère. Mais l'*Aurore!* c'est bien pis ; on sent qu'elle maudit son réveil et qu'elle a à la bouche un dégoût si amer, un fiel si déplaisant, qu'elle voudrait n'être jamais née.

Ce qui fut plus tragique que le tragique monument, c'est que, quand il fut découvert, il n'eut personne pour le comprendre. Plus de Florence, plus de peuple, plus d'Italie. L'Académie est née. Un poète académique (nouveau fléau de ce pays) lance un madrigal à la *Nuit* :

« Dans sa *douce* attitude, elle dort ; ne la réveillez pas. »

Cette insigne sottise, qui semblait démontrer qu'en effet l'Italie était chose inhumée, à ne ressusciter jamais, fit bondir Michel-Ange. Il se retrouva l'homme de la chapelle Sixtine, il eut un réveil de fureur. Ne songeant plus aux Médicis, ne ménageant plus rien, comme en pleine liberté, il fit la sanglante épigramme.

« Il m'est doux de dormir, et doux d'être de marbre, tant que durent l'opprobre et la calamité. Ne voir, ne sentir rien, c'est un bonheur pour moi... Ne me réveille pas, de grâce, parle bas. »

Le *Jour* n'est pas fini. Ce rude forgeron, de force colossale, couché sur son marteau, tournant le dos au monde indigne de le voir, devait jeter par-dessus l'épaule un superbe regard. Il était, dans ce deuil, le côté de l'espoir, de l'art, de l'action, de la rénovation future. Mais l'homme était brisé. Michel-Ange laissa ce travail. Et il reste inachevé.

Il avait perdu terre, et, depuis, il erra comme une ombre. Il était condamné à vivre encore trente ans, travaillant et ramant péniblement, soit dans l'œuvre imposée du *Jugement dernier*, soit dans Saint-Pierre, où il chercha en vain son idéal, soit dans ses laborieux sonnets à Vittoria Colonna. Il y professe cet espoir que la nature, ce grand artiste, ayant fait en Vittoria l'œuvre achevée où elle tendait depuis la création, est maintenant libre de mourir, et il salue la fin du monde.

Lui-même, il finissait. Parmi de sublimes éclairs, il reste un ouvrier terrible, d'un magnanime effort. On admire en souffrant; on partage sa fatigue; on loue, la sueur au front.

L'effort est-il heureux? Dans les voûtes écrasées, dans l'architecture sénile et froide du Capitole et de la chapelle où il emprisonna ses sublimes colosses du

*Jour* et de la *Nuit*, on trouve déjà, s'il faut le dire, le triste dix-septième siècle.

De quoi vivra encore l'Italie dans ce temps? De la grâce et de la lumière, du coloris de Titien, du ciel et de Corrège. Que dis-je? Corrège est déjà mort.

# CHAPITRE XVI

### Soliman sauve l'Europe. (1526-1529-1532.)

Guerre *chrétienne*, droit des gens *chrétien*, modération *chrétienne*, etc., toutes ces locutions doucereuses ont été biffées de nos langues par le sac de Rome, de Tunis et d'Anvers, par Pizarre et Cortez, par la traite des noirs, l'extermination des Indiens.

Qu'ont fait de plus les Turcs, sous Sélim même? Sous les autres sultans, spécialement sous Soliman, ils ont enseigné aux chrétiens la modération dans la guerre et la douceur dans la victoire. Soliman fit de grands efforts pour sauver Rhodes du pillage. Il consola le Grand-Maître de sa défaite, lui disant : « C'est chose commune aux princes de perdre des villes et des royaumes. »

Et, se tournant vers Ibrahim, l'intime confident de ses pensées : « Ce n'est pas sans tristesse que je renvoie ce vieux chrétien de sa maison. »

A François I$^{er}$ prisonnier, il rappelle, par une allusion noble et délicate, son grand-père Bajazet, prisonnier de Timour : « Prends courage. Il n'est pas nouveau que des princes tombent en captivité. Nos glorieux ancêtres n'en ont pas moins été vainqueurs et conquérants. »

L'horreur qu'ont inspirée les Turcs tint surtout à ces nuées immenses de troupes irrégulières, de sauvages tribus, qui voltigeaient autour de leurs armées. Quant aux armées des Turcs proprement dites, leur ordre merveilleux, leur discipline, fit l'étonnement du seizième siècle. En 1526, deux cent mille hommes traversèrent tout l'Empire, par les routes, évitant tous les champs labourés, et sans prendre un brin d'herbe. Tout pillard pendu à l'instant, même des chefs et des juges d'armées.

En 1532, l'envoyé de François I$^{er}$ parcourt avec étonnement la prodigieuse armée de Soliman, dont le camp couvrait trente milles. « Ordre étonnant, nulle violence. Les marchands en pleine sûreté, des femmes même allant et venant, comme dans une ville d'Europe. La vie aussi sûre, aussi large et facile que dans Venise. La justice y est telle, qu'on est tenté de croire que ce sont les chrétiens maintenant qui sont Turcs, et les Turcs devenus chrétiens. » (*Négoc. du Levant*, 1,211.)

Sauf Venise et quelques Français, personne en Europe ne comprit rien à la question d'Orient.

Luther, sur ce terrain comme sur celui des paysans allemands, ne voit rien, n'entend rien; son génie l'abandonne. S'il a une lueur, s'il entrevoit d'abord que le vrai Turc est Charles-Quint, il se dédit bien vite, et prêche la soumission à l'empereur, avec ce *distinguo :* indépendance spirituelle, soumission temporelle. Comme si l'on séparait ces choses! comme si dans tous les actes humains, l'âme et le corps ne marchaient pas d'ensemble! Pourquoi ne laisse-t-il pas cette sottise à nos gallicans?

Aux paysans il dit : « Soyez chrétiens, et restez serfs des princes. » Aux princes, il dit : « Soyez chrétiens, et servez l'empereur contre les infidèles. » Voilà tout le remède que nous offre le christianisme.

Des deux questions brouillées dans ce vertige, l'une, celle du peuple, restera incomprise, enfouie et scellée sous la terre.

L'autre, celle du Turc, n'est entrevue qu'en Italie.

Venise, dès l'autre siècle, trahie du pape, des rois, de tous ses alliés chrétiens, va voir le monstre, et voit que c'est un homme. Les relations s'établissent. Ce que Gênes fut sous les Grecs, Venise l'est sous les sultans. Elle commerce partout chez eux en payant de très légers droits. Elle a ses consuls, sa justice. Mahomet II lui demande son peintre Bellini. Quand Michel-Ange dessine pour Venise le pont du Rialto, Soliman veut en faire un semblable à Péra. Il offre un libre asile au fier génie qui fuyait Rome et la tyrannie de Jules II.

Venise et son illustre doge, André Gritti, voient seuls, après Pavie, la vraie question.

L'ennemi de la chrétienté, c'est l'empereur, le chef nominal de la République chrétienne.

Sans ces embarras pécuniaires, son monstrueux

Empire engloutirait l'Europe. Mais voici que Cortez revient précisément en 1525 mettre à ses pieds l'or du Mexique. Chaque année désormais, le revenu des mines, sans contrôle ni discussion d'états ni de cortès, l'aidera de plus en plus.

Il est l'autorité comme empereur. Bien plus, il a en main un instrument de force incalculable, la révolution espagnole, cette compression terrible d'inquisition monacale et royale, contre laquelle l'Espagne n'a d'autre échappatoire que la conquête universelle.

L'Espagne, entrée dans la torture, à chaque tour de vis, s'échappe plus furieusement au dehors.

La France, si peu vivante moralement et qui n'a pas les Indes, ne pourrait tenir contre.

L'Angleterre, lointaine, insulaire, agira peu et par accès. Si Henri VIII divorce avec une Espagnole, Londres n'en reste pas moins mariée avec Anvers.

Luther et l'Allemagne feront-ils mieux? L'Empire sera-t-il la barrière contre l'empereur? Les princes catholiques, par cent liens, sont unis à l'Autriche. Les princes protestants, sous la terreur du peuple et des jacqueries de paysans, sont secondairement protestants, mais premièrement princes. Ils n'ont garde d'appeler à leur défense la masse récemment écrasée.

Le sauveur est le Turc.

Venise, à petit bruit, mais énergiquement, efficacement, travailla sur cette idée. C'est elle qui, dix ans durant, et les dix années dangereuses, gouverna l'empire turc. Un examen sérieux, attentif, met la chose en pleine lumière.

Le doge avait quatre-vingts ans; Venise était caduque. Ni lui ni elle n'y profitèrent. Mais le monde y gagna. En trois coups solennels fut rembarré l'ennemi. Les libertés religieuses de l'Allemagne, jeunes encore et flottantes, furent sauvées par les Turcs, Luther par Mahomet. Et une solide barrière fut élevée, la Hongrie ottomane, à la porte de Vienne. Enfin, Venise défaillant, elle légua à la France son rôle de médiateur entre les deux religions, d'initiateur des deux mondes, disons le mot, de sauveur de l'Europe.

Acceptons hautement, au nom de la Renaissance, le nom injurieux que Charles-Quint et Philippe II nous lancèrent tant de fois.

La France, après Venise, fut le grand renégat, qui, le Turc aidant, défendit la chrétienté contre elle-même, la garda de l'Espagne et du roi de l'Inquisition.

Saluons les hommes hardis, les esprits courageux et libres qui, d'une part, de Paris, de Venise, d'autre part, de Constantinople, se tendirent la main par dessus l'Europe, et, maudits d'elle, la sauvèrent.

*La terre eut beau frémir, le ciel eut beau tonner...*

Ils n'en firent pas moins, d'une audace impie, l'œuvre sainte qui, par la réconciliation de l'Europe et de l'Asie, créa le nouvel équilibre, l'ordre agrandi des temps modernes, à l'harmonie *chrétienne* substituant l'harmonie *humaine*.

Nommons ces sauveurs, ces grands hommes. Les premiers sont deux Grecs, le vizir de Mahomet II et celui de Soliman.

Les Turcs, qui d'abord furent moins un peuple qu'une machine de guerre, démocratie sauvage, étrangère au génie des musulmans civilisés, n'apparaissaient à l'Europe que comme une épée montrée par la pointe. Ce fut Mahmoud, un Grec illyrien devenu vizir de Mahomet II, qui byzantinisa les Turcs, leur créa des écoles, une hiérarchie d'études et d'enseignement, changea les prêtres fanatiques en professeurs et en juristes, formant ainsi les hommes avec qui allait traiter l'Europe. Mahmoud périt pour son humanité, puni de sa clémence.

Ce fut un autre Grec, Ibrahim de Parga, vizir de Soliman, né sujet de Venise et gouvernant sous l'influence vénitienne, qui créa l'intime alliance des Turcs et de la France, conquit presque toute la Hongrie, lui fit changer de front et regarder contre l'Autriche. Même fin que l'autre, et même crime : sa douceur, sa clémence, sa libéralité d'esprit, l'amour des arts et le mépris de tout préjugé fanatique.

André Gritti fut doge, de 1523 à 1538. Ibrahim fut vizir de 1523 à 1536, et son bras droit fut le bâtard du doge, Aloysio Gritti.

Nous ne savons pas bien quels furent pendant longtemps les ministres français chargés de cette dangereuse et secrète correspondance. Le seul qu'on connaisse bien, c'est le spirituel Jean Du Bellay (cardinal marié à madame de Châtillon, gouvernante de Marguerite), Du Bellay, frère puîné des capitaines et historiens de ce nom, l'ami de Rabelais, son protecteur et l'un des hardis penseurs de l'époque.

Les ministres nommés, rendons hommage aussi aux hommes intrépides qui furent exécuteurs de ce beau crime, se firent entremetteurs de cette fraternité maudite, et réconcilièrent les deux branches de l'humanité divorcée. On n'a pas eu assez d'injures pour eux. Conspués et traqués, tous sont morts du fer, du poison. La dévote maison d'Autriche eut toujours ce principe qu'on pouvait tuer les messagers des Turcs, et de l'ami des Turcs, de François I$^{er}$. Ses agents, sur la route, en Italie et jusque dans Venise, en Dalmatie, Croatie et Bosnie, suivaient la piste de nos envoyés, les entouraient d'espionnage jusqu'au lieu d'embuscade où l'on tombait dessus. Les Turcs ont souvent reproché avec horreur à la maison d'Autriche l'habitude de l'assassinat.

Les Autrichiens écrivent (avril 1524) à Madrid qu'un Espagnol au service de France, le sieur Rincon, a été envoyé de Paris en Pologne pour négocier le mariage du second fils de François I$^{er}$ avec la fille aînée de Sigismond.

Au moment où un mariage ouvrait la Hongrie à l'Autriche, la France voulait se ménager aussi une prise sur les affaires de l'Orient.

Quel était ce Rincon? Quand se fit-il Français? Est-ce en 1522, quand l'Espagne désespéra d'elle-même, après la ruine des *Communeros* et de ses vieilles libertés? On l'appelle alors capitaine; plus tard, conseiller et chambellan du roi, seigneur de je ne sais quelle pauvre seigneurie, toujours fort mal payé, mourant de faim, enfin assassiné. Vingt ans durant, ce fut le courageux, l'infatigable agent qui, courant des dangers plus grands que Pizarre ou Cortez, à travers les Barbares, les embuscades, les sauvages forêts, les maladies, les pièges et dangers de toute sorte, fut notre intermédiaire avec l'Orient et rendit des services qui doivent consacrer sa mémoire.

Sa place dangereuse sera remplie plus tard par le savant Laforêt, qui osa signer l'alliance, et de même paya de sa vie.

L'infortuné Rincon, qui, avec les Gritti, agit si énergiquement près de la Porte, paraît avoir conçu avec les Italiens l'idée vaste et hardie, vraiment libératrice pour l'Occident, de former un faisceau de Pologne, Turquie, Hongrie turque. Cette dernière n'eût pas seulement tenu en échec l'Autriche, mais eût, de son épée, aidé la France en Italie.

On a vu que le roi, après Pavie, envoie sa bague à Soliman. Les envoyés qui la portèrent furent dévalisés et tués en Bosnie. Un Polonais, Laski, puis un Hongrois, Frangepani, furent plus heureux. Le vizir Ibrahim fit courir la Bosnie, retrouva la bague, et se fit grand honneur de la mettre à son doigt. Il fit faire par son maître un don considérable à l'envoyé, et écrire une belle lettre consolante et fraternelle.

Ibrahim, fils d'un matelot grec de Parga, était de cette race énergique et rusée qui remplit tout l'Orient de son activité. Enfant, il fut enlevé et vendu par des corsaires turcs à une veuve de Magnésie, qui, d'un coup d'œil de femme, vit qu'il était né pour plaire et monter au plus haut. Il apprit le persan, l'italien, plusieurs langues d'Asie et d'Europe, lut les poètes, l'histoire, dévora les vies d'Hannibal, de César, d'Alexandre-le-Grand, qu'il relisait sans cesse. Mais, si le but fut haut, la voie fut basse, celle qui dans l'Orient mène à tout, le sérail. Il y entra par sa figure heureuse et son talent pour le violon. Soliman en fut engoué, subjugué, au point de ne plus voir que lui ; et, s'il s'absentait quelques heures, il lui écrivait plusieurs fois.

Toutes les paroles qui restent de cet homme indiquent un mélange singulier de finesse, d'audace et de grandeur, une royauté naturelle. La flatterie même était chez lui risquée, inattendue, celle qui surprend l'esprit, charme, emporte le cœur. Soliman lui ayant fait épouser sa sœur, il y eut une prodigieuse fête. Le favori dit hardiment qu'il n'y avait jamais eu de noces semblables, pas même celles du sultan. Celui-ci rougit de colère. Ibrahim ajouta : « Celles de Sa Hautesse n'ont pas eu cet honneur d'avoir pour convive le padishah de la Mecque, le Salomon de notre époque. »

Les ambassadeurs de l'empereur sont stupéfaits de la liberté avec laquelle il parle de son maître. Il ouvre ainsi la conférence : « Le lion ne peut être dompté par la force, mais par la ruse, la nourriture et l'habitude. Le prince, c'est le lion, et le ministre est le gardien. Je garde le sultan, et le mène avec un bâton, qui est la vérité et la justice. Charles est aussi un lion. Que ses ambassadeurs le mènent de la même manière. »

On voit qu'il connaissait parfaitement l'Europe et ses diverses nations. Sur l'Espagne, il fit tout d'abord la question grave et décisive, demandant malicieusement « pourquoi elle était plus mal cultivée que la France ». Les ambassadeurs avouèrent la cause principale, la persécution des Maures et leur expulsion.

Ce terrible événement, qui justifia si bien les représailles musulmanes, avait pris commencement dans la révolution des *Communeros*. Les Mauresques étant généralement vassaux des nobles, les ennemis des nobles imaginèrent de ruiner ceux-ci en affranchissant les Mauresques du vasselage et les faisant chrétiens ; on les força par le fer et le feu de se faire baptiser. Le roi, l'Inquisition, entrèrent dans cette voie et s'associèrent aux fureurs populaires. Ces infortunés, ainsi écrasés, ne purent plus respirer ni vivre. Ils commencèrent à fuir. Dès 1523, cinq mille maisons désertes, rien qu'à Valence. La loi, violente et folle dans la main de l'Inquisition, va et vient en sens contraires. En 1525, ordre de rester et de se faire chrétiens. En 1526, ordre de partir ; mais en même temps on leur en ôte tous les moyens, on leur défend de rien vendre. On leur ferme leurs propres ports qui regardent l'Afrique ; s'ils s'embarquent, il faut qu'ils passent en Galice, c'est-à-dire qu'ils traversent toute l'Espagne, une population féroce, les insultes et les vols, qu'ils passent à travers les coups et les lapidations.

Alors, désespérés, ils arment, se jettent aux montagnes, où les bandes espagnoles vont à la chasse aux hommes. Il en passe cent mille en Afrique. Le reste, retombé à l'état de bêtes de somme, jardiniers misérables, ânes ou mulets des vieux chrétiens. On leur ôte leur langue, leurs danses nationales, leurs sépultures mauresques, la vie, et la mort même !

En cette année 1526, la maison d'Autriche donne un curieux spectacle de sa parfaite indifférence : en Espagne, cette persécution des Mauresques, l'alliance de l'Inquisition ; en Allemagne, la tolérance donnée aux protestants à la diète de Spire, en vue de l'imminente guerre des Turcs, du mariage de Hongrie.

Soliman, Ibrahim, étaient deux hommes pacifiques et faits pour les arts de la paix. L'influence byzantine allait toujours gagnant. Ibrahim, qui avait rouvert l'hippodrome et les jeux antiques, s'était bâti un délicieux palais sur ce lieu même, et il y tenait son maître à regarder les fêtes que son génie fécond savait varier. On avait vu, aux noces d'Ibrahim, Soliman écouter patiemment les thèses des discoureurs, comme aurait fait un des Paléologues ou des Cantacuzène. Mais la grande machine turque était montée pour la conquête. Elle broyait qui ne l'employait pas. On n'avait pas organisé en vain ce sombre et colérique monstre de guerre, le corps des janissaires. Soliman avait été obligé, dès son avènement, de les mener à Rhodes et à Belgrade. Puis il y eut une halte, un repos. Affreuse révolte. Nul remède que la conquête, la guerre sainte, la guerre de Hongrie.

Toutefois, avant d'agir, Ibrahim montra une prudence admirable à tout pacifier, tout assurer au dehors, au dedans. Il parcourut l'Asie Mineure, la Syrie et l'Égypte, réformant partout les abus, donnant de bonnes lois, faisant justice et grâce. Il assura sa droite, la Valachie, la Crimée tributaires, la Pologne surtout, avec qui il fit une trêve de cinq ans. C'est alors seulement que, le 2 février 1526, l'accueil et les présents que reçut l'envoyé de France révélèrent que l'Orient allait envahir l'Occident divisé.

Flottante sous les étrangers et désorganisée de longue date, la Hongrie ne conservait d'elle que l'antique valeur. Les grands, la petite noblesse, le paysan, étaient en pleine lutte. La Transylvanie commençait à agir pour elle-même, à part de la Hongrie. L'unité, au contraire, la sage conduite militaire, la civilisation, étaient du côté des Barbares. Les Turcs avaient beaucoup d'artillerie ; les Hongrois n'en avaient pas. Ne se fiant qu'au cimeterre et à leurs chevaux indomptables, ils opposaient leurs poitrines aux canons. A Peterwaradin, ils purent voir à qui ils avaient affaire. Les ingénieurs des Turcs firent une mine sous la citadelle, qui se hâta de se rendre.

L'armée ottomane arriva aux marais de Mohacz, où étaient les Hongrois, mais non complets encore. Les Transylvains tardaient. A la vue du Croissant, l'ardeur hongroise ne put plus se contenir ni rien attendre. Ils enlevèrent leur roi en avant et tous leurs chefs, plongèrent aveugles dans la masse ennemie.

Les Turcs, plus froidement, avaient prévu l'irrésistible choc. Comptant sur leur grand nombre, ils s'ouvrirent et se refermèrent, enveloppant de toutes parts ces furieux cavaliers. Ceux-ci se divisèrent pour faire face partout à la fois. Mais tel fut leur élan, qu'une bande, le roi en tête, renversant tout, toucha les canons turcs, qui les foudroyèrent à dix pas. Ce qui resta, perçant les batteries, arriva au sultan, et les janissaires ne vinrent à bout de ces hommes terribles qu'en tranchant derrière eux les jarrets aux chevaux.

Nombre d'entre eux, emportés par la course ou poussés par les Turcs, allèrent s'engouffrer aux marais. Le roi Louis en fut, et le royaume. La Hongrie resta là. C'est le tombeau d'un peuple. La question dès lors commença entre la Turquie et l'Autriche.

Qui avait détruit la Hongrie ? Nul qu'elle-même. La fatale habitude de s'élire un prince étranger avait perverti le sens national. Dans la dernière et suprême élection, le héros hongrois, Batthori, livre sa patrie aux Allemands. En haine du Transylvain Zapoly, il reconnaît l'Autrichien Ferdinand. Les Turcs feront roi Zapoly.

Choix difficile !... Le Turc, c'est le caprice, l'avanie, l'inconnu. L'Autriche, c'est l'impôt et la bureaucratie de plomb.

On a calculé que les Turcs demandaient à leurs tributaires cinquante fois moins d'argent que l'Autriche ou tout gouvernement chrétien. Mais la vieille haine religieuse, les églises changées en mosquées, les ravages de la populace guerrière qui traînait derrière eux, maintenaient l'horreur du nom turc. La guerre orientale a cela aussi de terrible qu'elle est payée en hommes. Chacun ramène des esclaves. On assure que cent mille familles, trois cent mille âmes, furent traînées en Turquie. Ils passèrent sous les yeux de Zapoly, qui salua de larmes amères ces prémices affreuses de son règne.

Se voyant presque seul, sauf deux agents de France qui étaient près de lui, il envoie l'un à Soliman, l'autre à François I$^{er}$. Le premier, qui était le Polonais Laski, appuyé à Constantinople par Gritti, le bâtard du doge, eut sans difficulté d'Ibrahim promesse d'un secours efficace. L'autre, qui était Rincon, négocia en France et en Pologne, offrant au roi de France la succession de Zapoly pour son second fils qui eût épousé une princesse polonaise. François I$^{er}$ promit un grand secours d'argent qu'il ne paya jamais.

Sa situation était fausse, bizarre. Il s'était ligué avec Henri VIII pour délivrer le pape, qui n'était plus prisonnier. Il vivait en partie de décimes levées sur le clergé, sous prétexte de la guerre des Turcs, qui étaient ses amis.

Son armée, menée par Lautrec, sans résultat se consume à Naples. L'empereur, mortellement irrité de rester dupe du traité de Madrid, envenime la guerre par des injures, auxquelles le roi, non moins ridiculement, répond par un défi. Le duel étant réglé, convenu, le roi sent un peu tard que de tels intérêts ne s'éclaircissent pas par un coup d'épée. Il tergiverse, il équivoque, se moque ainsi de l'empereur. « Il dit m'avoir pris en bataille. Je ne me souviens pas de l'y avoir jamais rencontré. »

La rage de Charles-Quint alla si loin, qu'il se vengea

sur les fils de François Ier. Il fit prendre leurs domestiques et les envoya aux galères; traitement inouï, qui eût été barbare pour des prisonniers de guerre, et ils ne l'étaient pas. Bien plus, des galères espagnoles, on les vendit en Barbarie, pour les perdre définitivement, à ne les retrouver jamais.

Les deux enfants, tenus dans une étroite et sombre prison, n'ayant plus un Français, ne voyant de visage que celui des geôliers, perdirent jusqu'à leur langue, changèrent de caractère. L'atteinte de ces traitements fut si profonde, que l'un d'eux mourut jeune; l'autre, notre Henri II, resta tout Espagnol, faible et sombre, violent, triste visage (si contraire à celui de son père!), qui ne rappelait que la prison. Charles-Quint put avoir la joie d'avoir tué en germe le futur roi de France.

La France tarissait visiblement. Après le malheur de Lautrec, le roi essaya par une petite armée ce que n'avait pu une grande; son général fut pris. Son ami, Henri VIII, forcé par la clameur des commerçants anglais qui ne pouvaient se passer des Pays-Bas, fit trêve avec l'empereur. Et le roi fut trop heureux d'y accéder. Les protestants d'Allemagne, qui avaient cru à son appui, reçurent la loi en mars (1429). Ce qu'une diète de Spire avait fait, une autre le défit. Menacés dans leur foi, cinq princes, quatorze villes, *protestèrent*. Origine du mot *protestants*.

La protestation efficace, la seule, était l'épée. François Ier et Henri VIII l'avaient mise au fourreau. Le sabre turc y suppléa.

Et, cette fois, ce ne fut pas une guerre seulement, mais une fondation durable.

Regardez sur les cartes qui donnent l'Europe et ses variations de siècle en siècle (Voyez Kruse). Au quinzième, la Hongrie, libre, vous apparaît entière, arrondie au compas. Entière, elle reparaîtra au dix-septième sous l'Autriche. Au seizième, elle est double : aux trois quarts sous les Turcs et comme un prolongement de la Turquie; une bande étroite, au nord, reste autrichienne.

L'anxiété de l'empereur et de Ferdinand avait été très grande. Ils n'avaient pu rien opposer aux Turcs. C'est dans Vienne seulement qu'ils commencèrent à résister. La partie semblait belle pour le roi de France. Le pape le quittait, il est vrai, perte légère devant cette puissante assistance que lui donnait un tel succès des Turcs. Que fit-il? Il traita.

Nulle circonstance plus favorable peut-être, nulle plus honteuse. C'était trahir à la fois les Turcs et les chrétiens. Le roi était, il est vrai, battu en Italie, très affaibli sur mer par la défection de Doria et de Gênes, épuisé de moyens, sans argent, sans crédit. Mais les impériaux n'étaient guère moins malades. Lannoy l'avoue; il dit qu'il n'y a plus rien à faire en Italie; le peuple est ruiné, *l'armée désespérée*. Un retard eût porté au comble les embarras de Charles-Quint.

L'affaire fut habilement brusquée par Marguerite dans une courte négociation avec la mère du roi (7 juillet — 5 août 1529). Cette promptitude assomma l'Italie; elle fortifia l'Autriche dans sa grande lutte;

elle dut décourager les Turcs, et peut-être plus qu'aucune chose les fit échouer devant Vienne (14 octobre 1529).

L'œuvre de honte fut faite en grand mystère, et n'eut que deux agents. Il fallait tromper les plus clairvoyants des hommes, les Italiens, qui étaient là, tremblants, tâchant de deviner leur sort. Les dames se logèrent à Cambrai, dans deux maisons voisines dont on perça le mur pour qu'elles pussent se voir à toute heure sans rencontrer d'œil indiscret.

Les impériaux n'espéraient pas un tel traité. Ils purent à peine y croire. Un d'eux écrit à Granvelle : « Les conditions nous sont si avantageuses que plusieurs doutent qu'il n'y ait tromperie. » (*Granv.*, I, 693.)

Le traité était tel : La France *gardait la Bourgogne, mais elle s'anéantissait moralement* en Europe, abandonnant ses alliés et s'engageant même à agir contre eux.

Le roi, qui n'avait pas trouvé d'argent pour la guerre, en trouvait pour son ennemi. On lui rendait ses enfants pour la somme de deux millions d'écus d'or (soixante-huit millions d'aujourd'hui).

*Il ne se mêlait plus de l'Italie ni de l'Allemagne. Il ne stipulait rien pour l'Angleterre, son alliée.*

*Il menaçait les luthériens et Soliman,* « le traité n'étant fait qu'en considération des progrès du Turc et des troubles schismatiques qui pullulent par la tolérance ». (*Nég. Autrich.*, II, 681.)

Il disait à l'Italie l'adieu définitif, non plus une

simple parole de renonciation pour Naples et pour Milan. Il en rendait la clef, les places que jamais on n'avait lâchées, *Barlette* en Pouille, *Asti*, patrimoine de sa maison.

Loin de rien stipuler pour Florence et Venise, il prometttait que l'une *se soumettrait avant quatre mois*, et que l'autre *rendrait les places qu'elle avait* depuis soixante ans *dans la Pouille*. Il prêtait *sa marine, et donnait cent mille écus* à l'empereur « pour le passage d'Italie ».

*Pas un mot pour Sforza ni pour les barons de Naples*, récemment compromis pour nous. Les Espagnols furent implacables pour ces Napolitains. Ils les ruinèrent, les décapitèrent, coupant cette fois pour toujours et déracinant le vieux parti d'Anjou.

*Pas un mot pour Renée*, fille de Louis XII, qui venait d'épouser le duc de Ferrare, et qui dut implorer la clémence de Charles-Quint.

*Pas un mot pour sa propre sœur*, ni pour la question de Navarre, si grave pour la France.

Mais il y avait une chose plus sacrée que la famille. C'étaient les vaillants hommes qui, de père en fils, se faisaient tuer pour nous : le vieux Robert de La Marck, son fils Fleuranges. Ruinés par l'empereur, ils restaient ruinés. *Le roi s'engagea à ne rien faire pour eux.*

Un homme, un petit prince, sans consulter ses forces, avait le premier, en 1525, avant les rois et les sultans, tiré l'épée pour le prisonnier de Pavie. Le duc de Gueldre, avec ses lansquenets, entra aux Pays-Bas, effraya Marguerite, qui négocia en hâte, comme on a vu. Service immense. Dette d'honneur, s'il en fut, qu'on devait d'autant plus acquitter que ce grand recruteur du Nord était au fond le chef de tous les gens de guerre de la Basse-Allemagne, qui nous donnaient la grosse infanterie. Ennemi de la maison d'Autriche depuis un demi-siècle, allié de la France, il lui fallut, à ce vieux Hannibal, plier sous le destin, *se faire vassal de l'empereur.*

Comment, dans un seul crime, tant de crimes à la fois? et comment la mère ne sentait-elle pas qu'elle perdait le fils? qu'en le rendant ainsi méprisable, exécrable, elle l'isolait pour toujours, que Cambrai le faisait plus faible que Pavie?

Cette fois encore Charles-Quint triomphait d'une femme par les terreurs de la prison. Ses petits-fils y étaient malades, l'aîné surtout, qui en resta faible, et qui mourut à dix-huit ans. Lannoy lui-même avait dit au roi inquiet « que l'air de l'Espagne ne valait rien à M. le Dauphin, et qu'il ferait bien de traiter ».

L'acte sauvage d'envoyer aux galères les serviteurs de ces enfants et de les vendre en Barbarie donnait sans doute une idée bien sinistre de ce qu'on avait à attendre. La famille faiblit.

Marguerite d'Autriche, qui voyait Louise mollir, l'amusa de paroles, lui dit que l'affaire de Milan n'était pas pour brouiller de bons parents; qu'il était bien aisé de l'arranger en famille; qu'on en ferait la dot d'une Autrichienne qu'épouserait le petit duc d'Orléans, ou la dot de la femme du roi, ou celle enfin d'une fille du roi qui épouserait l'infant (Philippe II).

Beau mariage qu'Anne de Bretagne avait tant désiré.

Sur l'entrefaite, arriva, le 23 juillet, la nouvelle que le pape avait pris les devants, traité avec l'empereur. Petit, minime événement, devant l'invasion des deux cent mille Turcs en Autriche ! N'importe, cela vint à point pour aider la bassesse, pour lui fournir ce mot : « Les Italiens nous ont trahis. »

On signa le 7 août. Mais, bien avant la signature, Marguerite avait envoyé le traité à Anvers et autres villes pour l'imprimer, en divulguer toutes les clauses publiques ou secrètes, pour que l'Italie, l'Allemagne, l'Angleterre et le monde sussent que la France avait trahi tous ses amis, les avait compromis, exploités et livrés.

Le roi, sous ce coup de tonnerre, rentra en terre. Il se cacha aux Italiens, fuyant leur douleur, leurs regards. Guetté et pris, il ne sut que leur dire : « J'ai voulu ravoir mes enfants. » Il assura, du reste, qu'il était toujours digne de lui-même, et conséquent, parjure comme à Madrid; que, cette fois encore, c'était une farce pour attraper l'empereur; que, ses fils revenus, il enverrait secours à l'Italie; qu'en attendant ils auraient de l'argent. Ils n'eurent pas un écu.

Dans cette profonde boue où il nageait, il se fiait à une chose : c'est que, de deux côtés, il avait deux alliés forcés qui pouvaient le mépriser, mais ne pouvaient ne pas l'aider, Soliman, Henri VIII.

Henri VIII divorçait avec la tante de l'empereur pour épouser Anne Boleyn. Cela l'enchaînait à la France.

Soliman, dans sa conquête de Hongrie et son invasion d'Allemagne, suivait une double impulsion, le grand mouvement turc qui avait toujours entraîné les sultans, et l'intrigue vénitienne, qui, par Ibrahim et le bâtard Gritti, l'avait lancé au nord, allié nécessaire, fatal, de François I$^{er}$, même ingrat.

Le doge de Venise, le vieil André Gritti, homme de quatre-vingts ans, reçut l'épouvantable coup, comme il avait reçu, tant d'années auparavant ceux de Fornoue ou d'Agnadel. Il sourit, dit que Venise, pour s'être alliée aux empereurs et rois, avait gagné ce *purgatoire* qu'ils lui faisaient endurer à Cambrai.

Purgatoire, non enfer. Il se fiait de sa rédemption au messie turc, qui, à ce moment même, maître de la Hongrie et près d'envahir l'Allemagne, allait forcer l'empereur à la modération. Et, en effet, Venise, rançonnée, eut du moins ce bonheur de garantir ses alliés, d'assurer le pardon de tous ceux qui l'avaient servie.

Rien n'avait arrêté la marche de Soliman. Il avait dans les mains la couronne de saint Étienne, le puissant talisman auquel les Hongrois ont attaché la magie de la royauté. Nombre de magnats la suivirent, se rallièrent aux Turcs en haine de l'Autriche. Soliman leur donna pour roi un des leurs, le Transylvain Zapoly. Ibrahim et Gritti l'intronisèrent. L'adversaire de l'Autriche fut couronné de la main de Venise.

Le but était atteint, la saison avancée. Une Hongrie nouvelle était fondée qui désormais faisait front à l'Autriche. Septembre finissait. Charles-Quint, rassuré par le traité de Cambrai dès le 5 août, avait pu envoyer à Vienne une élite espagnole. L'Empire, uni sous son drapeau par sa victoire diplomatique et par la peur des Turcs, mit toute une armée dans les murs de la capitale autrichienne. Vienne, comme on sait, immense par ses faubourgs, est en elle-même une petite ville, d'autant plus facile à défendre. Les murs ne valaient guère. Mais les troupes qui y entrèrent eurent le temps d'en faire d'autres, qui, les premiers abattus, devaient arrêter l'ennemi. Du reste, Soliman n'avait point d'artillerie de siège, et n'eût pu faire venir de grosses pièces à travers la grande plaine hongroise sans route, et déjà défoncée, gâtée des pluies d'automne.

Tout le pays était nu et sans vivres. Les bandes irrégulières des Turcs achevèrent de le ruiner. Quand Soliman vint devant Vienne le 27 septembre, il y trouva tous les obstacles, la famine : le froid et la pluie, intolérables à ses Asiatiques ; l'aigreur des janissaires, qui déjà s'étaient révoltés à Bude, qu'Ibrahim voulait sauver du pillage. Le sultan essaya des mines, mais le secret en fut livré par un transfuge. Les Turcs, lancés à l'assaut, se trouvèrent en face d'une arme nouvelle, la longue arquebuse, perfectionnée en Allemagne, dont les effets furent effrayants. Repoussés plusieurs fois, ils n'étaient ramenés à la charge qu'à coups de bâton. Ils finirent par dire qu'ils aimaient mieux mourir du sabre de leurs chefs que de l'arquebuse allemande. On céda le 14 octobre, et on leva le camp.

Ce fut le terme extrême des succès de Soliman au nord. Le climat fut l'obstacle, autant que la bravoure allemande. Ajoutez la distance, la fatigue de traverser les steppes, demi-désertes, de Hongrie. Les Turcs n'arrivaient qu'épuisés. Charles-Quint juge ainsi lui-même le siège de Vienne : « Le Turc s'est retiré plus par nécessité que par aucun secours qu'il pensât pouvoir venir contre lui. » (*Négoc. du Levant*, I, 179.)

L'échec n'était pas humiliant, mais c'était le premier échec. Il y avait danger pour le vizir. Il sut en faire une victoire; il jura que son maître n'avait voulu que chercher Charles-Quint, l'attirer au combat. Il l'entoura de fêtes, où le doge de Venise fut solennellement invité. Les ambassadeurs vénitiens, hongrois, polonais, russes, entouraient le sultan. La France était absente. François I$^{er}$ n'osait ni envoyer d'agent public, n'y recevoir d'envoyés turcs.

Les fruits du traité de Cambrai commençaient d'apparaître.

Charles-Quint, débarqué le 12 août à Gênes, un mois juste après le traité, voit toute l'Italie à ses pieds. Tous les États demandent grâce. Florence seule essaye encore de résister. O clémence! Il fait grâce à tous. Il ne prend rien pour lui. Il laisse Milan à Sforza, donne Florence aux Médicis. Un système nouveau commence de prétendue protection, de terreur, d'immenses contributions de guerre, la ruine, l'amaigrissement et la phtisie, la mort aménagée de manière à durer des siècles.

Le Charles-Quint d'alors n'est plus celui du véhément Gattinara. Son conseiller, modeste secrétaire, est l'avisé Granvelle, le Franc-Comtois Granvelle, homme de Marguerite d'Autriche, le verbeux rédacteur de la diplomatie impériale pendant trente années. Quiconque est, comme moi, obligé de subir ses interminables dépêches, déplore sa baveuse faconde. Mais cette diffusion, cette lenteur et ce génie de plomb furent ses moyens de gouverner. Très absolu, sous formes hésitantes et dubitatives, il discutait à l'infini devant le maître et le noyait d'arguments pour et contre. Charles-Quint, patient, mais véhément, nerveux et maladif, à la longue croyait choisir, décider de lui-même, et ne résolvait guère que ce que Granvelle avait résolu.

Cet esprit bas, fort et rusé, doit être l'auteur véritable du système que Charles-Quint essaye alors, et qui se dit d'un mot : *Discipliner l'Europe.*

Pourquoi pas? Le pape annulé, et le roi de France annulé, l'autorité, c'est l'empereur.

*Discipliner l'Italie*, la rendre obéissante, souple instrument, l'organiser en une ligue, dont chaque membre fournit de l'argent et des hommes, de quoi tenir l'Italie même dans un constant étouffement.

*Discipliner le roi de France*, le faire soldat de l'empereur contre le Turc et les luthériens, l'employer à détruire ceux qui peuvent le sauver encore.

*Discipliner l'Église*, par un concile que Charles-Quint tiendra au nom du pape, se faisant juge entre le pape et Luther, se constituant pape aussi bien qu'empereur, unissant les deux glaives.

S'il en vient là, que fera l'Allemagne? Atteinte en sa conscience même et dans les libertés de l'âme, comment sauvera-t-elle ses faibles libertés politiques?

Dans ce plan, où était l'obstacle? Y plier l'Italie n'était que trop facile. Le difficile était la France. Ses résistances, dans l'isolement du traité de Cambrai, pouvaient-elles être sérieuses? L'empereur (les dépêches le prouvent) agissait très directement par la famille et les amis du roi, par sa sœur, la bonne reine Léonore, qui aurait voulu les unir. Il travaillait Montmorency, Chabot. Il ne demandait pas qu'ils trahissent leur maître. Au contraire, qu'ils fissent sa fortune. Qu'était-ce qu'un duché de Milan? L'empereur, au nom du pape, lui offrait la couronne d'Angleterre. Henri VIII allait être condamné, dépouillé, pour son divorce. Il ne s'agissait que d'exécuter la sentence, de réaliser la saisie. Lançant François Ier dans cette périlleuse aventure, le faisant le soldat du pape, il le brouillait à mort avec l'Allemagne luthérienne.

François Ier, tenté, ébranlé par les siens, flottait entre deux influences. Sa mère, sa femme, Montmorency, le rapprochaient de Charles-Quint. Marguerite, sa sœur, qui vint le consoler à la mort de sa mère, le rapprochait des protestants. Elle était secondée par les frères Du Bellay, spécialement par Jean, qu'elle lui fit faire évêque de Paris (1532).

De là des mouvements contraires en apparence. D'une part, il envoie Guillaume Du Bellay encourager la ligue protestante de Smalkade. D'autre part, il charge Rincon d'intervenir près de Soliman et d'arrêter le progrès de ses armées.

L'opinion était absolument dévoyée, pervertie sur ces questions. Les protestants même d'Allemagne, qui comprirent à la longue que le Turc faisait leurs affaires (*Négoc.*, 1,646, ann. 1547), les protestants alors, en 1532, partageaient l'effroi populaire et maudissaient leur défenseur. Le roi, comme ami du sultan, était gourmandé à la fois par le pape et les luthériens. Son refus obstiné d'agir sous Charles-Quint contre les Turcs, la part qu'on supposait qu'il avait à l'affaire d'Angleterre, lui valaient de la part de Rome de violentes attaques, auxquelles il répondait en menaçant lui-même de se séparer du Saint-Siège (23 avril 1532).

Son envoyé Rincon trouva le sultan déjà en marche avec un peuple immense, qu'on portait à cinq cent mille hommes. C'était comme l'expédition de Xerxès. Il fut reçu, ce pauvre Espagnol, venu tout seul à travers les dangers, comme l'eût été le roi de France. Il arriva le soir, au milieu d'une prodigieuse fête de nuit qui l'attendait; toute cette multitude de soldats, rangés en silence, tous portant des flambeaux : « Qu'est-ce, au prix d'une telle fête, que les fameuses illuminations de Rome et du château Saint-Ange? » Il n'y avait peut-être jamais eu rien de semblable sur la terre. Et nul événement plus grand en effet. C'était la première fois que les deux religions, si longtemps ennemies, venaient publiquement s'embrasser.

Ibrahim dit à l'envoyé que l'ancienne amitié du

sultan pour la maison de France aurait pu décider Soliman à faire ce que voulait son frère François I$^{er}$; mais qu'il était trop tard; que, s'il reculait, on dirait qu'il avait peur de l'Espagnol; qu'il s'étonnait que le roi fît cette requête pour un homme « qui n'était pas chrétien, puisqu'il avait saccagé Rome, rançonné le vicaire du Christ, et qui tous les ans plumait et pillait les chrétiens, sous prétexte de la guerre des Turcs. »

Soliman espérait qu'il y aurait bataille. L'empereur avait devant Vienne une force énorme d'infanterie, cent mille Allemands, Hongrois, Bohêmes, Esclavons, Espagnols, Italiens, Bourguignons; il n'était faible qu'en cavalerie. Soliman avait cent mille cavaliers, et, comme fantassins, surtout son noyau invincible de janissaires. Les deux princes en personne. Charles-Quint, tout armé, essayant des chevaux qu'on lui avait donnés, dit : « Rien ne pourra m'empêcher d'être moi-même à la bataille. » Et encore : « Je tuerai ce chien turc », mots dits en espagnol, et qui, d'une bouche si grave, d'un homme qui parlait très peu, ne laissèrent plus douter d'un duel homérique.

Cependant le souvenir de Mohacz agissait. Si le Turc n'allait pas à Vienne, si cet orage immense se dissipait sans éclater, pourquoi combattre? L'empereur maladif se sentit d'un ulcère à la jambe, ne parut plus, alla prendre les eaux. La grande armée impériale, européenne, s'en tint à couvrir l'Allemagne, livrant, comme toujours, la Hongrie. Cette fois, de nouvelles provinces (Styrie, etc.), ravagées et pillées, fournirent le grand tribut de filles et de garçons que ramenait toute armée turque. On donna le change à l'Europe en répandant l'histoire, héroïque en effet, d'un Juritzi, qui, dans le château fort de Güns, avait arrêté Soliman. Ce qui n'est pas vrai de tout point. Car Juritzi, blessé, réduit à deux cent cinquante hommes, traita et reçut le Croissant.

Pour la troisième fois, Soliman avait sauvé l'Allemagne protestante. Au bruit de son approche, dès le 23 juillet, Charles-Quint, repentant de son intolérance, avait déclaré suspendue toute procédure de la chambre impériale contre les luthériens, promis que personne ne serait plus inquiété pour sa religion, et que le grand débat serait soumis à un libre concile de toute l'Église. Cette convention de Nuremberg, ratifiée en août à Ratisbonne, lui permit de couvrir l'Autriche de l'armée formidable qui imposa à Soliman

Tout en disant partout que le Turc avait eu peur de lui, il conseilla à son frère de traiter à tout prix. L'alliance de François I$^{er}$ et d'Henri VIII *contre le Turc* (18 octobre 1532) lui fit croire, non sans vraisemblance, qu'ils agiraient *pour Soliman*. Les conditions les plus humiliantes furent imposées par le sultan et acceptées, le partage subi entre Ferdinand et Zapoly. Ferdinand, pour garder le peu qu'il avait de Hongrie, se déclara fils du sultan, frère d'Ibrahim, vassal et tributaire. Tout étonne dans cette transaction, surtout le lieu des conférences. Le traité se fit chez le bâtard Gritti, où Ibrahim venait le soir, amenant le sultan lui-même. Grand scandale pour les Turcs, indignés de voir Sa Hautesse descendre tellement, et la main vénitienne si puissante chez eux. Beaucoup croyaient qu'Ibrahim ou Gritti voulait se faire roi de Hongrie.

Dans ces conférences, Ibrahim se livrait à toute sa vivacité grecque. C'était, disent les ambassadeurs, un petit homme brun, *à dents aiguës*. Il mordait Charles-Quint : « Il n'a pas de bonheur, disait-il. Il commence toujours, et ne finit jamais. Il veut un concile, et ne peut. Il assiège Bude, et la manque. Moi, si je voulais aujourd'hui, avec mon maître, je ferais un concile, j'amènerais Luther d'un côté, le pape de l'autre; je saurais bien leur faire rétablir l'unité de l'Église. »

Tout cela patiemment écouté. L'humble ténacité de l'Autriche fut là dans tout son lustre. Et aussi son indifférence parfaite sur le choix des moyens. Le bâtard Gritti l'avait dit dans une lettre à l'empereur : qu'il savait bien que Zapoly et lui seraient assassinés. On manqua Zapoly, mais on tua Gritti. Nul scrupule, tués comme rebelles (*rei læsæ Majestatis*), ou comme amis des Turcs. Les Hongrois dissidents, les envoyés français, pendant dix ans, furent tous épiés, arrêtés, poignardés ou empoisonnés. (*Nég. du Levant*, I, 181, 213, 237, 278, 279, 315; *Hammer*, trad., VI, 154, 278.)

Ibrahim eût péri tôt ou tard de cette main si elle n'eût été prévenue par celle de son ami, de son frère, Soliman, dont il faisait la gloire, de celui qui, depuis onze ans, le faisait manger avec lui, coucher à ses pieds, avec qui, à toute heure, il vivait, parlait et pensait.

Il avait deux rivaux, deux ennemis qui pouvaient contre lui s'unir au parti des vieux Turcs. L'un, le trésorier de l'Empire, avait organisé un sérail, une école de jeunes esclaves, très choisis, très heureusement nés, pour devenir les confidents, les fils du cœur, comme ils disent, et les dignitaires du sultan. Contre Ibrahim, il préparait, élevait cent nouveaux Ibrahim, qui auraient pour eux la jeunesse, l'audace de l'âge et la culture. Auraient-ils le génie? C'était la question. Le favori prévint la chose, perdit le trésorier, et lui-même donna les dangereux esclaves à Soliman.

L'autre ennemi, c'était une femme infiniment rusée, Roxelane, c'est-à-dire la Russe. Son nom de guerre était *la joyeuse, la rieuse.* Dans l'ennui du harem, où tout est pétrifié, celle-ci eut l'art de rire toujours. Elle rit, et perdit Ibrahim. Elle rit, et fit étrangler le fils de Soliman. Rien ne lui résista. Elle tua ses ennemis, gouverna le sultan, l'Empire, régla, de son divan, l'Asie, l'Europe. Seulement tout déchut. Elle put tout, sauf refaire Ibrahim.

La perte du Grec avait été jurée le jour où, revenant vainqueur de la bataille de Mohacz, il rapporta de Bude la fameuse bibliothèque de Mathias Corvin, et trois statues de bronze, Hercule, Apollon et Diane, qu'il dressa hardiment sur l'hippodrome, devant son palais même. Grave insulte au Coran. On dit d'ailleurs qu'il se contraignait peu, et qu'il avait le tort d'avouer le mépris qu'il faisait du livre sacré.

Soliman, humain pour un Turc, tenait pourtant de

son père Sélim l'horreur des Persans hérétiques, qu'il manifesta en tuant tous ceux qu'il pouvait prendre. Ibrahim, au contraire, clément pour les Persans et les chrétiens, avait fait ses efforts pour sauver Bude, et il sauva réellement Bagdad du massacre. Acte admirable, et difficile dans sa situation. Le salut de cette ville immense contrasta avec le carnage que l'empereur ne put empêcher à Tunis, où l'on tua trente mille hommes.

Le fanatisme turc s'était détourné de l'Europe et des grands intérêts du monde pour cette guerre de Perse, si peu grave en comparaison, où d'ailleurs les conquêtes faites par Ibrahim furent peu après perdues par Soliman.

Là fut porté le coup décisif. On l'accusa surtout près de son maître pour une cause futile. En Perse, où le moindre bey prend le nom de *sultan*, Ibrahim avait suivi l'usage dans ses proclamations. On dit à Soliman que manifestement son vizir usurpait, qu'il avait tout à craindre.

En janvier 1536, Ibrahim, bien près de sa fin, consomma l'œuvre de sa vie, le traité d'alliance entre la Porte Ottomane et la France. Traité *commercial*, qui couvrait une ligue *politique*. François Ier, du reste, ne la cacha plus comme telle. Il dit aux Vénitiens : Je ne puis le dissimuler. Je souhaite que les Turcs soient forts sur mer; ils occupent l'empereur et font la sûreté de tous les princes.

Le 6 mars 1536, Ibrahim, sans défiance, rentra le soir au sérail, comme à l'ordinaire, pour prendre près de son maître sa nourriture et son repos. Il y trouva la mort. Le lendemain, on le vit étranglé. L'état du cadavre montrait qu'il s'était défendu en lion. La chambre du sultan portait aux murs des mains sanglantes qu'il y avait imprimées dans la lutte. Terrible accusation d'une perfidie si barbare! Cent ans encore après, on les voyait avec horreur.

« Des deux cents vizirs qui ont gouverné l'empire Ottoman, il n'y a eu, ni avant, ni après, un tel vizir. »

Il reste grand, moins pour avoir donné à cet Empire ses deux bornes, Bude et Bagdad, que pour avoir lié la Turquie et la France, sauvé trois fois l'Europe, commencé la réconciliation des religions ennemies. En son humanité, il eut celle qui les comprend toutes.

Dans le récit de cette longue et souterraine négociation, tissue des mensonges de France et des assassinats d'Autriche, ce pauvre esclave grec, ingénieux, héroïque et clément, nous a soutenu le cœur, et, comme il n'a pas de monument à Galata, où fut jeté son corps, nous avons écrit ce chapitre, qui lui en servira et le consacrera dans la reconnaissance de l'avenir.

# CHAPITRE XVII

### La Réforme française. (1521-1526.)

L'histoire souillée, sanglante, du sérail turc et de notre diplomatie menteuse, a dû marcher à part, aussi bien que l'histoire atroce des armées mercenaires qui firent le châtiment de la Rome papale. Nous n'avons pas eu le courage de mêler ces sujets, comme on le fait souvent, aux saintes origines de notre rénovation religieuse. Nous avons respecté, isolé celle-ci, mis à part la vierge sacrée.

Chaque fois que, dans la suite de mes travaux, je reviens à cette grande histoire populaire des premiers réveils de la liberté, j'y retrouve une fraîcheur d'aurore et de printemps, une sève vivifiante et toutes les senteurs des herbes des Alpes. *Sento l'aura mia antica!*...

Ceci n'est point un vain rapprochement. Le paysage des Alpes, qui nous donne toujours un sentiment si vif des libertés de l'âme, avec le souvenir de leur grande révolution, en est la vraie figure, c'est elle-même sous forme visible. Ces monts en sont la colossale histoire.

J'en eus l'intuition lorsque, jeune, ignorant, je suivis pour la première fois ces routes sacrées, lorsque, après une longue nuit passée dans les basses vallées, trempé du morfondant brouillard, je vis, deux heures avant l'aurore, les Alpes déjà roses dans l'azur du matin.

Je ne connaissais guère l'histoire de ces contrées, ni celle de la liberté suisse, ni celle des saints et des martyrs qui traversèrent ces routes, ni le nid des Vaudois, l'incomparable fleur qui se cache aux sources du Pô.

Je n'en sentis pas moins dès lors ce que j'ai mieux connu depuis, et trouvé de plus en plus vrai : c'est l'autel commun de l'Europe.

Telle la nature, tel l'homme. Il n'y a point là de molle poésie. Nul mysticisme. L'austère vigueur et la sainteté de la raison.

Ces vierges de lumière, qui nous donnent le jour quand le ciel même est sombre encore dans son azur d'acier, elles ne réjouissent pas seulement les yeux fatigués d'insomnie, elles avivent le cœur, lui parlent d'espérance, de foi dans la justice, le retrempent de force virile et de ferme résolution.

Leurs glaciers bienfaisants, dans leur austérité terrible, qui donnent à l'Europe les eaux et la fécondité, lui versent en même temps la lumière, la force morale.

Ce n'est pas le ciel que regarde au réveil le pauvre laboureur de Savoie, ni le fiévreux marin de Gênes;

ni l'ouvrier de Lyon dans ses rues noires. De toutes parts, ce sont les Alpes qu'ils regardent d'abord, ces monts consolateurs qui, bien avant le jour, les délivrent des mauvais songes, et disent au captif : « Tu vas voir encore le soleil. »

Le mot *Vaudois*, au Moyen-âge, veut dire *libre chrétien*, dégageant le christianisme de tout dogme mystique, de toute fausse poésie légendaire, de tout culte superstitieux.

Ce qui fut effort pour l'Europe, critique voulue et raisonnée, était là de soi-même, fruit naturel et primitif du sol. Il ne faut pas, comme font trop les historiens protestants, ôter à cette tribu unique des Vaudois son originalité et sa grâce d'enfance. Arrière la critique! Arrière l'héroïsme! Ne calvinisons pas cette histoire. Écartons et les dogmes qu'ils reçurent au seizième siècle, et leur trente-trois guerres protestantes. Cette épopée de l'Israël des Alpes se colore d'un esprit étranger aux premiers Vaudois.

La nature, dans ces monts sévères, est si grande, elle s'impose de si haut, qu'elle anéantit tout, sauf la raison, la vérité.

Tout temple est petit, ridicule, devant ce prodigieux temple fait de la main de Dieu. Toute poésie, tout roman, est là à rude épreuve. Le voyageur qui y passe en courant, sous son prisme d'artiste, y verra mille mensonges. Mais l'homme qui y reste en toute saison participe à l'austérité de la contrée, est raisonnable, vrai et grave.

Si le christianisme est tout entier dans un sentiment doux et pur, une fraternité sérieuse, une grande charité mutuelle, ce petit peuple fut vraiment une admirable idylle chrétienne. Mais nul n'eut moins de dogme. La légende chrétienne, acceptée d'eux docilement, ne semble pas avoir eu grande place en ces âmes, moins dominées par la tradition que par la nature, qui ne change pas.

Deux choses y furent, dans une lutte harmonique et douce, à peine perceptible : un christianisme peu théologique, ignorant, si l'on veut, innocent comme la nature ; et, dessous, un élément qui ose à peine se produire, le doux génie de la contrée, les fées (ou les fantines), qui flottent dans les fleurs innombrables ou dans la brume du matin. Anciens esprits païens qui ne sont pas bien sûrs d'être soufferts, elles peuvent s'évanouir toujours et dire : « Pardon ! mais nous n'existons pas. »

Ainsi, en grande modestie, ces fées légères sont le sourire de la sérieuse vallée ! Oh ! sérieuse ! Un Dieu si grand paraît là-haut au gigantesque autel des Alpes ! Nul temple ne tiendrait devant lui. Les seules églises qu'il souffre, ce sont d'humbles arbres fruitiers, des plantes salutaires et la petite architecture des fleurs. Les fées s'y cachent, et il ferme les yeux.

Aimable compassion de ce grand Dieu terrible pour la vie timide et tremblante ! Alliance touchante des religions de l'âme avec l'âme de la nature !

Le dogme qui seul au fond fait une religion du christianisme, le dogme du *salut par l'unique foi au Christ* qu'ils reçurent au seizième siècle, paraît très peu vaudois. Ces simples travailleurs mettaient, au contraire, le salut *dans les œuvres* et dans le travail.

Cet axiome est d'eux : « Travailler, c'est prier. »

Ils ont tenu leurs âmes dans cet état moyen, modeste, des charmantes montagnes intermédiaires qu'ils cultivent entre la grande plaine piémontaise, et les géants sublimes qui, vers l'ouest, les surveillent et les tiennent sous leur froid regard.

Il n'y a pas là à rêver. Dès que les neiges diminuent là-haut, il faut en profiter, labourer sous les vignes. L'hiver viendra de bonne heure. Et, si la plaine catholique peut d'une part troubler leurs travaux, leurs grands voisins neigeux ont leurs rigueurs aussi, et parfois, bien avant la saison, un souffle impitoyable. Le vrai symbole de la communauté, c'est cette plante des Alpes qu'ils ont si bien nommée la petite frileuse (*freïdouline*), qui semble regarder aux glaciers, compter peu sur l'été, se tenir réservée, timide et prête à se fermer toujours.

Vertu unique et singulière de l'innocence! Au milieu de ces craintes, subsistait dans leur vie, comme dans leurs vieux chants, une sérénité singulière, et on la retrouve dans les vers de leurs derniers enfants. La petite église vaudoise y figure comme la colombe qui sait trouver son grain dans le rocher : « Heureuse, heureuse colombelle! » etc.

Heureuse en effet, et pleine de sujets de contentement! Que lui manque-t-il donc? Dès 1200, persécutée, brûlée. En 1400, forcée dans ses montagnes, elle fuit dans les neiges en plein hiver, et quatre-vingts enfants y sont gelés dans leur berceau. En 1498, nouvelles victimes humaines ; je ne sais combien de familles (dont quatre cents enfants) étouffées dans une caverne. Le seizième siècle ne sera qu'une boucherie. Mais n'anticipons pas.

Dans tout cela, nulle résistance. Un respect infini pour leurs seigneurs, pour leur maître et bourreau, le duc de Savoie.

Cette terrible éducation par le martyre leur rendait naturelle une vie de pureté extraordinaire, dans une étonnante fraternité. L'égalité de misère, de péril, faisait l'égalité d'esprit. Dieu le même entre tous. Tous saints et tous apôtres de leur simple *Credo*. Ils s'enseignaient les uns les autres, les femmes même, les filles et les enfants.

Ils n'avaient point de prêtres. Ce ne fut qu'à la longue, lorsque la persécution fut plus cruelle, que quelques hommes se réservèrent et furent mis à part pour la mort. On les appelait *barbes* (c'est-à-dire *oncles*), d'un petit nom caressant de famille. Comme leur martyre était certain, ils n'y associaient personne et ne se mariaient pas.

Quelques-uns émigraient, et s'en allaient en Lombardie, en France et sur le Rhin, la balle sur l'épaule, mettant en dessus je ne sais quelle denrée de colportage, et dessous la denrée de Dieu.

Ils eurent influence aux douzième et treizième siècles directement par la prédication, depuis, fort indirecte, comme exemple, comme type du christianisme le plus pur et le moins loin de la raison.

L'effort perfide qu'on fit plus tard pour faire nommer *Vaudois* les sorciers ne donna le change à personne. Lorsqu'au quinzième siècle l'inquisiteur d'Arras dit : « Le tiers du monde est *Vaudois* », on comprit qu'il fallait entendre : raisonnable et libre chrétien.

Tout autres sont les sources du protestantisme suisse, réforme politique et morale, née d'une réaction contre l'orgie des guerres mercenaires, sortie des cœurs honnêtes et du cœur d'un héros, Zwingli.

Autres les sources de la réforme allemande, qui, dans le bon sens magnanime de Luther, n'en garda pas moins une forte pente au mysticisme.

Celle de la France, comme on a vu, eut sa principale source dans les grandes et cruelles circonstances de 1521, quand nos populations du Nord, délaissées sans défense par le roi, levèrent les mains, les yeux au ciel. Nos ouvriers en laine, tisseurs, cardeurs de Meaux, prêchèrent, lurent, chantèrent aux marchés pour leurs frères encore plus malheureux, les paysans fugitifs que les horribles ravages de l'armée impériale faisaient fuir jusqu'en Brie, comme un pauvre troupeau sans berger et sans chien.

Le roi lui-même avait besoin de Dieu dans cette grande détresse, et après ses humiliations de l'Hôtel-de-Ville. La sœur fit lire à son frère, à sa mère, l'Ancien et le Nouveau-Testament. Le lecteur était Michel d'Arande, aumônier de Marguerite, ami, élève de Briçonnet, le mystique évêque de Meaux.

La petite communauté, réfugiée à Meaux autour du vénérable Lefèvre et sous la protection de l'évêque

Briçonnet, réunissait des personnes de croyances très diverses. Briçonnet, Lefèvre, et leurs disciples Roussel et Arande, aumôniers de Marguerite, étaient simplement des mystiques, âmes pieuses et tendres, qui ne voulaient de réforme que douce, par l'amour seul et par les lents moyens de l'éducation des enfants. D'autres étaient des humanistes, des critiques, des érudits, comme l'hébraïsant Vatable, première racine du Collège de France, et le Suisse Glareanus, historien rationaliste, qui, avant Vico et Niebuhr, a librement discuté les origines de Rome.

Il n'y avait, à proprement parler, qu'un protestant au milieu d'eux, un vaillant petit homme roux, d'une verve incomparable, Farel, l'apôtre de la Suisse française, précurseur de Calvin. Les ouvriers de la ville étaient tout autre chose encore, si nous en jugeons par le plus célèbre, le cardeur de laine Leclerc, homme de main et d'action, briseur d'images et d'idoles, un Polyeucte né pour courir au martyre, pour ravir la palme et la mort.

Marguerite, le roi et sa mère étaient favorables aux mystiques, indulgents pour les protestants, qui s'en distinguaient peu encore. La sotte violence des sorbonnistes révoltait le roi. Ils avaient condamné d'ensemble, avec Luther, le vieux Lefèvre, pour cette hérésie énorme d'avoir dit que, sous le nom de Madeleine, il y avait dans l'Évangile trois personnes différentes. Le roi fit plus d'une fois arracher les placards de la Sorbonne, et couvrit de sa protection un gentilhomme distingué, Berquin, qui traduisait et répandait des ouvrages de Luther. Le Parlement brûla ces livres, n'osant encore brûler l'auteur.

Un grand événement populaire changea l'aspect des choses.

Depuis 1519 jusqu'en 1522, les augustins des Pays-Bas soutenaient, surtout à Anvers, une lutte violente pour les antiques doctrines de leur ordre, renouvelées et glorifiées par Luther. Leurs supérieurs, traînés à Bruxelles, furent forcés de se rétracter, mais les moines persévérèrent. En octobre 1522, la gouvernante Marguerite d'Autriche (sur un ordre d'Espagne sans doute) prêta main-forte au clergé, ferma le couvent d'Anvers. Les moines furent jetés en prison et condamnés à mort. Quelques-uns ayant échappé, de pieuses et bonnes Flamandes, intrépides par charité, les disputèrent à leurs bourreaux, en sauvèrent un, Henri de Zutphen. Elles en cachèrent trois autres. En attendant, on sévit contre les pierres mêmes. Le couvent dut être détruit. On en vendit les vases, comme profanés et souillés. Le saint-sacrement en fut extrait solennellement, et reçu en grande pompe dans l'église de la Vierge par la gouvernante des Pays-Bas.

Peu de temps auparavant, le clergé anglais avait fait mourir, comme disciple de l'ancien Wicleff, un ouvrier, Thomas Man, qui, enfermé depuis 1511, s'était enfin échappé et enseignait dans les greniers de Londres ou dans les bois de Windsor. A Coventry, quatre cordonniers, un gantier, un bonnetier, et une veuve, madame Smith, furent brûlés vifs *pour avoir enseigné à leurs enfants le* Pater *et le* Credo *en anglais.*

Ces événements exécrables encouragèrent la Sorbonne. Elle alla jusqu'à défendre non seulement les traductions de l'Évangile, mais même des prières françaises à la Vierge, même l'Évangile latin de Robert Estienne.

Dans un travail excellent d'un protestant impartial, le professeur Schmidt, de Strasbourg, se trouve établie, jour par jour et dans un très grand détail, la preuve que, depuis 1521 à 1535, François I$^{er}$ eut besoin du plus vigoureux emploi du pouvoir et de beaucoup de mesures arbitraires et violentes, pour défendre les protestants *contre l'autorité légale,* le clergé, le Parlement, et *contre le peuple;* on appelait surtout ainsi la canaille des petits clercs, aboyant dans la rue Saint-Jacques aux ordres des gros bonnets qui leur donnaient les bénéfices. Ajoutez les marchands, clients du clergé, les vieilles femmes éperdues pour leurs Vierges et leurs reliques, etc., etc.

Ni François I$^{er}$, ni sa sœur, n'étaient protestants. Elle était tendre et mystique, lui artiste et fort idolâtre, surtout des images vivantes. Ils lisaient, il est vrai, la Bible. Mais jamais il n'y eut d'esprit moins biblique que François I$^{er}$.

La terrible affaire de Bruxelles les embarrassa (à la fin de 1522). Charles-Quint prenait l'initiative de prêter au clergé le secours du bras séculier. Qu'allait faire le roi? Grave question pour l'alliance du pape et les affaires d'Italie, non moins grave à l'intérieur, où le besoin d'argent l'obligeait à solliciter sans cesse des décimes ecclésiastiques. La noblesse, à ce moment, se déclarait pour Bourbon, la robe le favorisait. Le roi allait-il rejeter aussi les prêtres vers lui et vers Charles-Quint ?

La cour dès lors se divise. Tandis que Marguerite à Paris, à Lyon, écoute les sermons des mystiques, tandis que le roi, devant lui, fait représenter des farces où se gourment le pape et Luther, la reine mère consulte la Sorbonne « sur le moyen d'extirper le luthéranisme ». A quoi les docteurs répondent assez durement : Que le roi n'exécute pas les arrêts du Parlement, qu'il faut punir les coupables, les faire rétracter, « de quelque rang qu'ils soient ». Allusion à la sœur du roi.

Mais le roi est pris à Pavie, sa sœur part. La digue est rompue. La Sorbonne et le Parlement sont émancipés. La reine mère, pour regagner le pape, lui demande le meilleur remède au luthéranisme. Il répond : « L'Inquisition. »

Pour n'avoir pas celle de Rome, on en fait une gallicane, mais non moins cruelle, composée de deux sorbonnistes et de deux parlementaires. Elle saisit Jacques Pavannes, qui d'abord s'était rétracté, et qui désavouait sa rétractation. Il est brûlé, et avec lui un ermite de la forêt de Livry. (Plus haut, page 158, j'ai mis ce fait deux ans trop tôt, sur la foi du *Bourgeois de Paris*, qui visiblement se trompe.)

De grandes et terribles scènes se passaient à Metz, à Nancy. La révolution voisine des paysans d'Allemagne, dont une bande passa en Lorraine, avait étroitement ligué les autorités laïques et ecclésiastiques. Jean Chastellain, cordelier, un ardent wallon de Tournai, fut brûlé le 12 janvier 1525. C'est le premier martyr du protestantisme français. Sa mort en suscita un autre, le cardeur Leclerc, réfugié en Lorraine. Déjà, à Meaux, il avait été cruellement flagellé, marqué. Sa mère, non moins intrépide, l'avait exhorté elle-même. Au moment où le fer rouge fut approché de son fils, elle s'était troublée d'abord; puis, relevée, elle s'écria : « Vive Dieu! et le signe de Dieu! »

Leclerc emporta dans sa fuite le cri de sa mère, la soif du martyre. Il prit l'occasion la plus populaire. Il y avait une grande fête à Metz. Toute la ville, à certain jour, allait à une chapelle renommée de la Vierge. Leclerc, indigné des honneurs rendus à l'idole, rêva longtemps de l'abattre. Il était poursuivi des mots de l'Exode : « Tu briseras les faux dieux. » La veille même de la fête, il mit la Vierge en morceaux. Le lendemain, tout un peuple arrive, voit, s'émeut, entre en fureur. Leclerc pris ne désavoue rien.

Il épuisa tous les supplices, le fer et le feu; on lui coupa d'abord le poing, on lui arracha le nez, on lui tenailla les deux bras, on lui brûla les mamelles. Pendant ce temps, il criait les violentes moqueries du psaume : « Leurs dieux sont dieux de fabrique; ils ont des yeux pour ne pas voir, une bouche pour ne pas parler... Et ceux qui les font leur ressemblent, » etc., etc. Il épouvanta ses bourreaux, qui le brûlaient à petit feu. (Juillet 1525.)

Notre Parlement de Paris fut jaloux de Metz. Il précipita l'affaire de Berquin, malgré une lettre du roi. Il était brûlé, si le roi, enfin délivré, n'eût trouvé le temps à Bayonne, où il resta un moment, d'écrire un ordre absolu de surseoir.

Tout ce qu'une mère, une tendre sœur, peut faire pour les siens, Marguerite le fit pour les persécutés. Ceux d'entre eux qui avaient été obligés de fuir à Strasbourg y trouvèrent ses secours et ses recommandations; du fond de l'Espagne, elle était présente et elle agissait.

Le retour du roi fut le triomphe commun des hommes du protestantisme et de ceux de la Renaissance. L'illustre médecin de la reine mère, Agrippa, qui l'avait quittée, osa revenir en France. Le bon vieux Lefèvre, qui était en fuite, fut rappelé avec honneur par le roi, qui lui confia le plus jeune et le plus chéri de ses fils, le Benjamin de Marguerite.

Les protestants venaient mettre aux pieds de François I<sup>er</sup> l'éloquent et noble livre que lui dédiait Zwingli: *Vraie et Fausse religion*.

Là, puissante était la Réforme, ou nulle part, peu théologique, toute morale, une révolution à gagner toute la terre.

Ce Zwingli, paysan intrépide, aumônier d'armée, fort lettré du reste et bon musicien, avait fait les guerres d'Italie, et son admirable cœur s'était révolté à la vue de la démoralisation qu'elles entraînaient avec elles. Il avait pris en horreur l'infâme commerce du sang. Nommé curé d'Einsielden, le fameux pèlerinage du canton de Schwitz, il eut le succès admirable de faire renoncer ce canton à la vente de chair humaine. Tous les pèlerins qui venaient apporter là leur argent, il les renvoyait sans rien recevoir, moralisés, convertis à un culte raisonnable. Grand docteur, meilleur patriote, nature forte et simple, il a montré le type même, le vrai génie de la Suisse, dans sa fière indépendance de l'Italie, de l'Allemagne.

Très tolérant, il poussa à la guerre contre les catholiques, lorsqu'ils appelèrent l'étranger. Un matin, les montagnards ayant marché vers Zurich, il défendit la patrie sans espoir de la sauver. Blessé, il ne voulut pas de grâce. Son corps fut mis en morceaux. Son ami Myconius, pour sauver son cœur des outrages, le jeta au courant du Rhin. Le fleuve des anciens héros en reste plus héroïque.

Son langage à François I$^{er}$, digne de la Renaissance, établissait la question de l'Église dans sa grandeur. Il y réunit tous les saints, y met Socrate et Caton entre David et saint Paul : « Vos ancêtres y seront aussi », dit-il au roi (parlant de saint Louis sans doute). Enfin il n'y aura pas un homme de bien, un héros, une âme fidèle, qui y manque. Tous unis en Dieu. Quoi de plus beau, de plus grand?

Bossuet cite ce passage pour en rire. Mais qui a un cœur le retiendra à jamais, et verra toujours le noble concile, la grande, universelle Église, telle que Zwingli la voyait, assise au Colisée des Alpes.

## CHAPITRE XVII

La Réforme en France et en Angleterre. (1526-1535.)

Au moment même où le roi faisait à sa sœur cette concession très grave de confier son jeune fils à un docteur récemment condamné et poursuivi, il était déjà travaillé par une influence contraire. Sa mère étant toujours malade, et Duprat ayant baissé, les affaires passaient presque toutes par les mains du seul homme laborieux de la cour, Montmorency, qui avait succédé à la faveur de Bonnivet, et qui fut sans doute aidé contre Marguerite par la nouvelle maîtresse, alors dans la première fleur de sa beauté et de son crédit.

L'admiration que le dévouement fraternel de Marguerite avait causée aux Espagnols, tout le monde la partageait, personne plus que le roi d'Angleterre. Ses instructions à ses envoyés (mars 1526) donnent beaucoup à penser : « Ils feront à la duchesse les compliments et félicitations du roi pour les travaux et les peines qu'elle a endurés, pour la dextérité avec laquelle elle a amené la délivrance de son frère. Ils se mettront en rapport avec elle, en parfaite intelligence, s'ouvrant à elle en toute chose que l'occasion pourra requérir. »

Que signifient ces mots obscurs ? S'agit-il de protestantisme ? Non. Henri VIII en est très loin, et les instructions sont écrites par un cardinal. Il s'agit de mariage.

Henri VIII était déjà séparé de fait de la reine, incurablement malade d'une maladie de femme. Il logeait à part. Il lui gardait beaucoup d'estime et d'égards. Mais enfin chacun voyait qu'un homme fort et de son âge ne vivrait pas longtemps ainsi ; que, religieux et austère, il n'aurait pas de maîtresse. Donc, divorce et mariage.

La chance était belle pour François I$^{er}$. Donner pour reine à l'Angleterre, à un roi très dominé par le sentiment conjugal, cette sœur qui lui était si parfaitement dévouée, et dont la grâce, la supériorité, auraient subjugué Henri VIII, c'eût été, pour ainsi dire, être roi d'Angleterre soi-même.

C'est avec grand étonnement qu'on voit dans les dépêches anglaises que le roi semble vouloir empêcher l'ambassadeur d'Henri VIII de causer avec Marguerite. Il l'interrompt, l'éloigne de sa sœur, craint de les laisser ensemble. (Avril 1526.)

On doit croire que la coterie cléricale et les partisans de l'Espagne qui se groupaient dès cette époque autour de Montmorency, redoutaient infiniment l'influence qu'une telle reine d'Angleterre, favorable aux idées nouvelles, aurait eue sur les deux pays.

Montmorency avait prise sur le roi par son idée la plus chère, par l'Italie, avec laquelle, à ce moment, il concluait une ligue. Comment s'entendre avec le pape, chef de cette ligue italienne, si l'on prenait décidément parti pour les protestants, si l'on mariait en Angleterre celle qui les protégeait en France, celle qui venait d'obtenir leur triomphant retour et l'humiliation de leurs ennemis?

De son côté, Wolsey, qui était cardinal, prévoyait, voulait le divorce, mais non au profit d'une princesse tellement redoutée du clergé.

Les lettres de Marguerite au comte de Hohenlohe, l'ardent mystique de Strasbourg, datent avec précision et son espérance et sa chute. En mars, elle lui écrit : « Vous pourrez venir en avril. Le roi vous enverra chercher. » Et elle lui écrit en juillet : « Je ne puis vous dire tout mon chagrin... Le roi ne vous verroit pas volontiers. *La cause qui fait qu'on ne s'y accorde*, c'est la délivrance des enfants du roi. » Sans doute Montmorency, le parti catholique et espagnol, persuadaient à la grand'mère, au père, que le moyen le plus sûr de recouvrer les enfants était de s'arranger avec l'Espagne, ou, si l'on n'y parvenait, d'agir avec le pape et l'Italie. Dans l'une et dans l'autre hypothèse, il fallait s'éloigner du protestantisme.

Donc, ils arrachèrent du roi l'exil de sa sœur et son mariage de Navarre. Imprévoyance des hommes! c'est justement ce mariage qui, dissolvant la cour de

Marguerite, sépare d'elle et renvoie à Londres la jeune Anne Boleyn, qui va conquérir Henri VIII et le séparer de Rome.

Marguerite, en pleurs, obéit; elle épouse le roi de Navarre en janvier 1527. Anne Boleyn, au printemps, rentre en Angleterre. Et c'est au printemps de même qu'un envoyé de la France, par un mot hardi, troubla à fond la conscience déjà ébranlée d'Henri VIII et décida le divorce.

Cet envoyé parlait avec Wolsey d'un mariage entre François I$^{er}$ et la fille du roi d'Angleterre. Wolsey dit qu'il ne savait si *légalement* le roi était libre, ayant déjà l'engagement d'épouser la sœur de Charles-Quint. A quoi le Français, piqué, répliqua qu'il voudrait aussi qu'on lui prouvât que la fille d'Angleterre était *légitime*, sa mère ayant épousé les deux frères, — avec dispense papale; — « mais ce qui est interdit de droit divin, le pape n'en peut donner dispense. »

Il n'avait pas dit : *inceste*. Mais Henri VIII se le dit. Le trait lui entra au cœur. Sans nul doute, la reine avait été si bien la femme du frère aîné d'Henri, qu'à la mort de ce frère on la croyait enceinte. Le second mariage n'avait eu, pour bénédiction du ciel, que maladies, deuils et mort; aucun enfant n'en pouvait vivre, sauf cette triste Marie, maladive comme sa mère, et qui ne rappelait en rien la brillante vigueur d'Henri VIII. Le divorce était naturel, légitime, s'il en fut jamais. Seulement, comment espérer que le pape annulerait une dispense donnée par un pape? On apprit à ce moment que Clément était prisonnier (mai 1527).

Ceci ouvrait un champ nouveau. Si l'on en croit un bruit alors répandu à la cour d'Espagne, François I$^{er}$ eût offert à Wolsey le patriarcat de la France, et Charles-Quint celui des Pays-Bas et de Basse-Allemagne.

La délivrance du pape et de Rome fut le texte populaire d'une nouvelle alliance de la France et d'Henri VIII. Wolsey même vint à Compiègne demander pour son maître la belle-sœur du roi, Renée, fille de Louis XII et d'Anne de Bretagne. Demande grave, insidieuse. La jeune princesse tenait de sa mère un droit ou une prétention d'héritière de la Bretagne, qu'Henri VIII tôt ou tard aurait fait valoir. La mère du roi consentait, mais non pas le roi. Ce refus n'allait-il pas rompre l'alliance? On l'eût cru, on se fût trompé. Tout était changé à Londres pendant l'absence de Wolsey.

Il était resté trois mois en France, beaucoup trop : « Qui quitte sa place la perd. » Quand il revint, il trouva que son maître avait un maître, et que le roi, jusque-là tout à lui, allait avoir à choisir entre son vieux pédagogue et une femme adorée.

On a discuté si la France, l'ancienne conquérante de l'Angleterre, au lieu de flotte et d'armée, n'imagina pas cette fois de la prendre par une femme. La chose n'est point invraisemblable. Sans cette passion, Henri VIII eût amèrement ressenti le refus qu'on lui faisait de Renée, et nous perdions son alliance.

Thomas Boleyn, vieux diplomate, fin, clairvoyant, intéressé, aura-t-il été sans voir que le roi était excédé de la reine et de toute reine; qu'il lui fallait une femme, un amour et du bonheur; que lui, Boleyn, avait en sa fille une personne accomplie, non seulement belle et spirituelle, mais résolue, vive, d'un charme invincible; qu'elle n'avait qu'à paraître?

Il la fit recevoir parmi les demoiselles de la reine, qu'elle éclipsa toutes. Henri VIII retrouva (mais tellement embellie) la petite fille du Camp du drap d'or. Tous les jours, il dut la voir parmi ses muettes compagnes, froides et silencieuses fleurs. Seule, la Française avait la voix, une voix douce, modeste et charmante; elle parlait, riait, chantait; elle était la joie de la maison.

Moins ambitieuse qu'on ne l'a dit, elle eût d'elle-même détruit sa fortune. A son arrivée, elle avait accueilli un parti très convenable. Wolsey avait grondé le jeune homme, et la reine avait profité de l'occasion pour renvoyer la dangereuse demoiselle. Mais, dans l'absence de Wolsey, son père la fit revenir à la cour. Elle y brilla, donna le ton, la mode. Les femmes la copiaient. Jusque-là, innocemment, les Anglaises découvraient leur sein. Anne Boleyn leur enseigna par son exemple une réserve plus habile.

Elle avait pu entrevoir, avec quelque vanité, qu'elle avait fort troublé le roi. Mais, quand il lui en fit l'aveu, elle en fut épouvantée. Il semble qu'elle ait vu son destin. Henri n'avait jamais aimé. La passion retardée chez un homme si violent, dont la figure assez rude, quoique belle encore, crevait d'orgueil et de sang, était faite pour donner effroi. Elle tomba à genoux et demanda grâce, disant qu'elle ne pouvait être sa maîtresse ; que, d'ailleurs, il était marié... Puis, voyant que rien ne l'arrêterait, qu'il renverserait tout obstacle, plus terrifiée encore, elle lui dit ce mot plein de sens, « que, si elle épousait son lord et seigneur, elle n'aurait pas avec lui la même ouverture de cœur qu'avec un époux de son rang ».

Wolsey s'excusant à son maître de n'avoir pas eu Renée, Henri répondit froidement : « Vous pouvez vous consoler ; j'épouse Anne Boleyn. »

Le cardinal, désespéré, commença dès lors un jeu qui pouvait lui coûter la tête : d'une part, écrivant au pape pour obtenir le divorce ; d'autre part, l'avertissant que la belle était de l'école de la reine de Navarre, hérétique et luthérienne.

Le pape traînait, gagnait du temps, inclinant à droite ou à gauche, selon que l'armée française ou celle de l'empereur avait l'avantage. La cour de France, impatiente et qui devinait Wolsey, avait envoyé à Londres pour éclairer de près le ténébreux cardinal, un jeune diable, plein d'esprit, pénétrant, flatteur, amusant. C'était le troisième des frères Du Bellay, Jean, qui avait pour contenance un évêché de Bayonne qu'il ne vit, je crois, jamais. Ce bon et pieux personnage, le parrain de Gargantua, fut plus tard ministre du roi pour ses petites affaires secrètes du côté des Turcs, le bon ami de Barberousse et le correspondant de Soliman. Évêque de Paris, cardinal, il ne fut pas loin, dit-on, d'être pape. La chose eût été piquante. Rabelais était son évangile. Il a travaillé plus que personne à créer le Collège de France.

Jean Du Bellay, dans ses lettres infiniment amusantes, donne à la fois deux spectacles : celui de la cour de Londres, de la violente et furieuse impatience d'Henri VIII ; celui du sombre grondement du peuple, dérangé par le divorce de son commerce de Flandre. Tout cela écrit à Montmorency, qui ne désire point le divorce ni la rupture avec l'Espagne. Mais Du Bellay pousse l'affaire, qui doit rendre l'ascendant à la sœur du roi, relever le parti antiespagnol sur les ruines de Montmorency.

Wolsey, qui, comme un homme près de tomber, allait de sottise en sottise, décida la victoire d'Anne Boleyn en croyant la perdre. Le roi faisait alors chercher, poursuivre en Allemagne un des Anglais protestants qui traduisaient les livres saints et les écrits de Luther. Wolsey parvint à avoir un de ces livres, surpris chez Anne Boleyn. Celle-ci, sans s'effrayer, court se jeter aux pieds d'Henri VIII. A temps. Car Wolsey arrivait avec le volume. Mais la théologie eut tort. Le roi prit froidement la chose. Wolsey dès lors était perdu. Sa lettre secrète au pape pour empêcher le divorce fut trouvée, et l'ordre donné de le mener à la Tour. Le chagrin, la maladie, la mort, qui lui vint à point, lui épargnèrent l'échafaud.

Les idées nouvelles ayant grande chance de triompher en Angleterre, on peut croire que le roi de France était fort porté à les ménager. Ce qu'il y eut de persécutions, de supplices, à cette époque, et même beaucoup plus tard, à Meaux, Toulouse, etc., doit s'attribuer à une influence contraire à celle de la cour, aux Parlements et au clergé. François I*er*, quoi qu'on ait dit, n'était pas Louis XIV. Il avait la force sans doute, mais bien moins l'autorité. Ces grands corps procédaient sans lui. On a vu qu'il n'avait sauvé Berquin que par un coup de violence, en le faisant enlever par les archers de sa garde.

La seule manière de changer les dispositions du roi, c'était de lui faire craindre des troubles dans Paris. Il avait extrêmement le souvenir et la crainte « de l'anarchie de Charles VI ». Il l'avait dit au Parlement lorsqu'on osa enlever la nuit les potences royales. Le 30 mai 1528, une Vierge de la rue des Rosiers se trouve un matin mutilée. Le protestantisme, comme toute grande révolution, avait toutes sortes d'hommes, des violents, des fanatiques. D'autre part, les catholiques étaient servis si admirablement par cette mutilation, qu'un des leurs avait fort bien pu faire ce pieux sacrilège, si utile à leur parti. La Sorbonne et son syndic, Bédier ou Béda, venaient de recevoir du roi la plus dure mortification. Ils avaient besoin d'un événement qui brouillât tout, émût le peuple, la cour même, changeât la face des choses.

Le roi, qui avait appelé le premier artiste du

temps, Léonard de Vinci, eût voulu attirer aussi le premier écrivain, Érasme. Mais il avait refusé. Il n'avait garde de venir, étant violemment poursuivi par Béda et la Sorbonne. Ce Béda, supérieur de Montaigu, chef des étudiants sans étude, qu'on nommait Cappets, tribun de la gueuserie pieuse et de la république ignorantine, était roi sur sa montagne, et difficilement permettait à l'autre roi, le roi de France, de rien usurper chez lui.

Érasme avait indiqué, dans un pamphlet de Béda, quatre-vingts mensonges, trois cents calomnies, quarante-sept blasphèmes. L'ami d'Érasme, Berquin, suivit cette voie, et, d'accusé se faisant accusateur, se chargea de prouver, par l'Évangile, que Béda n'était pas chrétien. L'affaire amusa le roi, qui crut l'occasion venue de détrôner son adversaire, le redoutable syndic. Il écrivit à l'Université que, *comme la Faculté de théologie avait l'habitude de calomnier*, il défendait qu'elle imprimât rien sur l'accusation avant que l'affaire ait été examinée par l'Université et le Parlement (1527).

En 1528, la mutilation de la Vierge venait à point pour Béda. La masse générale du peuple tenait fort à ses images, était encore parfaitement idolâtre et fétichiste.

Dans cette longue décadence de l'ancienne foi, ce qu'elle gardait de plus vivace, c'était l'idolâtrie de la Vierge, plus tard complétée par le Sacré-Cœur. Les confréries de la Vierge étaient innombrables, de toutes classes, de prêtres et d'étudiants, de marchands, de femmes et de filles. Pour ces confréries, un tel acte était plus qu'un sacrilège, c'était comme un outrage personnel. Elles allaient remuer ciel et terre, agiter, soulever le peuple, accuser surtout le roi de protéger les luthériens.

Ces confréries avaient leur centre dans le clergé de Paris, leurs assemblées dans les églises, leurs orateurs dans les gens du pays latin, docteurs, maîtres, étudiants. La Sorbonne donnait le mot d'une part aux confréries, d'autre part aux séminaires, qu'on appelait alors collèges, à un peuple d'écoliers robustes dont beaucoup avaient trente ans.

On croit que l'esprit de la Ligue n'apparaît qu'à la fin du siècle. Grande erreur. Cette fausse démocratie, ennemie de la liberté, ce peuple fatal au peuple, sur lequel on a fait dans les derniers temps force sots systèmes, tout cela existe déjà dans les Cappets de Béda, dans la vermine scolastique. Forts de leur nombre, ivres de cris, étalant superbement la crasse de leurs toges habitées, l'armée des séminaristes battait de sa vague noire les deux murs de la rue Saint-Jacques, venait heurter au Palais fièrement, impérieusement; et par derrière, fort serviles, dociles au moindre signal de *Nos Maîtres* de Sorbonne, qui les faisaient arriver aux cures et autres bénéfices.

Il y avait, parmi les serviles, des hommes plus dangereux, fanatiques visionnaires, des fous de toute nation. L'Université de Paris, étant une des dernières qui tînt pour la scolastique et toutes les vieilles sottises, était leur école de prédilection.

Les esprits militants aussi sentaient d'instinct que

Paris était le vrai champ de bataille où devait se débattre à mort la lutte des deux esprits.

De l'université d'Alcala, le *chevalier de la Vierge*, Ignace de Loyola, un capitaine émérite, blessé, âgé de trente-sept ans, venait d'arriver aux écoles de Paris (février 1528), et il y resta sept années.

De l'université de Bourges, vouée aux idées nouvelles et protégée par Marguerite, un écolier de dix-huit ans venait souvent à Paris, le sombre et violent, le savant, l'éloquent Calvin.

De l'université de Montpellier vint aussi, par occasion, un médecin, un hardi critique, Rabelais, qui en emporta une vive antipathie, un mépris magnifique des uns et des autres.

Un mot de plus sur Loyola, qui dut être certainement acteur, et très ardent acteur dans cette affaire populaire. Né en 1491, il avait, en 1528, trente-sept ans. Il s'était voué à la Vierge depuis six années, et avait traversé toutes les phases du mysticisme. Ermite, mendiant volontaire, pèlerin à Jérusalem, étudiant à Alcala, il y avait formé une association d'étudiants. De même que son compatriote Raymond Lulle imagina la fameuse *machine à penser*, Ignace avait imaginé une *machine d'éducation*, une discipline automatique, quasi-militaire, un cours d'*exercices* qui, des actes corporels menant aux spirituels, dresserait l'homme le moins préparé à devenir *soldat de Jésus*. La matérialité de cette méthode faisait justement sa force. Loyola, dit son biographe, quand il était tenté du diable, *chassait les idées avec un bâton*.

C'était un Basque de Biscaye, un Don Quichotte très rusé, mettant un grand sens pratique au service de ses visions. Les dominicains d'Espagne ne le comprirent pas, censurèrent son livre des *Exercices* et l'emprisonnèrent. Mais l'archevêque de Tolède, qui sentit mieux que les moines toute la portée d'un tel homme, lui enjoignit « d'*acheter robe et bonnet d'étudiant* » et d'aller s'établir aux écoles. Il dut être d'autant mieux reçu à Paris que Béda, le chef réel de l'Université, était intime avec les Espagnols.

Un noble capitaine, brave, glorieusement blessé, un pèlerin de Jérusalem, qui avait vu l'Europe et l'Asie, dut prendre aisément ascendant sur les écoliers. Sa figure eût suffi pour le désigner. Il était chauve, dit son premier biographe ; il avait le nez fort bossu d'en haut, large, aplati par en bas, des yeux battus, déprimés à force de pleurer. Personne n'eut plus le don des larmes ; à chaque instant il pleurait par averses et à torrents. Ajoutez à ce portrait des paupières contractées et basses, pleines de rides et de plis, où logeaient, cachés à l'aise, la passion et le calcul, la force d'une idée fixe.

Sa réputation de piété était si grande, que deux de ses compatriotes, Lainez et Salmeron, firent ce long voyage uniquement pour le voir. Ses maîtres devinrent ses disciples ; son répétiteur, le Savoyard Le Febvre, un professeur de philosophie, François Xavier, de Pampelune, se donnèrent à lui, avec d'autres, Espagnols, Français, et, sous ce grand capitaine commençant leurs *exercices*, devinrent les premiers soldats de la redoutable armée de la Vierge et de Jésus.

L'historiette d'après laquelle on aurait voulu fouetter ce saint, cet homme exemplaire, ce militaire de quarante ans, ne mérite pas qu'on en parle. Je croirais tout au contraire que, dans cette campagne ardente que firent les étudiants pour l'honneur de la Vierge, Ignace figura honorablement et comme un des capitaines. Et, si l'on voulait supposer que ce vaillant homme, si passionné, ce *chevalier de la Vierge*, s'enferma dans de tels jours avec sa grammaire, restant neutre et s'abstenant, je ne le croirai jamais et dirai hardiment : Non.

La question était posée sur le pavé de Paris d'une manière redoutable. La masse était pour les images, et, sous la bannière du clergé, des Cappets, des confréries, marchait contre les protestants. Le roi ne pouvait manquer de suivre ce mouvement. Faisant la guerre pour le pape, il avait à cœur de prouver qu'il était bon catholique. Il était d'ailleurs irrité de voir compromettre l'ordre et mépriser l'autorité. L'occasion était dramatique. On était sûr qu'il voudrait paraître, figurer en public, montrer en cérémonie ce beau roi, ce pompeux acteur.

Pendant toute une semaine, il y eut des processions expiatoires; toutes les rues étaient tendues. Procession grave et nombreuse du clergé de Paris. Procession infinie, bruyante, du noir peuple universitaire, de la Sorbonne surtout et du victorieux Béda, de ses effrénés Cappets, des quatre ordres mendiants. La procession enfin, éblouissante et splendide, du roi, des grands, de la noblesse. Le roi ayant à sa droite le cardinal de Lorraine, alla le premier jour demander pardon à l'image. Le lendemain, il y retourne, descend la Vierge mutilée, et à la place en met une d'argent. Tout cela avec une piété, une tendresse, une émotion, qui lui gagnèrent le cœur du peuple. Quand il eut placé la statue et redescendit, il avait les yeux pleins de larmes.

Mais ce n'était rien encore. Il n'y avait pas eu de supplices. Quoique l'image mutilée eût été en grande pompe déposée dans Saint-Gervais, elle ne se tint pas tranquille : elle opéra des miracles, ressuscita des enfants.

Ces choses contre la nature n'arrivaient guère qu'il n'en sortît des événements réellement dénaturés et horribles. On devait en attendre quelque affreuse tragédie. Il fallait seulement trouver un gibier sur qui lâcher la meute, une victime, si l'on pouvait, distinguée par la fortune, le rang et l'esprit; on était sûr que la chasse serait populaire. Les protestants malheureusement, sauf deux ou trois bien connus, étaient presque tous pauvres diables, ouvriers; il y avait quelques marchands. De nobles, il n'y en avait pas, sauf Farel et un autre, qui avaient passé en Suisse. Il ne restait que Berquin.

La chose était fort scabreuse. Il s'agissait d'un homme certainement aimé du roi, autorisé par lui dans son accusation récente contre la Sorbonne. Le Parlement hésitait. Un miracle fit encore l'affaire. Un serviteur de Berquin, qui, dit-on, allait brûler des livres qui le compromettaient, passe devant une image de la Vierge, est frappé, s'évanouit. On trouve justement sur lui les preuves dont on avait besoin. Un dominicain les saisit et les porte au Parlement.

Entre le roi et la Sorbonne, entre l'enclume et le marteau, le Parlement crut prendre un terme moyen. Il condamna Berquin, mais non pas à mort, seulement à finir ses jours dans un *in pace* au pain et à l'eau. Appel au roi. Mais il était à Blois. Le Parlement, mécontent de l'appel, étourdi des cris, entraîné, enveloppé, rendit cette sentence atroce, que Berquin mourrait dans deux heures. Il était dix heures du matin. Il fut étranglé, brûlé à midi.

Pendant que le roi s'étonne, s'indigne de tant d'audace, Béda lui fait une guerre plus directe et plus personnelle.

Notre ambassadeur à Londres, Jean Du Bellay, était revenu à Paris pour obtenir de la Faculté une décision favorable au divorce. Affaire véritablement grave, où Henri VIII jouait sa couronne. Londres et le commerce anglais étaient furieux de la rupture avec la Flandre. Le chancelier d'Espagne, Gattinara, avait dit : « Il sera chassé dans trois mois. » La femme répudiée, Catherine d'Aragon, une sainte Espagnole, douée de toute l'opiniâtreté aragonaise, devenait le centre des résistances. Elle envoya à Henri VIII une prophétesse épileptique pour le menacer. Les ardents champions de la reine, les moines, en présence d'Henri, prêchèrent que son sang, comme celui d'Achab, serait léché par les chiens.

La décision des universités du continent pour ou contre le divorce devait avoir un grand poids près du peuple d'Angleterre. Il ne tint pas à Béda que la Faculté de Paris ne fût contre. Il s'entendait publiquement avec les docteurs espagnols que Charles-Quint avait envoyés, et travaillait bravement avec eux pour l'empereur.

Au premier mot que Du Bellay dit à la Sorbonne, Béda l'arrêta, disant : « On sait que le roi veut complaire au roi d'Angleterre. »

François Ier essaya d'influencer la Sorbonne par le Parlement. Mais ce corps, souvent servile pour le roi, l'était bien plus pour le clergé. Il fit le mort. Béda, vainqueur, fit décider par la Sorbonne qu'elle ne ferait rien *que par ordre du roi*, lui renvoyant ainsi toute la responsabilité de la chose, le forçant de se déclarer nettement pour Henri VIII, de briser avec Charles-Quint. Le roi sollicita, négocia, et ne l'emporta qu'à une faible majorité.

Il eût voulu une enquête sur les manœuvres de Béda. A la première séance, comme on recueillait les votes, les partisans de ce dernier avaient arraché les pièces au bedeau et empêché de voter. Ce bedeau, gardien des registres, avouait qu'on l'avait forcé de faire un faux dans le procès-verbal. Le Parlement éluda, ajourna l'enquête, disant *qu'elle nuirait plutôt au roi d'Angleterre*, c'est-à-dire irriterait la Sorbonne contre les deux rois.

François Ier était d'autant plus ulcéré de l'entente de Béda avec les Espagnols, qu'à ce moment il venait de recouvrer ses enfants, et trouvait sur leur visage, changé et méconnaissable, la trace de leur captivité. Béda, dans ce moment d'humeur, pouvait payer pour Charles-Quint. Le roi parlait de le faire enlever. C'eût été le faire adorer. Les sots l'auraient canonisé.

Le mieux était certainement, sans frapper la vieille Sorbonne, de lui élever en face une vraie école de science, école *laïque, gratuite*, qui enseignât *pour tous*, librement, en pleine lumière, à portes ouvertes, et fît déserter peu à peu le nid des chauves-souris.

Rien n'indique que le roi ait bien vu ni bien compris un but tellement élevé. L'idée, très probablement, n'appartient qu'à trois personnes, Budé, Jean Du Bellay et la reine de Navarre.

Le roi, blessé en 1521, avait fait le vœu de bâtir une église et un vaste collège, établissement magnifique, mais par l'édifice et l'emplacement, qui eût été celui de l'hôtel de Nesle en face du Louvre, magnifique par le nombre des écoliers, qui eussent été six cents pensionnaires et des enfants de quinze ans. Il fallut beaucoup de temps pour que Budé, son bibliothécaire, lui transformât son idée et l'élevât jusqu'à celle d'une haute école publique, libre, grande par la science.

Heureusement François Ier, qui avait longtemps rêvé de croisade, de Constantinople, etc., aimait le grec, qu'il ne savait point, et voulait l'introduire en France. Il aimait la longue barbe du bon vieux Jean Lascaris, quasi-centenaire, qui avait enseigné déjà à Paris sous Louis XI. Mais le grec, pour la Sorbonne, c'était déjà une hérésie. Budé écrit à Rabelais l'obstacle invincible que mettaient les théologiens à l'enseignement de la langue d'Homère.

On profita, en 1529, de l'irritation de François Ier contre la Sorbonne. A ce moment où, rassuré par le traité de Cambrai, il se mit à bâtir de tous côtés, Budé obtint, non pas qu'il bâtit le Collège de France, mais qu'il fondât seulement deux chaires (de grec et d'hébreu). En attendant que ce collège eût sa maison à lui, on professa modestement dans un petit collège universitaire. La nouvelle école enseigna d'abord chez ses ennemis.

Les chaires, en 1530, furent portées de deux à cinq. Deux de grec furent données à Toussain, ami d'Érasme, et à Danès, noble de Paris; deux d'hébreu à deux réfugiés italiens, juifs convertis de Venise, que protégeait Marguerite. L'un d'eux eut pour successeur le savant Français Vatable.

Mais ce qui fut admirable, comme première porte ouverte à l'enseignement encyclopédique, c'est qu'aux chaires de langues sacrées on en joignit une de mathématiques. On pouvait prévoir que peu à peu toutes les sciences forceraient l'entrée, se feraient place, formeraient par leur réunion l'école universelle de la libre critique et de la rénovation de l'esprit humain.

La médecine y professe, dès 1542, avec la philosophie. Au latin, enseigné dès 1534, se joignent l'arabe et le syriaque, le droit, etc.

Glorieuse école qui attend encore son histoire. Elle rompit la dernière chaîne qui attachait l'homme au passé, quand Ramus en immola la plus respectable idole, Aristote, et scella la révolution de son sang.

Elle a eu deux gloires immenses, enseignant surtout deux choses, l'Orient et la Nature.

Là, les rabbins vinrent apprendre l'hébreu aux leçons de Vatable. Là, les Parses vinrent de l'Inde redemander à Burnouf leur langue oubliée.

Champollion et Letronne y ont exhumé l'Égypte. Cuvier, Ampère, Savart et autres grands inventeurs y ont renouvelé les sciences naturelles.

Celles de l'homme non plus n'y ont pas été stériles, quand trois amis, d'une parole émue et sincère, suscitèrent, dans un temps d'abjection, une étincelle morale, et, dans un temps de discorde, enseignèrent la *grande amitié*.

Mot saint qui, pour toute âme vraiment vivante et humaine, veut dire l'harmonie des cœurs qui fait celle de l'esprit et féconde l'invention.

Mot sacré, antique, par lequel l'instinct prophétique de nos pères avait désigné la Patrie.

Était-ce en vain? Étions-nous abusés? Fut-ce une illusion, quand la flamme morale, tombée sur cette foule ardente, nous revenait plus vive et plus profonde? quand les yeux répondaient des cœurs, quand l'éclair de tant de regards jurait que la Patrie était pour jamais fondée là?

Non, rien n'est effacé, et ce ne fut pas une erreur. Nous nous obstinons à le croire. Les murs même paraissaient émus, et tels ils sont restés, qu'on y regarde bien. Les voûtes frémissantes n'ont pas désappris cet écho.

## CHAPITRE XIX

*On tourne le roi contre la Réforme. (1530-1535.)*

En l'année 1526, et bien avant le divorce, Henri VIII s'était fait lire une pièce qui courait dans Londres : la *Supplique des mendiants*.

« C'est la lamentable complainte qu'adressent à Votre Altesse vos suppliants, pauvres monstres qu'on ose à peine regarder, les lépreux, culs-de-jatte, boiteux et autres infirmes, dont le nombre croît toujours, et qui meurent de faim... Ce grand malheur est venu de ce que jadis, dans votre royaume, s'est glissée une race de faux mendiants, qui s'appellent évêques, abbés, prêtres, moines. Ils se sont approprié les plus riches seigneuries ; ils tirent la dîme de tout, même des gages des valets ; il n'est pauvre ménagère qui, pour être absoute à Pâques, ne donne dîme de ses œufs... Chassez ces mendiants robustes », etc.

Cette verte réclamation des aveugles et des boiteux était celle de tout le peuple, tout entier boiteux et aveugle. La question de la Réforme était de le redresser, de le mettre sur ses jambes et de lui rendre des yeux.

Déjà elle avait cet effet dans la Suisse, dans la Souabe, dans toute l'Allemagne du Nord. Elle appliqua les biens du clergé surtout à la création des écoles. Ses grands hommes, Luther et Zwingli, ne furent pas seulement des théologiens, mais les instituteurs du peuple.

Qui n'adorerait Luther en le voyant, au moment le plus périlleux de sa vie, le plus tiraillé, le plus occupé, parmi ses disputes, ses lettres, ses prédications, ses leçons de théologie, entre un monde qui s'écroule et un monde qui commence, *enseigner le soir les petits enfants?* (13 mars 1519.)

Et Calvin, si dur et si sombre dans sa création de Genève, qu'a-t-il fait surtout? Une école. Non seulement la haute école des héros et des martyrs, mais d'abord et principalement l'humble école qui commençait tout, l'école primaire, élémentaire. Sa sollicitude pour l'enfant, jusque dans les moindres choses, est admirable et commande le respect du monde.

L'école, c'est le premier mot de la Réforme, le plus grand. Elle écrit en tête de sa révolution ce devoir essentiel de l'autorité publique : *Enseignement universel*, écoles de garçons et de filles, écoles libres et gratuites, où tous s'assoiront, riches et pauvres.

Que veut dire *pays protestants?* Les pays où l'on sait lire, où la religion tout entière repose sur la lecture.

*C'est pour la première fois qu'on parle de l'enseignement des filles*, qu'on s'occupe de former celles qui bientôt, comme femmes et mères, auront à former leurs fils.

La lecture, l'écriture, l'instruction religieuse, un peu d'histoire, beaucoup de chant.

*C'est pour la première fois que l'enseignement universel de la musique est institué.*

L'homme qui, plus qu'aucun autre, exécuta la pensée de Luther, fit les livres, fonda les écoles, dirigea ce mouvement, qui est une seconde Réforme, tout aussi grande que l'autre, c'est l'illustre Mélanchton, où Bossuet n'a voulu voir qu'un réformateur timide, un hérétique peureux, qui avance et qui recule. En réalité, il a eu le rôle le plus actif dans la création d'une nouvelle Allemagne, inspirée de lui, animée de lui, et qui doit se dire la fille de Mélanchton.

Quelques gaspillages que les princes aient faits des biens ecclésiastiques, la majeure partie revint à sa vraie destination, aux écoles, aux hospices, aux communes, à ses vrais propriétaires, le pauvre, le vieillard, l'enfant, la famille laborieuse.

Cette suprême question du temps se pose vers 1530, après le traité de Cambrai : que vont faire pour la Réforme les deux premiers souverains de l'Europe?

Le rôle de l'empereur est tout tracé. Roi d'Espagne, il est catholique, point du tout impartial (quoi qu'en dise Robertson). Né Flamand, grand ami des moines, puissamment influencé par un confesseur dominicain, s'il tient peu de compte du pape, c'est qu'il se sent le vrai pape, le chef et défenseur de l'Église catholique. L'Espagne s'est toujours sentie plus catholique que Rome. Il agira contre Luther, mais, s'il peut, par un concile, pour réformer le pape même. Et c'est ce qui rapprochera celui-ci de François Ier. Le premier fruit que Charles-Quint tire de son traité de Cambrai, c'est de pouvoir menacer l'Allemagne, de tirer de la diète d'Augsbourg la condamnation des protestants. Ils se liguent à Smalkalde et s'adressent à François Ier (1532).

Donc, celui-ci, courtisé des protestants d'Allemagne et d'Angleterre, d'autre part du pape, est l'arbitre réel de la question religieuse.

Elle est tranchée pour Charles-Quint, qui, de toutes façons, sera le champion du catholicisme.

Notez que le roi de France est libre, parfaitement libre. Le côté du protestantisme qui repoussa la Renaissance, qui épouvanta la France par sa sombre austérité, Calvin et Genève ne sont pas encore. Jusque vers 1540, le protestantisme est flottant, indécis et divisé entre vingt écoles diverses. Il n'a pas fixé la formule, le code de la résistance religieuse. S'il effraye par l'anabaptisme, il rassure par les côtés humains, généreux de Zwingli, par l'aimable et pieuse figure du doux Mélanchton.

Le moment vraiment décisif pour François Ier fut le 21 octobre 1532. Sur l'appel des confédérés de Smalkalde contre l'oppression de l'empereur, les rois de France et d'Angleterre se réunirent à Boulogne.

Henri VIII était venu avec Anne Boleyn. Il avait pris son parti, aboli les tributs que son Église payait à Rome, et déclaré à son clergé qu'il devait choisir entre ses deux serments au pape et au roi. Ceci tendait tout au moins à faire un patriarcat, comme déjà on l'avait proposé dans la captivité du pape. Henri voulait de plus une ligue de la France et de l'Angleterre pour la protection de l'Allemagne. François I$^{er}$, retenu, contre son intérêt visible, par sa mère, par Montmorency, par Duprat, François I$^{er}$ se tira des instances d'Henri VIII en faisant la galanterie de danser avec Anne Boleyn. Tout finit par une ligue soi-disant contre le Turc et par une petite somme qu'on envoya aux Allemands.

Les historiens systématiques n'ont pas manqué d'admirer toutes ces tergiversations. Ils y mettent la suite et l'ensemble qui n'y fut jamais, y voient déjà l'essai habile du système d'équilibre. Ce fut tout simplement l'effet des influences de cour qui se balançaient. Le vieux Duprat était légat et voulait devenir pape, Montmorency connétable; ils tiraient à droite, du côté espagnol et papal. La duchesse d'Étampes, l'amiral Brion (Chabot), par moments la sœur du roi et les Du Bellay l'inclinaient à gauche, vers Henri VIII, les protestants, Soliman. Ce n'était pas un équilibre, c'étaient des chutes alternatives, lourdes, dangereuses, souvent des contradictions violentes, qui crevaient les yeux, irritaient l'opinion.

Par exemple, à trois mois de distance, il se lie intimement avec le pape pour regagner l'Italie, et il appelle Barberousse, l'effroi, l'horreur de l'Italie, de l'Europe, détruisant à l'instant même ce qu'il a essayé de faire.

L'équilibre européen qu'on voit ici bien à tort ne fit rien pour lui dans les deux crises suprêmes de 1536 et 1544. La France se sauva seule.

Revenons.

Il suffit, pour attraper un enfant, de lui montrer une pomme. A ce grand enfant, le pape montrait le duché de Milan.

Le duc de Milan, malade, sans postérité, négociait aussi secrètement avec lui contre son tyran, l'empereur, et pourtant priait l'empereur de lui faire épouser sa nièce.

Sur ces amorces, le roi envoie à Milan un Italien francisé, Maraviglia ou Merveille, un sot étourdi, glorieux, qui négocie à grand bruit, menace les impériaux. Ses gens, grands bretteurs, les défient. Riposte, les épées tirées, un Espagnol est tué. Que fait le duc de Milan? Effrayé de voir tout connu, il perd la tête, fait prendre l'agent de François Ier, et, pour regagner l'empereur, le décapite la même nuit (7 juillet 1533). L'empereur immédiatement donne sa nièce à Sforza.

Le roi connut ce jour-là sa situation, son isolement, le mépris qu'on faisait de lui.

Ce coup de fouet le réveilla, mais pour le précipiter plus avant dans sa sottise. Il s'unit d'autant plus au pape, prend sa nièce pour un de ses fils. Le pape, libéralement, donne en dot Parme et Plaisance, terre papale, que nous n'eûmes point, Pise et Livourne, que son cousin Médicis n'avait nulle envie de livrer;

enfin des mots et du vent. L'affaire est caractérisée par l'aveu du roi : « Nous avons pris une fille toute nue. » La dot réelle était l'alliance du pape. Belle et solide alliance avec un vieux pontife malade qui va mourir demain!

Le roi fit brusquement la chose à Marseille ; le mariage bâclé, consommé, il revint avec cette nièce (Catherine de Médicis), plus une patente du pape pour brûler les luthériens. Les Anglais lui firent honte d'avoir humilié sa couronne, de s'être fait le lieutenant de la police papale et le sbire de l'évêque de Rome.

Ce voyage, cette intimité avec le pontife, avait produit son effet naturel à Paris. L'Université, que le Parlement même conseillait de réformer, loin de subir cette réforme, devint tout à coup agressive. Elle s'en prit violemment à la sœur du roi, qu'il avait laissée à Paris. On la frappa dans son aumônier, le doux et mystique Roussel, qui prêchait au Louvre. On la frappa en elle-même, en son livre, le *Miroir de l'âme pécheresse*, rêverie tendre et monotone, qui n'était pas plus protestante qu'une foule d'autres livres mystiques.

Les protestants, du reste, comme les catholiques, hardis de l'absence du roi, essayaient d'agir. Profitant de la réforme qu'on faisait dans l'Université, ils avaient réussi à faire porter au rectorat un des leurs, ami de Calvin. Il s'avoua protestant. Le Parlement le poursuivit. Il s'enfuit en Suisse, Calvin en Saintonge, où il se cacha, protégé par la reine de Navarre.

C'est sur elle que tout retomba. Les moines répandirent dans les chaires un mot, du reste vraisemblable : Que, le roi jurant au pape qu'il voudrait chasser tous les luthériens, Montmorency aurait dit : « Commencez donc par votre sœur. »

Après la chaire, le théâtre. Ils firent jouer sur les tréteaux par la bande des Cappets *cette furie*, cette Hérodiade. On proposait de la mettre dans un sac et de la jeter à la Seine.

Le roi, au retour, ne put se dispenser de commencer une enquête. Il emprisonna Béda. Les Du Bellay, qui parvinrent, par adresse et par argent, à faire agir les protestants d'Allemagne contre la maison d'Autriche, se trouvèrent forts auprès du roi. Jean Du Bellay obtint de lui qu'il appellerait Mélanchton à Paris pour conférer sur la réunion des deux Églises. S'il venait, il était possible que son insinuation, sa douceur, son charme, gagnassent un esprit aussi mobile que celui du roi.

Une histoire fort scandaleuse eût aidé à noyer les moines. Les cordeliers d'Orléans venaient d'être pris pour une farce sacrilège. La femme du prévôt de cette ville étant morte sans leur faire de legs, ils voulurent faire croire qu'elle était damnée. Comment en douter? Aux heures de matines, son âme plaintive errait, gémissait dans les voûtes de l'église. Les cordeliers déclarèrent qu'ils n'y feraient plus l'office. A grand bruit, ils emportèrent le saint-sacrement, les reliques. Cela n'allait pas à moins qu'à faire déterrer la damnée et la jeter à la voirie. Malheureusement le prévôt obtint un ordre du roi pour fouiller l'église, malgré les privilèges ecclésiastiques. Il trouva, empoigna l'âme, qui était un jeune novice. Tous furent amenés à Paris, jugés, condamnés à l'amende honorable.

Le parti était bien malade. Un événement imprévu le sauva, comme en 1528.

En juin 1534, comme on parlait beaucoup des insurgés d'Allemagne, des anabaptistes de Munster et de leur polygamie, on prit à Paris, on brûla un moine marié, qu'on dit polygame, voulant le confondre avec les anabaptistes, le donner pour un précurseur de leurs jacqueries fanatiques.

Le 18 octobre de la même année, le roi, alors à Blois, se levant le matin et sortant de sa chambre, voit sur sa porte même un placard contre la messe, comme ceux que les protestants avaient déjà affichés. Il fut hors de lui, pâlit de tant d'audace, d'un si direct affront à la majesté royale.

Ces doctrines, qui venaient de faire une république à Munster, de chasser le prince-évêque, puis d'y faire le *roi tailleur*, le fameux Jean de Leyde, l'épouvantèrent. On lui montra le spectre de l'anabaptisme. On lui fit croire que ces prétendus anabaptistes de Paris voulaient faire un massacre général des catholiques, brûler le Louvre, etc. L'ambassadeur d'Espagne l'écrit comme chose sûre à Madrid.

Rien de plus saint, de plus pur, que les origines du protestantisme français. Rien de plus éloigné de la sanglante orgie de Munster.

Le premier martyr parisien fut un jeune ouvrier

d'une vie tout édifiante. Il était paralytique, et on le prit dans son lit. Celui-là, à coup sûr, n'avait pas été à Blois.

Il avait été d'abord un garçon leste et ingambe, vif, farceur, véritable enfant de Paris. Frappé par un accident, il n'en était pas moins resté un grand rieur. Assis devant la porte de son père, qui était un cordonnier, il se moquait des passants. Un homme dont il riait approche et dit avec douceur : « Mon ami, si Dieu a courbé ton corps, c'est pour redresser ton âme. » Il lui donne un Évangile. Étonné, il prend, lit, relit, devient un autre homme. Son infirmité augmentant, il resta six ans dans son lit, gagnant sa vie à enseigner l'écriture ou à graver sur des armes de prix, ce qui le mettait à même de donner aux pauvres et de les gagner à l'Évangile.

Sur son martyre, nous ne suivrons pas les récits protestants de Bèze, Crespin, etc. Nous préférons le récit plus ancien d'un fort zélé catholique, le *Bourgeois de Paris* (publié en 1854). Il trouve ces horreurs admirables, en donne tout le détail, en accuse beaucoup plus que n'avaient dit les protestants.

Pendant six mois, de novembre en juin, continuèrent dans Paris les sacrifices humains.

« Audict an 1534, 10 novembre, furent condamnées sept personnes à faire amende honorable en un tombereau, tenant une torche ardente, et à être brûlées vives. Le premier desquels fut Barthélemy Mollon, fils d'un cordonnier, impotent, qui avoit lesdicts placards. Et pour ce, fut brûlé tout vif au cimetière Saint-Jean. — Le second fut Jean Du Bourg, riche drappier, demeurant rue Saint-Denis, à l'enseigne du Cheval noir. Il avoit lui-même affiché de ses écriteaux. Il fut mené faire amende honorable devant Notre-Dame, et de là aux Innocents, où il eut le poing coupé, puis aux Halles, où il fut brûlé tout vif, pour n'avoir pas voulu accuser ses compagnons. — Le troisième, un imprimeur de la rue Saint-Jacques, pour avoir imprimé les livres de Luther. Brûlé vif à la place Maubert. — Le 18 novembre, un maçon, brûlé vif rue Saint-Antoine. — Le 19, un libraire de la place Maubert, qui avoit vendu Luther, brûlé sur ladite place. — Un grainier aussi et un couturier demeurant près Sainte-Avoye. Mais pour ce qu'ils en accusèrent et promirent d'en accuser d'autres, la cour les garda.

« Le 4 décembre, un jeune serviteur brûlé vif au Temple. Le 5, un jeune enlumineur brûlé au pont Saint-Michel. Le 7, un jeune bonnetier fut, devant le Palais, battu nud au cul de la charrette, et fit amende honorable.

« Le 21 janvier, trois luthériens (dont le receveur de Nantes) brûlés rue Saint-Honoré, et un clerc du Châtelet ; un fruitier devant Notre-Dame. Le 22, la femme d'un cordonnier près Saint-Séverin, lequel étoit maître d'école et mangeoit de la chair le vendredi et le samedi.

« Le 16 février, un riche marchand, de cinquante à soixante ans, estimé homme de bien, brûlé au cimetière Saint-Jean.

« Le 19, un orfèvre et un peintre du pont Saint-Michel, battus de verges. — Le 26, un jeune mercier italien, et un jeune écolier de Grenoble, furent brûlés ; l'écolier, pour avoir affiché la nuit des écriteaux (par ordre d'un maître de l'Université, chez qui il demeurait.)

« Le 3 mars, un chantre de la chapelle du roi, *qui avoit attaché au château d'Amboise où étoit le roi*, quelques écriteaux, fut brûlé à Saint-Germain-l'Auxerrois.

« Le 5 mai, un procureur et un couturier furent traînés sur une claie au parvis Notre-Dame, et menés au Marché aux pourceaux, *pendus à chaînes de fer, et ainsi brûlés... Et de même*, un cordonnier au carrefour du Puys-Sainte-Geneviève, qui mourut misérablement sans soi repentir.

« *Et furent leurs procès avec eux brûlés.* »

Dans ce récit d'un Parisien contemporain, et qui put être témoin oculaire, on voit énoncée la cruelle aggravation de peines qui commence alors en (novembre). Les condamnés ne furent pas préalablement étranglés, mais effectivement *brûlés vifs*. Et, cette peine ne suffisant pas, on imagina en mai cet atroce suspensoir des *chaînes de fer*, qui soutenait le patient et prolongeait le supplice, empêchant le corps de s'affaisser et de disparaître dans le feu.

Les *procès brûlés* avec les hommes, par une précaution infernale, ont rendu très difficile d'écrire avec certitude les actes de ces martyrs.

Rien n'indique que le roi se soit imposé le supplice de voir ces horribles spectacles, plus choquants qu'on ne peut dire par les convulsions des patients et l'odeur des chairs brûlées. Il ne vint à Paris que le 21 janvier, sortit à huit heures du matin, alla du Louvre à Saint-Germain-l'Auxerrois, et de là, en grande pompe, à travers les rues tapissées, suivit la procession du clergé, qui porta le saint-sacrement de reposoir en reposoir. A chacun, il s'arrêta et fit ses dévotions. Puis il dîna à l'évêché. Il y vit l'amende honorable.

Si le roi eût assisté aux exécutions, le *Bourgeois*, excellent catholique, ne manquerait pas de le remarquer avec orgueil et de consigner le fait.

Huit jours auparavant (13 janvier 1535), la Sorbonne avait tiré du roi une incroyable ordonnance qui supprimait l'imprimerie. Elle n'a pas été conservée, mais le fait est prouvé par la suspension qu'accorda le roi (26 février).

Le clergé s'y prenait trop tard. L'art fatal avait tout enveloppé. Et la Presse était plus qu'un art : c'était un élément nécessaire, comme l'air et l'eau. L'air est bon, il est mauvais, sain ici, là insalubre. N'importe. C'est la condition suprême de l'existence. On ne supprimera pas la respiration, ni pas davantage la Presse.

D'après un calcul vraisemblable (voir Daunou et Petit-Radel, Taillandier, etc.), l'imprimerie a donné, avant 1500, quatre millions de volumes (presque tous in-folio). De 1500 à 1536, dix-sept millions. Après, on ne peut plus compter.

Dans les dix premières années de Luther, les publications décuplent en Allemagne. En 1533, il y a déjà dix-sept éditions de l'Évangile allemand à Wittemberg, treize à Augsbourg, treize à Strasbourg, douze à Bâle, etc. Le catéchisme de Luther est bientôt tiré à cent mille, etc., etc. (Schœffer, *Influence de Luther sur l'éducation*.) La Suisse et les Pays-Bas, la France, l'Angleterre, le Nord, font d'incroyables efforts pour rejoindre l'Allemagne.

La demande de la Sorbonne était tellement ridicule, que les parlementaires, jusque-là alliés des sorbonnistes, réclamèrent contre eux. Budé et Jean Du Bellay démontrèrent au roi que la chose était et inepte et impossible.

Le clergé tourna l'obstacle. Il obtint qu'il y aurait censure, des censeurs élus par le Parlement. Et peu après, en 1542, il tira la chose des mains du Parlement, et se fit censeur.

Cependant, de toutes parts, la voix publique s'élevait contre l'horrible inconséquence de poursuivre les protestants à Paris et de les aider en Allemagne, de traiter avec les Turcs et de brûler les chrétiens.

Les Allemands, il est vrai, avaient détruit l'anabaptisme (communiste et polygame); mais à Paris, avec quelque furie qu'eût été menée la chose, les pièces brûlées avec les hommes, les procès détruits, la lumière éteinte, il n'était que trop certain que pas un de ces infortunés n'était anabaptiste. Autre était l'école française, toute chrétienne, soumise aux puissances.

C'était justement le moment où les protestants d'Allemagne, avec l'argent de la France, avaient, par un coup rapide, enlevé le Wurtemberg à la maison d'Autriche et au catholicisme, forçant Ferdinand à accepter le fait accompli, à confirmer l'édit de tolérance.

Il en était résulté une vaste explosion protestante. Tout ce qui restait catholique par peur de l'Autriche parla haut et se déclara. La Poméranie, le Mecklembourg, le Brunswick, les provinces allemandes de Danemarck, une forte partie de la Saxe, tout le Palatinat du Rhin, se déclarèrent protestants. Le lointain Nord scandinave commençait à s'ébranler et prendre le même esprit.

De sorte que François I$^{er}$ put voir qu'en brûlant les protestants il défaisait ce qu'il venait de faire, irritait les Allemands au moment où il venait de les gagner par un signalé service, se brouillait avec un parti qui avait déjà la moitié de l'Europe.

Et pour qui cette sottise? Pour Clément VII, qui mourait? Pour gagner l'Église italienne? Cette Église, comme l'Italie, l'exécrait et le maudissait pour avoir lâché, appelé l'épouvantable terreur des corsaires de Barberousse.

Il commença à voir clair, et se dépêcha en juillet (1535) de regagner les Allemands. Duprat venait de mourir. Les Du Bellay lui firent de nouveau inviter Mélanchton. Il donna une amnistie, « voulant que les suspects ne fussent plus inquiétés, et que, s'ils étaient prisonniers, on les délivrât ». Les fugitifs pouvaient revenir en abjurant dans les six mois et vivant en bons catholiques.

Une chose plus significative était déjà faite depuis février. Le roi avait enlevé Béda, lui avait fait faire amende honorable, et l'avait jeté au Mont Saint-Michel, où il resta jusqu'à sa mort.

## CHAPITRE XX

François Ier et Charles-Quint en 1535. — Fontainebleau. — *Le Gargantua*.

Le Liégeois Thomas Hubert, qui vint, en 1535, avec l'Électeur palatin, nous donne un curieux portrait de François Ier. C'est le dernier moment où il fut encore lui-même. Les maladies le saisirent en 1538 avec une extrême violence, et, dans les années qui suivirent jusqu'à sa mort en 1547, on peut dire qu'il se survécut.

Il était fort entamé en 1535. Cependant il avait toujours la conversation brillante, la riche mémoire que les Italiens avaient admirée : « Il savait, disait à merveille les particularités de chaque pays, leurs ressources, leurs productions, les routes, les fleuves navigables, et cela pour les contrées les plus éloignées. » (P. Jov.)

Hubert ajoute ce mot : « Non seulement les artistes auraient profité à l'entendre, mais les jardiniers et les laboureurs. Malheureusement il prononçait difficilement, ayant perdu la luette par la maladie. » (Hub. *Vita Fred. Pal.*)

Il n'avait pourtant que quarante et un ans. Charles-Quint en avait trente-cinq et ne se portait guère mieux. Il bégayait comme François I<sup>er</sup> et n'avait plus de cheveux. On dit qu'il les avait coupés. Peut-être les avait-il perdus par suite des attaques d'épilepsie qu'il eut parfois dans sa jeunesse, ou par abus des plaisirs, par suite de maladies. Il était fort adonné aux femmes, autant qu'à la table ; grandes dames et petites filles, tout lui était bon. Un ulcère le força de quitter brusquement l'armée, en 1532, en présence de Soliman.

Les maladies de ces princes ont servi l'humanité, en ce sens que leurs médecins, les plus éminents du siècle, durent, pour des maux tout nouveaux, chercher une science nouvelle, quitter l'ancienne médecine, grecque et arabe, qui, ici, restait muette. Le médecin de François I<sup>er</sup>, l'illustre Gunther, d'Andernach, chef de l'école de Paris, vit les plus grands esprits du temps assiéger sa chaire, les Fernel, les Rondelet, les Sylvius, les Servet, les Vésale. Là, Vésale prépara la première description anatomique de l'homme qu'on ait possédée. Là Servet entrevit la grande et principale découverte du siècle, la circulation du sang.

Vésale, prosecteur de Gunther, devint le médecin de Charles-Quint, et écrivit *Sur la goutte de César* un opuscule qu'on a placé, non sans cause, près du poème de Fracastor sur la syphilis dans le recueil des anciens traités relatifs à la grande maladie. César, par le gaïac, fut de plus en plus noué et torturé d'exostoses. Le roi, qui semble avoir préféré les pilules mercurielles de son ami Barberousse, n'en eut pas moins de cruelles aposthumes qui le mirent près de la mort, et cette triste bouffissure dont témoigne son dernier portrait.

Dans cet état de santé, les dispositions des deux malades étaient toutefois différentes. L'humeur âcre de Charles-Quint, irritée et attisée par des mets très épicés, ravivait sans cesse en lui les éléments inquiets de sa race, l'agitation de Maximilien, la violence, la mélancolie de Charles-le-Téméraire. Il ne voulait point de paix. François I$^{er}$, plus malade, plus découragé, sans l'affront de Merveille et le regret de Milan qui le poursuivaient, eût voulu au moins une trêve qui durât ses dernières années. (*Relaz. Venez. Nic. Tiepolo.* 1538.)

François I$^{er}$, peu à peu, était comme rentré en lui. Jeune, il avait d'abord rêvé l'Orient et la croisade. Puis l'Italie, puis l'Empire. Milan lui restait au cœur. Mais il eût voulu l'obtenir par arrangement plutôt que par guerre.

La guerre lui allait si peu, qu'il avait même renoncé aux grandes chasses fatigantes. Les vastes paysages de la Loire, les déserts de la Sologne, qui plaisaient au roi cavalier et lui firent si tristement placer sa féerie de Chambord, n'allaient plus au promeneur valétudinaire. Il lui fallait une nature plus resserrée et exquise. Il aimait Fontainebleau.

Harmonie d'âge et de saison. Fontainebleau est surtout un paysage d'automne, le plus original, le plus sauvage et le plus doux, le plus recueilli. Ses roches chaudement soleillées où s'abrite le malade, ses ombrages fantastiques, empourprés des teintes d'octobre, qui font rêver avant l'hiver, à deux pas la petite Seine entre des raisins dorés, c'est un délicieux dernier nid pour reposer et boire encore ce qui resterait de la vie, une goutte réservée de vendange.

« Si vous aviez quelque malheur, où chercheriez-vous un asile et les consolations de la nature? — J'irais à Fontainebleau. — Mais si vous étiez très heureuse? — J'irais à Fontainebleau. »

Ce mot d'une femme d'esprit peut être senti de tous. Mais ce sont pourtant les blessés, surtout les blessés du cœur, qui ont affectionné ce lieu. Saint Louis, dans ses tristesses profondes sur la ruine du Moyen-âge, vient prier dans cette forêt. Louis XIV, vaincu, fuit Versailles, ses triomphes en peinture qui ne sont plus qu'ironie, et cherche à Fontainebleau un peu de silence et d'ombre.

Là aussi François I$^{er}$, découragé des guerres lointaines, veuf de son rêve, l'Italie, se fait une Italie française. Il y refait les galeries, les promenoirs élégants, commodes et bien exposés des villas lombardes qu'il ne verra plus. Il fait sa galerie d'Ulysse. Son Odyssée est finie. Il accepte, la destinée le voulant ainsi, son Ithaque.

François I$^{er}$, qui n'avait pas peu contribué au naufrage de l'Italie, en recueillit les débris avec un amour avide auquel elle a été sensible. Elle n'a voulu se souvenir que de sa passion pour elle. Passion réelle et non jouée. Dans ce siècle effectivement où tous les princes affichèrent la protection des arts, il y a, entre ces protecteurs, des différences à faire. Léon X eut l'idée baroque de faire Raphaël cardinal. Le politique Charles-Quint flatta Venise en ramassant le pinceau du Titien. Tous honorèrent les artistes. Mais François Ier les aima.

Les exilés italiens trouvèrent en lui une consolation, la plus grande : il les imitait, prenait leurs manières, leur costume et presque leur langue. Lorsque le grand Léonard de Vinci vint chez lui en 1518, il fut l'objet d'une telle idolâtrie, qu'à son âge de quatre-vingts ans il changea la mode, fut copié par le roi et toute la cour pour les habits, pour la coupe de barbe et de cheveux. La blessure du roi à la tête lui fit seule changer de coiffure. Tout le monde, à son exemple, prononçait à l'italienne. On le voit par les lettres de Marguerite, qui écrit comme elle prononce : *chouse* pour *chose*, *j'ouse* pour *j'ose*, *ous* pour *os*, etc.

Les Italiens, en revanche, avaient fait pour lui des merveilles, un monde de chefs-d'œuvre. Malheureusement nos régentes du dix-septième siècle, très galantes et très hypocrites, n'ont pu supporter ces libres peintures ; elles n'aimaient que les réalités. Un acte impie en ce genre fut la destruction du seul tableau que Michel-Ange eût peint à l'huile. Pas unique, le premier, le dernier qu'il ait jamais fait sur les terres hasardées de la fantaisie. Cette œuvre était la Léda, l'austère et âpre volupté, absorbante comme la nature. Il l'avait envoyée au roi de Fontainebleau. Cette image, sérieuse s'il en fut, hautaine, altière dans son ardeur, parut obscène à des prudes impudiques, et, comme telle, fut brûlée par les sots.

Le sac de Rome en 1527, la chute de Florence en 1532, avaient été en quelque sorte une ère de dispersion pour l'Italie. La concentration fut brisée. L'art italien regarda aux quatre vents. Jules Romain s'en va à Mantoue et y bâtit une ville, avec le palais, les peintures du monde écroulé, la lutte des géants contre les dieux. D'autres s'en vont au fond du Nord, s'inspirent de son génie barbare, et, pour le monstrueux empire d'Iwan-le-Terrible, bâtissent le monstre du Kremlin. D'autres encore viennent en France. Dans la matière la plus rebelle, le grès de Fontainebleau, ils trouvent des effets imprévus, singulièrement en rapport avec le mystère du paysage, avec l'obscure et sombre énigme de la politique des rois. De là ces Mercures, ces mascarons effrayants de la *Cour ovale;* de là ces Atlas surprenants qui gardent les bains dans la *Cour du cheval blanc,* hommes-rochers qui cherchent encore depuis trois cents ans leur forme et leur âme, témoignant du moins qu'en la pierre il y a le rêve inné de l'être et la velléité de devenir.

Je ne suis pas loin de croire que ces Italiens, ayant perdu terre, dépaysés, quittes de leur public et de leurs critiques, d'autant plus libres en terre barbare qu'ils étaient sûrs d'être admirés, prirent ici une hardiesse qu'ils n'avaient pas eue chez eux. Le Rosso ôta la bride à son coursier effréné. N'ayant affaire qu'à un maître qui ne voulait qu'amusement, qui disait toujours : *Osez,* il a, pour la petite galerie favorite du malade, fondu tous les arts ensemble dans la plus fantasque audace. Rien n'est plus fou, plus amusant. Triboulet, Brusquet, sans nul doute, ont donné leurs sages conseils. Le beau, le laid, le monstrueux s'arrangent pourtant sans disparate. Vous diriez le *Gargantua* harmonisé dans l'Arioste. Prêtres gras, vestales équivoques, héros grotesques, enfants hardis, toutes les figures sont françaises. Pas un souvenir d'Italie. Ces filles espiègles et jolies, d'autres émues, haletantes, telle qui souffre et dont la voisine touche le sein (plein d'avenir) avec une douce main de sœur, toutes ces images charmantes, ce sont nos filles de France, comme Rosso les faisait venir, poser, jouer devant lui. Rougissantes, inquiètes, rieuses de se voir au palais des rois, d'autres boudeuses et pleurantes d'être trop admirées sans doute, il a tout pris. C'est la nature, et c'est un ravissement.

Au milieu de cette foule pantagruélique, dans ce grand rendez-vous du monde où l'Amérique et l'Asie entrent aussi en carnaval, le roi de la Renaissance, reconnaissable à son grand nez, le roi des aveugles, mène la France qui n'y voit goutte, et, l'épée à la main, la pousse dans le palais de la lumière.

Plus François Ier déclina, moins il fut propre aux femmes, plus il fut amoureux des arts. On sait son mot à Cellini : « Je t'étoufferai dans l'or. » Et, quand la petite galerie lui fut ouverte par Rosso, quand il se vit en possession de cette farce divine, roi de ce peuple rieur et de ce sérail unique, lui aussi il fit une farce, il dit à Rosso : « Je te fais chanoine. » Ce pieux artiste eut un canonicat de la Sainte-Chapelle.

Rosso n'en profita guère. Pour un chagrin, il se tua. Et ce fut aussi le sort du grand et charmant André del Sarte. Celui-ci du moins, avant son malheur, ramassa tout son génie, et fit pour François I<sup>er</sup> le plus frémissant tableau qui ait été peint jamais. Triomphe étrange, peu mérité sans doute, d'un roi si léger, que le profond cœur italien, d'un élan de reconnaissance, ait réalisé pour lui cette chose vivante et brûlante, comme une haleine de Dieu, la *Charité* (qui est au Louvre)!

Que la flamme ait tombé de là, que l'étincelle ait pris, je ne m'en étonne pas. *Et quasi currentes vitaï lampada tradunt.* C'est la France, dès ce jour, qui part de l'Italie, s'en détache et prend le flambeau.

La reine réelle de France était cette vive Picarde, cette hardie duchesse d'Étampes qui, par un art sans doute étrange, garda vingt ans François I<sup>er</sup>. Le vrai centre de la royauté, c'était sa chambre. Pour l'orner, elle n'appela pas un étranger; elle prit un Français, un jeune homme, la main ravissante de ce magicien Jean Goujon, qui donnait aux pierres la grâce ondoyante, le souffle de la France, qui sut faire couler le marbre comme nos eaux indécises, lui donner le balancement des grandes herbes éphémères et des flottantes moissons.

Les cariatides de cette chambre mystérieuse semblent un essai du jeune homme, essai hardi, incorrect et heureux. Où a-t-il pris ces corps charmants, si peu proportionnés, nymphes étranges, improbables, infiniment longues et flexibles? Sont-ce les peupliers de Fontaine-belle-eau, les joncs de son ruisseau, ou les vignes de Thomery dans leurs capricieux rameaux, qui ont revêtu la figure humaine? Les rêves de la forêt, *les songes d'une nuit d'été*, qui ne se laissaient voir que dans le sommeil pour être regrettés au matin, ont été saisis au passage par cette main vive et délicate. Les voilà, ces nymphes charmantes, captives, fixées par l'art; elles ne s'envoleront plus.

Cette chambre, qui n'est pas très grande, la galerie rabelaisienne, chaude et basse de plafond, qui domine le petit étang, ce furent les abris des dernières années de François Ier, les témoins de ses conversations. Il était curieux, interrogatif. Et jamais il n'y eut tant à dire qu'en ce temps. Les murs parlent. Comme les paroles gelées que rencontra Pantagruel, et qui dégelaient par moment, il ne tient à rien que les conversations peintes par le Rosso ne se détachent des murs. Ils content les découvertes récentes, l'Asie, l'Amérique. Le D'Inde, oiseau bizarre qui surprit tellement d'abord, l'éléphant coquettement orné d'une parure de sultane, vous y voyez par ordre ces nouveaux sujets d'entretien.

Là vint le frapper la nouvelle étrange, impie et scandaleuse que *c'était la terre qui tournait*, non le soleil, et que Josué s'était trompé. Le tout calculé, démontré par un pieux ecclésiastique. Là lui furent racontés, d'après le livre d'Ovando, les merveilles imprévues de ce monde nouveau où la vie animale ne rappelait en rien l'ancien, où l'homme, sans rapport aux anciennes races, ne semblait pas enfant d'Adam. Là Rincon, Duchâtel, Postel, venaient lui dire : « Le Turc vaut mieux que les chrétiens. » Et ils lui contaient les magnificences incroyables de Soliman, le bel ordre, les fêtes, les féeries de Constantinople. L'esprit du malade inactif, d'autant plus inquiet, s'étendait en tous sens. Il poussait Jean Cartier à découvrir le Canada. Il chargeait les naturalistes Belon, Rondelet, Gilles d'Alby, d'étudier, de rapporter les animaux inconnus de l'Asie.

Sa sœur, la reine de Navarre, Budé, son bibliothécaire, Duchâtel, son lecteur, surtout les Du Bellay, eurent la part principale à tout cela. Ce fut Jean Du Bellay, sans aucun doute, qui amusa le roi du livre surprenant que venait donner à Lyon le facétieux médecin Rabelais, son protégé et *domestique*, comme on disait alors.

Quel livre? Le sphinx ou la chimère, un monstre à cent têtes, à cent langues, un chaos harmonique, une farce de portée infinie, une ivresse lucide à merveille, une folie profondément sage.

Quel homme et qu'était-il? Demandez plutôt ce qu'il n'était pas. Homme de toute étude, de tout art, de toute langue, le véritable *Pan-ourgos*, agent universel dans les sciences et dans les affaires, qui fut tout et fut propre à tout, qui contint le génie du siècle et le déborde à chaque instant.

Christophe Colomb trouva son nouveau monde à

cinquante ans. Rabelais avait à peu près le même âge, ou un peu plus, quand il trouva le sien.

La nouveauté du fonds fut signalée par celle de la forme. La langue française apparut dans une grandeur qu'elle n'a jamais eue, ni avant ni après. On l'a dit justement : ce que Dante avait fait pour l'italien, Rabelais l'a fait pour notre langue. Il en a employé et fondu tous les dialectes, les éléments de tout siècle et de toute province que lui donnait le Moyen-âge, en ajoutant encore un monde d'expressions techniques que fournissent les sciences et les arts. Un autre succomberait à cette variété immense. Lui, il harmonise tout. L'antiquité, surtout le génie grec, la connaissance de toutes les langues modernes, lui permettent d'envelopper et dominer la nôtre.

Majestueux spectacle. Les rivières, les ruisseaux de cette langue, reçus, mêlés en lui, comme en un lac, y prennent un cours commun et en sortent ensemble épurés. Il est, dans l'histoire littéraire, ce que, dans la nature, sont les lacs de la Suisse, mers d'eaux vives qui, des glaciers, par mille filets, s'y réunissent pour en sortir en fleuves, et s'appeler la Reuss, ou le Rhône, ou le Rhin.

Ceci pour la langue et la forme. Mais pour le fonds, à qui le comparer ?

A l'Arioste ? à Cervantes ? Non, tous deux rient sur un tombeau, sur la patrie défunte et la chevalerie inhumée. Tous deux regardent au couchant. Rabelais regarde vers l'aurore.

Il serait ridicule de comparer le *Gargantua* et le

*Pantagruel* à la *Divine Comédie*. L'œuvre italienne, inspirée, calculée, merveilleuse harmonie, semble ne comporter de comparaison à nulle œuvre humaine. Toutefois, ne l'oublions pas, cette harmonie est due à ce que Dante, si personnel dans le détail, s'est assujetti dans l'ensemble, dans la doctrine, la composition même, à un système tout fait, au système officiel de la théologie. Il va vers l'infini, mais de droite et de gauche soutenu, limité, par deux murs de granit, dont l'un est saint Thomas, l'autre la tradition très fixe du mystère des trois mondes, joué partout en drame avant d'entrer dans l'épopée.

Répétons donc pour Dante ce que nous disions pour les deux autres. Il regarde vers le passé. Si sa force indocile échappe parfois vers l'avenir, c'est comme malgré lui, par des hasards sublimes de génie et de passion, par un égarement de son cœur.

Directement contraire est la tendance de Rabelais. Il cingle à l'Est, vers les terres inconnues.

L'œuvre est moins harmonique; je le crois bien. C'est un voyage de découverte.

Il sait tout le passé et le méprise. Il en traîne plus d'un lambeau, mais il les arrache en courant, il en sème sa route. S'il en garde quelque chose, ce sont des mots, des noms, dont il baptise des choses nouvelles et très contraires.

La devise orgueilleuse de Montesquieu est mieux placée ici : « C'est un enfant sans mère » (*Prolem sine matre creatam*).

Où sont ses précédents ? Il appelle son livre *Utopie*,

et sans doute il connaît l'*Utopie* de Thomas Morus. Il a eu sous les yeux l'*Éloge de la Folie* d'Érasme. Il ne doit pas un mot ni à l'un ni à l'autre.

Érasme est un homme d'esprit, mais froid, de peu de verve, qui ne trouve le paradoxe qu'en sortant du bon sens. Il touche à l'ineptie lorsque, dans sa liste des fous, il met l'*enfant!* quand il voit dans l'amour, dans le mystère sacré de la génération, *une folie ridicule!* Cela est sot et sacrilège.

Thomas Morus est un romancier fade, dont la faible *Utopie* a grand'peine à trouver ce que les mystiques communistes du Moyen-âge avaient réalisé d'une manière plus originale. La forme est plate, le fonds commun. Peu d'imagination. Et pourtant peu de sens des réalités.

Rabelais ne doit rien à ces faibles ouvrages. Il n'a rien emprunté qu'au peuple, aux vieilles traditions. Il doit aussi quelque chose au peuple des écoles, aux traditions d'étudiants. Il s'en sert, s'en joue et s'en moque. Tout cela vient à travers son œuvre profonde et calculée, comme des rires d'enfants, des chants de berceau, de nourrice.

Navigateur hardi sur la profonde mer qui engloutit les anciens dieux, il va à la recherche du grand *Peut-être*. Il cherchera longtemps. Le câble étant coupé et l'adieu dit à la Légende, ne voulant s'arrêter qu'au vrai, au raisonnable, il avance lentement, en chassant les chimères. Mais les sciences surgissent, éclairent sa voie, lui donnent les lueurs de la *Foi profonde*. Copernik y fera plus tard, et Galilée. Mais déjà l'Amérique et les îles nouvelles, déjà les puissances chimiques tirées des végétaux, déjà le mouvement du sang, la circulation de la vie, la mutualité et solidarité des fonctions, éclatent dans le *Pantagruel* en pages sublimes, qui, sous forme légère, et souvent ironique, n'en sont pas moins les chants religieux de la Renaissance.

Nous parlerons dans un autre volume de l'Odyssée du *Pantagruel*. Aujourd'hui, l'Iliade, je veux dire, le *Gargantua*.

Mais avant d'entamer ce livre, il faudrait un peu connaître comment l'auteur y arriva. Malheureusement tout est obscur. Plût au ciel qu'on pût faire une vie de Rabelais! Cela est impossible.

Ce que nous en savons le mieux, c'est qu'il eut l'existence des grands penseurs du temps, une vie inquiète, errante, fugitive, celle du pauvre lièvre entre deux sillons. Il se cacha, rusa, s'abrita, comme il put, et réussit à vivre âge d'homme, et même vieux, sans être brûlé.

Vie terrible, on l'entrevoit bien. Ce joyeux enfant de Touraine, ami de la nature, on le fait prêtre, on le fait moine. Et, tout d'abord, les moines qui devinent son génie vous le mettent dans un *in-pace*. Des magistrats l'en tirent. Il est longtemps comme caché sous l'abri des frères Du Bellay, ses anciens condisciples. Il devient leur faiseur; pour Guillaume, il fait de l'histoire; pour René, de la physique; pour le cardinal Jean, de la diplomatie. Courtisan, bouffon de château, médecin de campagne, auteur aux gages des libraires, ce grand génie traîne les vices de sa vieille robe, l'ostentation des vices surtout, pour plaire aux grands. Grand buveur (par écrit), et débauché (en vers latins), il garde, chose étonnante, dans cette vie d'aventurier une vigueur morale, une rectitude, un souverain amour du bien, une haine du faux, qui va enlever le vieux monde.

A Montpellier, il enseignait la médecine avec applaudissement ; mais sa robe fatale le poursuivait sans doute. Il alla s'établir à Lyon, où la grande colonie italienne mettait un peu de liberté. Il y trouva une autre victime du fanatisme, l'ardent, l'intrépide imprimeur, Étienne Dolet, qui attaquait également et les légistes et le clergé, et se fit brûler à la fin. Rabelais avait fait pour Dolet et autres libraires des publications populaires d'almanachs, de satires, qui avaient répandu son nom. On commençait à regarder de quel côté il tournerait. Les protestants se demandaient s'il se joindrait à eux. Bèze dit dans ses vers : « Tout grand esprit a les yeux sur cet homme. »

Tous aussi reculèrent à l'apparition du *Gargantua*, tous crièrent d'horreur ou de joie. Peu comprirent que c'était un livre d'éducation. Peu devinèrent le mot caché, qui est celui d'*Émile :* « Reviens à la nature. »

C'était l'Anti-Christianisme. Contre le Moyen-âge qui dit : « La nature est mauvaise, impuissante pour te sauver », il disait : « La nature est bonne ; travaille, ton salut est en toi. »

Mais il ne part pas comme *Émile* d'un axiome

abstrait. Il part du réel même de la vie, des mœurs de ce temps, de sa pensée grossière. La conception, tout enfantine, est celle de l'homme énormément et gigantesquement matériel, d'un géant. Il s'agit de faire un bon géant.

Ces vieilles histoires de géant, loin de pâlir, s'étaient fortifiées à l'apparition de la royauté et du gouvernement moderne. Le phénomène étrange, diabolique ou divin, d'un peuple résumé dans un homme, la centralisation royale, comment la figurer? comment représenter ce dieu? C'est un géant apparemment, qui mange les gens *en salade?* Car *un roi ne vit pas de peu.*

On voit que les yeux de Rabelais se sont ouverts sur des spectacles ridicules ; un monde de dérision lui apparut dès son berceau. Il vit l'époque heureuse, riche, inintelligente, des premiers temps de Louis XII, de Grandgousier et Gargamèle. Il s'en souvient encore. Son *Gargantua* est daté de l'année où François I$^{er}$ mit l'impôt sur les vins, impôt qui fit révolter Lyon. Il s'ouvre plaisamment sur ce mot : *Sitio.*

Cette soif (qui tout à l'heure est celle des sciences et des idées), l'auteur la pose d'abord dans la matérialité la plus basse. Ce n'est qu'ivrognerie, buverie, mangerie. Ce burlesque prologue nous introduit au livre, comme les farces et les *fêtes de l'âne* précédaient les chants de Noël.

L'homme d'alors est tel. Tel l'a pris Rabelais. L'enfant, dès le berceau, mal entouré, puis cultivé à contre-sens, offre un parfait miroir de ce qu'il faut éviter. A un mauvais commencement, l'éducation scolastique ajoute tout ce qu'elle peut de vices et de paresse, mauvaises mœurs et vaines sciences.

Voilà le point de départ, et il le fallait tel.

Cela donné au temps, la supériorité de Rabelais sur ses successeurs, Montaigne, Fénelon et Rousseau, est évidente. Son plan d'éducation reste le plus complet et le plus raisonnable. Il est fécond surtout et positif.

Il croit, *contre le Moyen-âge*, que l'homme est bon, que, loin de mutiler sa nature, il faut la développer tout entière, le cœur, l'esprit, le corps.

Il croit, *contre l'âge moderne*, contre les raisonneurs, les critiques, Montaigne et Rousseau, que l'éducation ne doit pas commencer par être raisonneuse et critique. Rousseau, Montaigne, tout d'abord, mettent leur élève au pain sec, de peur qu'il ne mange trop. Rabelais donne au sien toutes les bonnes nourritures de Dieu; la nature et la science l'allaitent à pleines mamelles; il comble ce bienheureux berceau des dons du ciel et de la terre, le remplit de fruits et de fleurs.

On dira que cette éducation est trop riche, trop pleine, trop savante. Mais l'art et la nature y sont pour charmer la science. La musique, la botanique, l'industrie en toutes ses branches, tous les exercices du corps, en sont le délassement. La religion y naît du vrai et de la nature pour réchauffer et féconder le cœur. Le soir, après avoir ensemble, maître et disciple, résumé la journée, « ils alloient, en pleine nuit, au lieu de leur logis le plus découvert, voir la face du ciel, observer les aspects des astres. Ils prioient Dieu le créateur en l'adorant, et ratifiant leur foy envers lui, et le glorifiant de sa bonté immense. Et, lui rendant grâce de tout le temps passé, se recommandoient à sa divine clémence pour tout l'avenir. Cela fait, entroient en leur repos ».

Cette éducation porte fruit. Gargantua n'a pas été formé seulement pour la science. C'est un homme, un héros. Il sait défendre son père et son pays. Il est vainqueur, parce qu'il est juste et courageux avec l'esprit de paix.

Un droit nouveau surgit contre les Charles-Quint, contre les conquérants : « Foi, loi, raison, humanité, Dieu vous condamnent, et vous périrez ; le temps n'est plus d'aller ainsi conquêter les royaumes. »

Ce livre est tout empreint du temps, écrit visiblement sous l'influence des derniers événements, des guerres de l'empereur, et aussi des guerres scolastiques de Paris, mortellement hostile à la sale et turbulente vermine des Cappets, des ennemis de la pensée. Rabelais, venu, en 1530, de Montpellier à Paris, y avait trouvé Béda triomphant, le bûcher de Berquin tiède encore ; il en avait rapporté une verve amère d'indignation.

En 1534, Jean Du Bellay, allant à Rome, passa par Lyon et emmena Rabelais. Il lui fit donner au retour, en 1535, la place de médecin du grand hôpital de Lyon.

La position de cet habile homme près de François Ier était exactement celle de MM. d'Argenson près de Louis XV. De même que ces derniers, unis avec la Pompadour, entreprirent d'entraîner le roi par l'ascendant de Voltaire, Du Bellay, avec la duchesse d'Étampes, dut essayer d'agir sur François Ier par le Voltaire de l'époque, qui était Rabelais.

L'œuvre, achevée dans le cours de l'année 1535, paraît avoir reçu à ce moment des additions propres à gagner le roi.

Favorable généralement *aux bons prédicateurs de l'Évangile*, elle eût pu sembler protestante. Rien n'était plus loin de l'idée de Rabelais. Il est évidemment pour Érasme et contre Luther, dans le parti du *libre arbitre*. Les anabaptistes et briseurs d'images avaient d'ailleurs fort éloigné les hommes de la Renaissance. Budé s'était violemment déclaré contre eux dans la préface du *Passage de l'hellénisme au christianisme*. Plusieurs allusions hostiles au protestantisme furent mises dans le *Gargantua*.

Une autre très flatteuse au roi, qui venait d'achever Chambord, c'est l'épilogue du livre, l'aimable *Abbaye de Thélème*, dont l'architecture est calquée sur celle du nouveau château.

Le succès fut immense. On en vendit, dit Rabelais, en deux mois plus que de Bibles en neuf ans. Il en existe soixante éditions, des traductions innombrables en toute langue. C'est le livre qui a le plus occupé la presse après la *Bible* et l'*Imitation*.

Pour l'effet sur la cour, sur le roi, il dut être grand, puisqu'un courtisan aussi habile que Jean Du

Bellay osa l'appeler : *Un nouvel Évangile*, et d'un seul mot : *le Livre*.

Examinons pourtant. Mérite-t-il ce titre ? L'idéal moral de l'auteur, un idéal de paix et de justice, de douceur, d'humanité, est-il complet, est-il précis ? Non, il ne pouvait l'être. Nulle éducation n'est solide, nulle n'est orientée et ne sait son chemin, si d'abord elle ne pose simplement, nettement son principe religieux et social. Rabelais ne l'a pas fait, pas plus que Montaigne, Fénelon ni Rousseau. Son idéal n'est autre que le leur, l'*honnête homme*, celui qu'accepte aussi Molière. Idéal faible et négatif, qui ne peut faire encore le héros et le citoyen.

Ce grand esprit avait donné du moins un beau commencement, un noble essai d'éducation, une lumière, une espérance. L'exigence des temps, l'urgence de la révolution demandait autre chose.

Rousseau élève un gentilhomme. Rabelais élève un roi, un bon géant. Et le peuple, qui se charge de l'élever ?

Savez-vous qu'à ce moment même, en 1535, une machine immense de réaction fanatique travaille le peuple et les cours ? Ce roi qui s'amuse du *Livre*, ce roi que vous croyez tenir, il va vous échapper. Il cédera, sans s'en apercevoir, au grand mouvement, mêlé d'intrigue religieuse et de passion populaire.

Rabelais, dans son mépris pour la pouillerie cléricale, pour Montaigu et les Bédistes, pour ces écoles de sottises dont le vieux Paris grouille encore, a bien vu *Janotus,* mais il n'a pas vu Loyola.

# CHAPITRE XXI

Rome et les Jésuites. — Invasion de la Provence. — François I<sup>er</sup> cède à la réaction. (1535-1538.)

Le duel des deux croyances s'est combattu principalement par deux armes et deux moyens :

La machine catholique, celle des *Exercitia*, par laquelle Loyola se transforma lui-même à sa conversion (1521), lui servit peu après à former et discipliner les petites bandes des premiers Jésuites.

Tout cela encore en Espagne. Il écrivit son livre avant de partir pour Jérusalem, de sorte que de bonne heure ce livre courut les couvents et la société dévote.

La grande force calviniste, celle des psaumes français de Marot, ne paraît qu'en 1543.

Ainsi le mouvement espagnol eut sur le mouvement genevois une grande priorité.

La difficulté du combat pouvait être celle-ci. Pour bien commencer la guerre, le temps était trop raisonnable, les opinions trop vieilles, les esprits blasés. Les insultes faites aux images émurent, il est vrai, le peuple ; les exécutions l'enivrèrent. Mais on ne serait pas venu à bout de lui faire prendre les armes si une génération spéciale n'eût été soigneusement dévoyée et *déraillée* du bon sens par l'art qu'un auteur appelle *la mécanique de l'enthousiasme.*

Comme Basque et comme Espagnol, Ignace avait un point de départ dans sa galanterie exaltée pour sa dame (la sainte Vierge). Un jour qu'il faisait voyage dans les montagnes d'Aragon, il rencontre un Maure et ne manque pas d'essayer de le convertir à l'immaculée virginité. Mais le Maure lui porte une botte logique : il cède pour la conception et nie pour l'accouchement. Ignace ne sait que répondre. Il est comme cloué à la terre et laisse l'autre prendre les devants. Puis il dit : « Le poignarderai-je ? » Il remit la décision à sa mule, qui, heureusement, choisit un autre chemin.

C'est dès lors qu'il se mit à forger les armes spirituelles pour combattre l'esprit d'examen et pour poignarder la raison. Le plus dur, le plus difficile, est souvent de la vaincre en soi. Il n'y parvint que par un appel très persévérant à l'illuminisme, pour lequel sa nature militaire ne semblait pas faite. Cependant, avec le jeûne, quelques privations de sommeil, une chambre sans lumière, telle peinture atroce et baroque, on arrive à troubler l'imagination et suppléer le fanatisme. La première génération construisit la mécanique et la popularisa. La seconde, dépravée d'esprit, faussée et dévoyée déjà, s'en arma pour la guerre sacrée ; ce sont les temps d'Henri II. La troisième, sous Charles IX, en tira la Saint-Barthélemi.

Notez qu'au moment même où Loyola organise en Espagne ses premiers soldats de Jésus (1525 au plus tard), un franciscain italien, sur une révélation divine, réforme son ordre, revenant aux capuchons étroits, pointus, *capuccini*, que les papes avaient tant persécutés. L'ostentation de pauvreté, jadis punie par le Saint-Siège, va le servir utilement dans ces moines, faux mendiants, prêcheurs, aboyeurs de foires, crieurs populaires et populaciers, pieux bateleurs, bouffons dévots. Ils amusent, font rire les foules, qui croient entendre une farce, et se trouvent, par surprise, avoir attrapé un sermon.

Tout cela se fait d'abord sans Rome, hors de son action. La réaction pontificale ne commence qu'à l'avènement du Romain Farnèse, Paul III (1534). C'était un vieillard énergique, d'une tête forte et active. Il passait pour peu scrupuleux (on lui imputait un faux). Il avait cinq bâtards qu'il voulait faire princes ; mais il comprit que sa famille ne trouverait sa grandeur que par la grandeur de l'Église, et, avant tout, il travailla à relever Rome.

Il était temps. Elle avait perdu la moitié de l'Europe, et elle allait perdre l'Italie. Un rapport des inquisiteurs annonçait « qu'il y avait *trois mille instituteurs* italiens dans les nouvelles opinions. »

Le premier acte de Paul III montrait sa parfaite indifférence en matière de religion. D'une part, il offrit le chapeau à Érasme, défenseur du *libre arbitre*. D'autre part, il fit cardinal le Vénitien Contarini, connu pour très prononcé dans la doctrine contraire, la *justification par la foi*.

Contarini, si rapproché des croyances luthériennes, n'était pas seulement un théologien, mais un habile politique. Paul III l'envoya aux protestants d'Allemagne. Voulait-il les regagner ou les amuser seulement, les diviser, les affaiblir, avant d'employer la force et l'épée des Espagnols? Ce qui me ferait adopter la dernière opinion, c'est qu'en donnant pouvoir à Contarini il ajoute cette réserve fallacieuse : « Voyez si les protestants s'accordent avec nous sur les principes, la primauté du Saint-Siège, les sacrements, *et quelques autres choses*. » Mais quelles choses? Il dit vaguement : « Choses approuvées de l'Écriture et dans l'usage de l'Église, lesquelles vous connaissez bien. »

L'idée réelle de Rome avait été plus franchement communiquée à Charles-Quint, dès 1530, par le violent légat Campeggi. Dans le mémoire qu'il remit à l'empereur de la part des cardinaux, il ne s'amuse pas à la controverse. Il demande tout d'abord l'emploi de la force. Il faut, dit-il :

1° L'alliance de l'empereur avec les princes bien pensants contre l'hérésie;

2° La répression des princes qui n'entreraient pas dans la ligue, « la destruction de ces plantes vénéneuses par le fer et par le feu »;

3° L'organisation d'une inquisition générale sur le

modèle de l'inquisition espagnole, la guerre aux livres, etc., etc.

Ce plan n'était pas complet. Contre les forces vives et populaires de la Réforme, il fallait créer une force populaire. A côté de l'inquisition répressive, il fallait organiser ce que j'appellerais une inquisition préventive, l'éducation spéciale d'une génération vouée à l'étouffement de la raison.

Les prêcheurs de lazzaroni, les *capuccini* errants, ne pouvaient donner cela. Il fallait un élément plus fixe, plus sérieux, décent, rassurant, trouver un intermédiaire entre le prêtre et le moine. On chercha pendant quelque temps.

Les Théatins se présentèrent (1524), nobles ecclésiastiques qui, sans habit particulier, vivaient dans la tenue sévère, l'étude et la haute vie qui les désignait candidats au gouvernement spirituel; c'était un séminaire d'évêques.

Les Somasques se dévouèrent à l'éducation et aux hôpitaux. Ils étaient directeurs des malades, confesseurs des mourants; ils répondaient à l'Église des deux moments essentiels de l'homme, l'enfance et la mort.

Les Barnabites se chargèrent d'enseigner et de prêcher, etc.

Toutes ces créations nouvelles étaient des armes admirables; mais elles étaient spéciales. Elles n'agissaient pas d'ensemble. Un homme se présente alors, industrieux éclectique pour centraliser l'action, homme *omnibus*, qui va au but, au succès par toutes les voies, qui laisse les spécialités et les singularités, et qui dit : « Je ferai tout. »

Loyola fut peu original. Les Jésuites le montrent eux-mêmes. Il prit de toutes parts ce qui était vraiment utile et pratique.

Le secret des constitutions de l'ordre, qu'on lui a tant reproché, ce mystère *qui engage le novice à ce qu'il ignore*, qui l'entraîne peu à peu au but inconnu, tout cela c'est la sainte ruse des anciens ordres monastiques. On la trouve dans la règle des Bénédictins du Mont-Cassin, dans celle des Franciscains, et leur général saint Bonaventure la recommande expressément. Les Barnabites, récemment fondés, se firent une loi de ce mystère.

*Engager l'âme par le corps*, l'entraîner presque à son insu vers telle idée religieuse par telle pratique matérielle, ce n'est pas non plus chose nouvelle. « Agis, tu croiras après; ta croyance se calquera à la longue sur ton action », c'est encore une vieille industrie. Loyola eut le mérite de régler cette action dans une suite d'*exercices* méthodiques, fort simples, qui dispensent d'idées.

De même que le soldat doit être l'homme de tout combat, le *Jésuite est dressé à tout et se plie à tout*. La mécanique est puissante ici, parce qu'elle est complète. Elle saisit l'homme par l'éducation, le gouverne par la prédication, le discipline par la direction, par la confession et la pénitence. Elle le tient par tous les âges : elle le tire par tous les fils.

Dans cet ordre, militaire sous sa robe pacifique, *jus-*

*qu'où ira l'obéissance?* c'est le point vraiment capital, et c'est là que le capitaine biscayen fut original. Les fondateurs des anciens ordres avaient dit : Jusqu'à la mort. Loyola va au delà; il a dit : *Jusqu'au péché.* — Véniel ? Non. Il va plus. Dans l'obéissance, il comprend *le péché mortel.*

« Visum est nobis in Domino nullas constitutiones posse obligationem ad peccatum *mortale* vel veniale inducere, *nisi superior* (in nomine J. C. vel in virtute obedientiæ) *juberet.* »

« Nulle règle ne peut imposer le péché mortel, *à moins que le supérieur ne l'ordonne.* » Donc, s'il l'ordonne, il faut pécher, pécher mortellement.

Cela est neuf, hardi, fécond.

Il en résulte d'abord que l'obéissance, pouvant justifier tout péché, dispenser de toute vertu, *restera la seule vertu.*

De plus, cette vertu unique enveloppant l'existence, l'intellectuelle aussi bien que l'active, l'obéissance qui impose toute action *impose aussi toute croyance.*

La seule croyance à suivre, c'est celle que l'obéissance vous donne. Indifférence parfaite sur le fonds de la croyance. Obéis, et peu t'importe si ta croyance mobile se contredit, soutenant au matin *le pour*, et *le contre* au soir.

Nous voilà bien soulagés. Toute dispute est finie. Dans la croyance *par ordre* et l'enseignement *par ordre*, nous pourrons également soutenir toute idée.

Tranchons le mot : Plus d'idée.

Ne nous étonnons plus si, du premier coup, les Jésuites, acceptant la foi de la Renaissance, des philosophes et des juristes, des ennemis de la théologie, adoptèrent *le libre arbitre*, et le salut *par les œuvres*, qui dispense de Jésus.

Vous croyez les tenir là, les saisir? Point du tout. Ils glissent. Ce sont des hommes d'affaires qui peuvent varier leur thèse pour le besoin de leur affaire. Ils écrivent au besoin contre leur propre doctrine, se réfutent dans des livres également autorisés de la Société.

Étranges contradictions, aveugle esprit de combat, dont les armées seules jusque-là avaient donné l'exemple. Les mêmes soldats espagnols, dans la même année, égorgent à Rome les sujets du pape, en Espagne ses ennemis.

Un point grave et singulier où le Jésuite dépasse décidément le soldat, c'est que Loyola *supprime les exercices communs*. Les hommes s'électrisent et se vivifient les uns par les autres. L'esprit s'augmente et féconde par la communication muette. Combien plus par le chant et la prière commune! Ceux qui se réunissent et chantent, sur ce seul signe, en ce siècle, sont déclarés protestants.

L'obéissance la plus sûre, c'est celle de l'*individu*. Que la société le moule, mais qu'il reste individu. Des *exercices* individuels, suivis par tous séparément, les rendront semblables sans qu'ils communiquent, sans qu'ils se confient. Qu'ils se défient les uns des autres, tant mieux; ils n'en seront que plus isolés, faibles, obéissants. Chaque homme, faible comme homme, sera fort comme société; il n'est qu'une pièce, un rouage. Il remue, parce qu'on le remue. Il est chose morte, inerte, un cadavre qui retomberait si une main ne le soutenait. De ces cadavres artificiellement dressés, mus par le galvanisme, se fera une armée terrible.

Rien de plus grossier, du reste, de plus anti-spiritualiste qu'une telle institution. Les *exercices* s'y font moins par l'idée religieuse ou le sentiment que par la légende, par le détail historique et physique de telle scène qu'on doit se représenter, par l'imitation ou reproduction des circonstances matérielles, etc. On doit, par exemple, percevoir l'enfer successivement par les cinq sens, la vue du feu, l'odeur du soufre, etc. La matérialité parfois y va jusqu'à l'impossible. Comment se représenter *par le goût et l'odorat*, comme il le demande, la suavité d'une âme imbue de l'amour divin?

En 1540 le pape approuve les constitutions des Jésuites. En 1542 commencent à jouer les deux grandes machines de la révolution nouvelle : l'*éducation*, l'*inquisition*.

Lainez fonde le premier collège des Jésuites (à Venise). Loyola seconde le théatin Caraffa dans l'inquisition romaine et universelle qui doit embrasser le monde. La main de Loyola y est reconnaissable, surtout en ceci : *On punit ceux qui se défendent*.

Qui se défend est coupable; il résiste à la justice. Frappez cette âme rebelle.

Et qui avoue est coupable. Mais humilié, brisé, rien n'empêche de l'absoudre.

Plus d'innocent, tous coupables. Plus de justice, un combat. Que veut-on? La victoire, le brisement de l'âme humaine.

Le premier qui eût dû être amené à ce tribunal, c'était, sans nul doute, Henri VIII. Il fallait seulement trouver un huissier, un sbire assez fort pour mettre la main sur lui.

Le pape avait un roi tout prêt, le jeune Pole, cousin d'Henri VIII. Sorti de la branche d'York et de la Rose rouge, il pouvait recommencer la guerre du quinzième siècle et noyer l'Angleterre de sang. Pole avait été élevé par Henri, comblé de ses dons. Mais la femme d'Henri, Catherine, avait nourri dans le cœur du jeune homme, inquiet et ambitieux, l'espoir d'épouser Marie, héritière de l'Angleterre. Au moment où le pape condamna Henri, Pole, qui était en Italie, éclata par un libelle contre son maître et bienfaiteur. Coup terrible. Henri, qui rejetait le pape sans admettre le protestantisme, qui persécutait à la fois les catholiques et les protestants, chancelait fort. Tout son appui, en cas d'invasion, eût été une armée allemande qu'il eût achetée.

Le roi de France eût pu seul exécuter la sentence. C'est à quoi poussaient vivement (dans l'année 1534) le pape et Charles-Quint. Le plus jeune fils du roi aurait épousé Marie, qui eût dépossédé son père. Pole, devenu cardinal, fut mis par le pape à Liège, pour correspondre de près avec les insurgés d'Angleterre, pendant que l'empereur soulevait l'Irlande.

François Ier, sollicité, répondait que le roi d'Angleterre était son ami. A quoi l'empereur réplique (dans les dépêches de Granvelle) qu'il ne s'agit aucunement de faire mal à Henri ; au contraire, on veut le sauver, l'*empêcher de se perdre d'honneur et de conscience*. Il eût été *sauvé* dans un monastère, déposé et tondu.

Les mêmes dépêches témoignent que Montmorency, flatté, mené par Charles-Quint, donnait en plein dans ce projet, et *n'en dégoûtait nullement le roi*. Était-ce pourtant sérieux ? Était-il sûr que l'empereur tînt tellement à faire roi d'Angleterre un prince français ? Il eût voulu à la fois et détrôner Henri VIII et perdre François Ier dans l'esprit des protestants d'Allemagne, de sorte qu'isolé, faible, il ne fût plus rien autre chose qu'un lieutenant de l'empereur.

Le roi était peu tenté. Il n'avait qu'une passion : c'était Milan et la réparation de l'affront de Maravilla. Loin de l'apaiser, Charles-Quint, dans sa conduite inconséquente, fit encore arrêter un homme qu'il envoyait à Soliman.

Le pape travaillait en vain à les rapprocher. Comme deux lutteurs acharnés, ils se tâtaient pour mieux frapper. Le roi avait fait la démarche cruelle et désespérée d'appeler en Corse, en Sicile, en Italie, non pas Soliman, mais le pirate Barberousse, bey d'Alger et de Tunis, à qui le sultan donna le titre de son amiral. Tout l'aspect des côtes changea. Un tremblement effroyable saisit les pauvres habitants quand, à chaque instant, l'on vit les pirates, marchands d'esclaves, descendre inopinément et tomber comme des vautours. Jusque dans l'intérieur des terres, l'homme en s'éveillant le matin voyait le turban, les armes, les visages d'Afrique. En un moment, s'il n'était pris, il avait perdu sa famille; sa femme, sa fille, ses enfants étaient enlevés dans les barques, en poussant d'horribles cris. Parfois les marchands avaient commission d'un pacha, d'un bey, d'un puissant renégat, de lui procurer telle femme. La fille d'un gouverneur espagnol fut ravie ainsi. La Giulia, sœur de la *divine* Jeanne d'Aragon, qui est au Louvre, beauté célèbre jusque dans l'Orient, faillit être enlevée; elle ne se sauva qu'en chemise; elle sauta sur un cheval qu'un cavalier lui céda. On prétend qu'en reconnaissance elle le fit assassiner pour qu'il ne pût se vanter du bonheur de l'avoir vue.

La chose la plus populaire que pût jamais faire l'empereur, celle qui devait le mettre en bénédiction, c'était d'exterminer les pirates, de détruire Tunis et Alger. Venise elle-même, amie des Turcs, était cruellement inquiète des progrès de Barberousse. Charles-Quint avait tous les vœux pour lui. Nulle expédition plus brillante, plus populaire, plus bénie. L'armée espagnole, allemande, italienne, avec force volontaires de toutes nations, défit l'armée africaine que Soliman avait laissée à ses propres forces, prit la Goulette et Tunis (25 juillet 1535). Le massacre fut immense; on y tua trente mille musulmans. Vingt mille chrétiens délivrés portèrent leur reconnaissance dans toute l'Europe et la gloire de Charles-Quint.

Gloire, puissance, force réelle. Il avait mis un roi vassal à Tunis. De là il menaçait Alger, dominait la côte d'Afrique. Il avait conquis les cœurs des Italiens mêmes, écrasés par lui. Venise se détachait du sultan et rangeait son pavillon soumis près du victorieux drapeau du dompteur des Barbaresques.

Charles-Quint, débarqué (septembre) en Italie, au milieu des applaudissements de l'Europe, était en mesure de parler de très haut à François I$^{er}$. Il n'exige plus, comme à Cambrai, qu'il abandonne ses alliés, mais qu'il combatte contre eux.

Il veut bien l'amuser encore de la promesse de Milan. François Sforza meurt en octobre. L'empereur fait espérer Milan comme dot de sa fille, qu'eût épousée le plus jeune fils du roi. Tous deux arment cependant. L'empereur lève des lansquenets. Le roi négocie pour avoir des Suisses, achève l'organisation des *légions* de gens de pied qu'il organise à la romaine.

Du jour où il avait reçu l'affront de Maravilla, il avait voulu la guerre. Mais il ne trouva d'argent qu'en frappant l'impôt le plus odieux aux Français, la taxe des vins, avec les vexations infinies des visites de commis et la tyrannie fiscale qu'on appelle l'*exercice*. Il y eut bientôt révolte.

Quant aux hommes, il avait peu à compter sur la noblesse. Elle s'était montrée favorable au connétable. Elle avait refusé, en 1527, de contribuer à la rançon du roi. Elle faisait négligemment le service militaire. En février 1534, le roi lui impose quatre revues annuelles, exige que les gens d'armes portent la complète armure défensive, quel qu'en soit le poids. En juillet 1534, il organise l'infanterie, sept légions, chacune de six mille hommes. Des quarante-deux mille, trente mille sont armés de piques et douze mille d'arquebuses. Ils sont payés en temps de guerre, bien payés, à cent sous par mois. Ce seront des hommes effectifs; on ne comptera pas les valets, comme on faisait trop souvent; « s'il s'en trouve, ils sont étranglés. »

La chose fut populaire. En paix, ils étaient exempts de taille. S'ils se distinguaient, ils pouvaient être anoblis.

Leur première épreuve fut rude, celle d'une guerre de Savoie en plein hiver, et le passage des monts. Le roi, instruit par son péril, par la grandeur croissante de son ennemi, avait eu tardivement cette lueur de bon sens, de voir que la vraie conquête italienne, avant Milan et le reste, c'étaient les Alpes et le Piémont. Le duc de Savoie, qui jadis avait secouru Bourbon, qui était Espagnol de cœur, offrait à Charles-Quint de lui céder ses États en échange d'États italiens. L'empereur, qui avait déjà la Comté, allait avoir en outre la Savoie et la Bresse, nous envelopper et plonger chez nous jusqu'à Lyon.

On le prévint. François Ier secourut contre lui Genève, qui mit son évêque à la porte, se fit protestante, appuyée sur Berne, qui conquit sur le Savoyard le pays de Vaud. Le roi alors, voyant bien que Charles-Quint l'amusait, en février, saisit la Savoie et entre en Piémont.

Il en advint comme à Ravenne. La première fois que nos Français, hier paysans, aujourd'hui soldats, se virent devant l'ennemi, ils furent pris du démon des batailles, et on ne put plus les tenir. Il y avait devant eux un gros torrent, la Grande-Doire. Ils s'y jettent, et, malgré la roideur du fil de ces eaux rapides, ils ne perdent pas leurs rangs. Nos Allemands n'en font pas moins. Ils se lancent et passent de front. L'ennemi ne les attend pas. Les nôtres, sans cavalerie, suivent de près. A Verceil, la rivière arrête encore. Un homme de bonne volonté sort d'une de nos légions, se jette à l'eau, et, sous la grêle des balles, prend un bateau du côté de l'ennemi, le ramène. On passe. Le Piémont est conquis.

On respecta le Milanais. Néanmoins, l'empereur, à Rome, éclata avec une violence politique et calculée. Le 5 avril, ayant fait ses dévotions à Saint-Pierre en costume solennel, rentrant chez le pape au milieu d'une grande assemblée de princes allemands, italiens, de cardinaux, d'ambassadeurs, on le vit, non sans étonnement, commencer une harangue. Il paraît qu'elle était écrite au moins en partie; de temps en temps il baissait la tête pour lire une note roulée autour de son doigt. C'était un plaidoyer en règle, complet, contre François Ier. En résumé, il lui offrait trois partis : la paix avec Milan pour son troisième fils, la guerre, ou enfin qu'ils vidassent leur différend, de personne à personne, comme avaient fait d'anciens rois, le roi David, etc. S'il y avait difficulté, ils pouvaient se battre dans une île, dans un bateau ou sur un pont, à l'épée et au poignard, en chemise, tout serait bon. Le vaincu serait tenu de fournir toutes ses forces à notre Saint-Père le pape contre le Turc et l'hérésie. Pour gage et prix du combat, lui déposerait Milan, et François Ier la Bourgogne.

Granvelle excusa la chose aux Français, disant n'en avoir rien su. Mensonge. Un acte si grave n'était pas certainement un coup de tête personnel. C'était une chose politique, délibérée mûrement, une mine habilement chargée et dont l'explosion fut immense. Le discours, traduit (d'avance sans doute) en toute langue, courut l'Europe, l'Allemagne surtout. Les insultes continuelles faites impunément à nos envoyés mettaient déjà le roi très bas. Mais ce solennel outrage, ce soufflet officiel, donné dans Rome, au Vatican, devant tous les ambassadeurs qui représentaient la chrétienté, montrèrent l'ami de Barberousse, le renégat, l'apostat, l'homme perdu et désespéré, comme le faquin en chemise, qui, traîné dans un tombereau, figure torche en main au Parvis.

Des bruits étranges circulèrent. A grand'peine les marchands allemands qui allèrent de Lyon aux foires de Strasbourg détrompèrent lentement leurs compatriotes. Quand Du Bellay, envoyé par le roi, arriva en Allemagne, il fut obligé de se cacher.

L'empereur avait là un moment admirable contre le roi, une force énorme d'opinion, ajoutez une grande force matérielle, la plus grande qu'il eût eue jamais.

On pouvait voir la vanité des deux systèmes sur lesquels on se reposait : le vieux système des alliances de familles et de mariages, le nouveau système des alliances politiques ou système d'équilibre. Cet équilibre naissant, qu'était-il déjà devenu? Henri VIII ne pouvait bouger. Le Turc n'agissait que lentement. L'Allemagne protestante boudait le roi. Le seul service qu'elle lui rendit, ce fut de débaucher des lansquenets que Ferdinand envoyait à l'empereur.

François I$^{er}$ était seul et Charles-Quint avançait avec sa victoire et l'Europe.

Il se croyait tellement sûr de son fait, qu'il dit, comme on lui parlait des Français : « Si je n'avais mieux que cela, à la place du roi, je commencerais par me rendre, mains jointes et la corde au cou. »

On ne pouvait se défendre en Piémont, on le pouvait en Provence, laisser l'ennemi se consumer et mourir de faim.

Pour cela, il fallait une chose, celle qu'en 1812 on fit à Moscou, brûler, détruire ; mais ici une ville n'était pas assez : il fallait brûler un pays.

Quel homme serait assez dur pour faire cette barbare et nécessaire exécution? Montmorency s'en chargea, et il l'aggrava par la dureté de son caractère, par son indécision et son imprévoyance.

Les pauvres cultivateurs, qui avaient ordre d'évacuer, croyaient au moins qu'on sauverait les grandes villes, et ils y concentraient leurs biens. Mais peu à peu on abandonnait tout et l'on détruisait tout. Aix même fut ainsi condamnée, après qu'on eut commencé à la fortifier. Tout fut brûlé, jeté, détruit, *spectacle lamentable*, dit Du Bellay lui-même, endurci cependant à ces affreuses guerres.

Montmorency s'enferma dans un camp retranché, y resta obstinément, sûr que l'empereur, en s'éloignant de la côte, mourrait de faim; toute la Provence mourait de faim aussi, et, si l'empereur faisait venir quelque chose de la mer, ces furieux affamés se jetaient dessus, n'ayant plus peur de rien, et le dévoraient au passage.

Les paysans désespérés firent ainsi plusieurs coups hardis, un entre autres, au départ de l'empereur. Ils se mirent cinquante dans une tour, pour tirer de là et le tuer. Il s'en allait très faible, ayant perdu vingt-cinq mille hommes. On pouvait l'écraser. Montmorency n'eut garde; il le laissa échapper.

L'effroyable sacrifice de toute une province de France, cent villes ou villages brûlés et détruits, un peuple de paysans sans abri, sans instruments, sans nourriture, et pas même de quoi semer! C'était le résultat de 1536, de la campagne qui porta Montmorency au pinacle, le fit connétable, quasi-roi de France pour les cinq années qui suivirent.

L'empereur, étant entré, avait séjourné deux mois, librement était sorti, sans que, de cette armée française, personne osât le poursuivre. Nos paysans provençaux avaient seuls ressenti l'affront, et, aux dépens de leur sang, tâché qu'on ne pût pas faire risée de la France.

Il était temps, ou jamais, de *toucher au vif* Charles-

Quint, selon la forte expression des dépêches de 1534. Ce n'était pas avec Barberousse qu'on pouvait faire rien de grand. Il fallait Soliman même. La Sicile (Gasp. Contarini) souffrait tellement, qu'elle eût accepté les Turcs. Qu'allait faire François Ier ?

Ce pauvre roi, qui déjà n'était plus guère qu'une langue, une conversation, qui bientôt faillit mourir, était de plus en plus tiraillé par les deux partis qui se disputaient près de lui, en lui, et dont sa faible tête semblait le champ de bataille.

Caractérisons ces partis. Il y avait celui des élus, celui des damnés.

Les damnés, c'étaient ceux qui poussaient à l'alliance des Turcs et des hérétiques, spécialement les deux Du Bellay, Guillaume, le vieux, l'intrépide militaire diplomate, et le spirituel cardinal Jean, l'évêque rabelaisien de Paris, qui, tout en amusant son maître, le poussait aux résolutions viriles de la plus libre politique. La plupart de nos ambassadeurs, c'est-à-dire des gens qui savaient et voyaient, appartenaient à ce parti.

Mais le parti des élus, des bien-pensants, des orthodoxes, c'était celui qui se formait autour du nouveau dauphin. Montmorency, qui voyait le père décliner si vite, regardait au soleil levant. Le dauphin avait dix-huit ans, et on venait de lui donner une maîtresse. C'était un garçon de peu, qui ne savait dire deux mots, né pour obéir et pour être dupe. Mais plus il paraissait nul, plus la cour venait à lui ; excellent gibier en effet d'intrigants et de favoris. Déjà tous disaient en chœur qu'il ressemblait à Louis XII.

L'événement de cette année 1537, c'est que cet astre nouveau avait marqué son lever. Un enfant, en grand mystère, était né d'une grande dame, fort sérieuse et fort politique, qui hardiment s'était chargée d'initier le dauphin.

Son père l'avait marié à quatorze ans, à une enfant du même âge, Catherine de Médicis. Mais cette position nouvelle n'avait rien tiré de lui. Pas un mot et pas une idée. Tel il était revenu de sa longue prison d'Espagne, tel il restait, ayant l'air d'un sombre enfant espagnol, yeux noirs, cheveux noirs, « *mauricaud* », dit un chroniqueur. Il n'était bon qu'à la voltige, le premier sauteur du temps. Sa petite femme, spirituelle et cultivée comme une Italienne, mais fort tremblante et servile, n'avait nulle prise sur lui. Née Médicis et de race marchande, son jeune mari n'en tenait compte, et la méprisait comme un sot; le roi seul avait pitié d'elle, la défendait, et ne voulut pas qu'on la rendît à ses parents.

François I$^{er}$, causant un jour avec la grande sénéchale, Diane de Poitiers (intime avec lui depuis l'aventure de 1523), s'affligeait devant elle de son triste fils, qui ne serait jamais un homme. La dame se chargea de l'affaire, et dit en riant : « J'en fais mon galant. »

C'était une fort belle veuve. Depuis la mort de son mari, Louis de Brezé, en 1531, elle s'était tenue à la cour plus dignement que bien d'autres.

Elle restait toujours en deuil, en robe de soie blanche ou noire, non pas tant pour faire l'inconsolable de son vieux mari, mais cette simplicité allait à sa beauté noble, froide, altière. Le goût espagnol commençait aussi. La reine était Espagnole, le dauphin tout autant. La belle veuve, par ses couleurs austères, s'espagnolisait, se rattachait à la cour espagnole et orthodoxe. Elle faisait profession d'être fort bonne catholique. Elle n'eût pas pour un empire, disait-elle, parlé à un protestant.

Cette dame, en 1537, avait trente-huit ans, et semblait beaucoup plus jeune. Elle mettait un art infini à se soigner et se conserver. Mais rien ne la conservait mieux que sa nature dure et froide. Elle avait les vices des hommes, avare, hautaine, ambitieuse. Elle mena fort bien son veuvage, se réservant habilement. L'austérité de l'habit ne décourageait pas trop. Elle montrait fort son sein, que le noir faisait valoir. Et lorsque, maîtresse en titre et reine, elle était moquée par les jeunes qui ne l'appelaient que la *vieille*, elle fit cette réponse cynique de leur montrer ce qu'on cache en se faisant peindre nue. Elle est telle à Fontainebleau.

Dure, avide et politique, elle était intimement liée avec un homme tout semblable, Montmorency. Tous deux exploitèrent leur crédit de même en se garnissant les mains. Montmorency, à cette époque, comme un Caton-le-Censeur, réformait la France en rançonnant les gouverneurs de provinces. M. de Chateaubriant, qui passait pour avoir fait mourir sa femme, s'en tira en léguant son bien à Montmorency.

La partie fut certainement liée entre lui et Diane pour s'emparer du dauphin. Et la scène définitive dut se passer à Écouen, la voluptueuse maison arrangée par Montmorency pour recevoir de telles visites. Tout ce qu'on sait de cet homme brutal, sombre et violent, qui n'avait qu'injures à la bouche, qui, parmi ses patenôtres, ordonnait de rompre ou pendre, fait un contraste bizarre avec les recherches galantes de sa suspecte maison. Les vitraux d'Écouen, que tout le monde a vus jusqu'en 1815 au Musée des Monuments français, étaient choquants d'impudeur à faire rougir Rabelais. Dans le *Pantagruel*, il parle avec un juste mépris des arts obscènes qui, sans talent, font appel tout droit aux sens. Telles ces vitres effrontées. On y voyait l'Amour, de dix-huit ans environ, avec une Psyché bien plus vieille.

Psyché accoucha d'une fille. Le tout mystérieusement. La dame voulut que l'enfant fût mis au compte d'une demoiselle. Mystère profond. Le dauphin portait publiquement les couleurs et la devise de Diane, s'affichant et commençant cette glorification solennelle de l'inceste et de l'adultère qui lui fit mettre l'initiale de celle qu'on croyait ancienne maîtresse de son père sur tous les monuments publics et jusque sur les monnaies.

Quelqu'un a dit : « Jamais de mal parmi les honnêtes gens. » La chose se vérifia. Montmorency et la dame qui passait du père au fils furent d'autant plus estimés, honorés de l'Europe; ils formèrent dès ce temps la tête du parti des honnêtes gens.

Ce noir dauphin toujours muet, cette grande femme toujours en deuil, formaient, au sein de la cour, comme une petite cour qui allait à part grossir d'année en année.

Les contrastes étaient parfaits. La jeune duchesse d'Étampes et le vieux François Ier, avec la petite Médicis, faisaient la cour italienne, parleuse, aux modes florentines, aux couleurs brillantes, dont se détachait fortement le futur roi, le nouveau règne, plus sérieux et comme espagnol.

L'Espagne était bien haut alors. On l'estimait, on l'imitait. La fameuse expédition de Tunis, la renommée des vieilles bandes, la fabuleuse conquête de Fernand Cortez, avaient rempli tous les esprits. La férocité, l'arrogance, tout était bien pris de ce peuple. L'ambassadeur Hurtado, qui plus tard, devant le roi, jeta quelqu'un par les fenêtres, n'en fut que plus à la mode. La morgue silencieuse dans laquelle ils restaient toujours sans daigner répondre un mot leur servait admirablement à cacher leur vide d'idées.

Dans une cour où le nouvel élément commençait à poindre, le roi italien et français, le parleur aimable et facile, était hors de mode. La jeunesse, par derrière, haussait les épaules. Jeunesse grave, vieillesse légère. Tout à l'heure, il n'y avait qu'un mauvais sujet à la cour : c'était le roi, le vieux malade, l'ami des Turcs, le renégat. Il se voyait de plus en plus délaissé des honnêtes gens.

Le parti turc avait pourtant réussi encore à gagner sur lui un dernier pas décisif qui eût assommé Charles-Quint : c'était de jeter Soliman et cent mille Turcs sur Naples, pendant que le roi passerait les monts avec cinquante mille hommes. Cela eût éclairci les choses. L'empereur, pour avoir battu les faux Turcs de Barberousse, qui étaient des Maures d'Afrique, portait son succès de Tunis aussi haut qu'une victoire sur les janissaires. Il fallait voir la figure qu'il ferait devant Soliman.

Nous savons, par le plus irrécusable témoignage, celui de sa sœur, qu'il n'en pouvait plus. Le coup eût été terrible. Les Turcs fussent restés en Sicile et peut-être à Naples. Grand malheur? Non. Il en serait arrivé comme à la Chine, où les vaincus ont conquis les vainqueurs et rendu les Mongols Chinois. L'Italie eût exercé son ascendant ordinaire, et, bien mieux que ne fit la Grèce, épuisée et impuissante, elle eût fait du Turc un Européen.

La chose fut très bien menée par le savant et habile Laforêt, qui, en juillet 1537, se trouva, avec Soliman et Barberousse, en face d'Otrante. Les Turcs descendirent à Castro; mais les Français ne parurent pas. Soliman laissa le royaume de Naples et se tourna contre Venise.

Où donc était François I$^{er}$? En Picardie. Il n'est pas difficile de deviner l'homme qui rendait ce service essentiel à l'empereur. Montmorency n'envoya en Italie que tard, quand il n'était plus temps.

Ces tergiversations singulières ne s'expliquent que

par la forte conspiration de cour qui enveloppait le roi de toutes parts. Il voyait d'accord des gens qui toujours sont divisés, une belle-mère, Éléonore, avec un beau-fils, Henri, les cardinaux de Tournon, de Lorraine, avec la maîtresse nouvelle, la triste et dure figure de Montmorency avec la jeune cour. Tous pour le pape, pour l'empereur, contre le Turc et l'hérésie; tous plaidant *pour l'honneur du roi* et le salut de son âme.

Il avait toujours eu un vif besoin de plaire à ce qui l'entourait. Affaibli, maladif, il ne supportait pas la muette censure d'une cour respectueusement mécontente, ni les récits qu'on lui faisait arriver des ravages des Turcs. Ils pesaient sur sa conscience, ébranlaient l'homme et le chrétien.

Il luttait pourtant encore au printemps de 1538. A la nouvelle d'une grande victoire de Soliman sur le frère de Charles-Quint, il envoya Rincon pour resserrer son alliance. Aux vives instances du pape pour l'amener à voir l'empereur, il résista d'abord (*Rel. Tiepolo*), laissa le pape et Charles-Quint l'attendre à Nice quinze jours. Le vieux Paul III brûlait de les unir pour les lancer sur Henri VIII.

L'empereur cachait mieux le besoin urgent qu'il avait de traiter. Sa situation en réalité était épouvantable. Ni l'Espagne ni les Pays-Bas ne donnaient un sou. Gand lui refusait l'impôt depuis 1536, et travaillait à confédérer les autres villes. Il prévoyait la terrible révolte des armées espagnoles, qui arriva en 1539. Il ne la différait qu'en laissant ses soldats à Milan et ailleurs en pleines bacchanales, comme au temps de Bourbon. Ces hommes effrénés, ces sauvages, désormais indisciplinables, devenaient l'effroi de leur maître. Il restait deux partis à prendre : ou les diviser, les tromper, pour les égorger isolés; ou les leurrer d'une promesse d'un grand pillage, les mener à Constantinople. Cette entreprise, pour être romanesque, avait pourtant des chances. Doria, en 1533, avait reconnu les Dardanelles et vu dans quelle négligence les Turcs laissaient leurs fortifications.

Un document publié récemment dévoile tout ceci (Lanz, *Mém. Stuttgard*, XI, 263). C'est une lettre suppliante de la sœur de Charles-Quint, Marie, gouvernante des Pays-Bas, pour conjurer son frère de ne pas se mettre à la discrétion de cette horrible soldatesque dans l'expédition de Turquie. Elle lui parle nettement de sa situation, lui dit que les Pays-Bas, s'il ne parvient à y mettre ordre, *sont plus que perdus;* qu'il vaut mieux, plutôt que de se jeter dans de telles aventures, fermer les yeux sur l'Allemagne, *laisser couler certaines choses* touchant la religion. Quant à la guerre si lointaine de Constantinople : « Souvenez-vous, dit-elle, *de Tunis qui n'est qu'à la porte de votre pays; si Barberousse n'avait donné bataille, en quels termes étiez-vous?... Oh! pour l'honneur de Dieu!* ne courez pas de tels hasards. »

Il est impossible de se fier au roi de France. Et pourtant, si l'on pouvait s'y fier, l'empereur *devroit passer par la France, et démêler avec lui ce qui lui peut toucher... Mais vostre personne est de si grande importance, que je n'oserais conseiller*, etc.

Ces avis d'un parfait bon sens étaient certainement ceux de Granvelle. L'empereur, à tout rapprochement, toute entrevue, même inutile, gagnait un grand avantage, celui de mettre en défiance tous nos amis, Turcs, Anglais, luthériens et mécontents des Pays-Bas.

C'était déjà une faute, une sottise pour le roi de se rendre à Nice. Il le sentait si bien que quand on l'y traîna, il demanda à l'empereur une chose impossible qui devait rompre tout, non seulement le Milanais, mais la *Franche-Comté*. L'empereur, à l'absurde, répondit par l'absurde, offrant *le titre* et *le revenu* de Milan, qui *pendant neuf ans* seraient confiés au pape, et le roi, tout de suite, eût rendu la Savoie, armé pour l'empereur contre le Turc et les luthériens. Vains bavardages. Mais Charles-Quint avait déjà ce qu'il voulait. Sa sœur venait le voir, et la nouvelle cour entrait en rapport avec lui. Le pape fit, sinon la paix, au moins une longue trêve de dix ans. Le roi partit, le 19 juin, sans voir l'empereur.

Il n'en était pas quitte ; on ne le laissa pas retourner au Nord. Les influences de famille agirent : Éléonore pour son frère, Marguerite dans l'intérêt de son mari, pour l'arrangement de la Navarre, Montmorency et les cardinaux, le dauphin pour le roman d'une conquête de l'Angleterre. Tous pour le roi, pour le réconcilier à Dieu et à l'Église, au parti des honnêtes gens.

Les Turcs, souvent bien informés, crurent que non seulement on lui promettait le Milanais de la part de

Charles-Quint, mais qu'abusant de l'affaiblissement de son esprit on lui disait que l'empereur prendrait pour lui Constantinople et le ferait empereur d'Orient.

Charles-Quint attendit un mois à Gênes l'effet de tout cela. Il ne lâcha pas prise qu'on ne lui eût de nouveau amené le roi à Aigues-Mortes. Dans ce méchant petit port solitaire, le roi, moins entouré qu'il ne l'eût été en Provence, n'avait là que Montmorency et les princesses. Il n'y eut, aux conférences, que le connétable et le cardinal de Lorraine, d'une part; d'autre part, Granvelle et Couvos, la reine enfin, lien des deux partis. Que conclut-on? Matériellement, rien que le *statu quo;* moralement, une chose immense qui allait changer l'Europe, et qu'on peut dire d'un mot, *la conversion de François I*er*.

L'ami des infidèles, des hérétiques, le renégat et l'apostat, l'homme incertain du moins, mobile, qui disait le matin *oui*, et *non* le soir, est fixé désormais, et tel sera jusqu'à la mort. Ce galant, ce rieur, est désormais un bon sujet. C'est le retour de l'*Enfant prodigue*. La reine et tous en pleurent de joie.

Qui a procuré ce miracle? Un mot de l'empereur. Ce qu'il a refusé à Nice, il l'accorde à Aigues-Mortes. Il n'offre plus le *titre* de Milan, mais la possession *réelle* (*Granvelle*, II, 335) pour le second fils du roi qui épousera une nièce de Charles-Quint.

Le roi s'engage *publiquement* à défendre les États de l'empereur pendant la guerre des Turcs. A quoi *secrètement?* On le voit par les faits.

Maintenant la France, en Europe, n'a plus d'ami que

Charles-Quint, son capital ennemi. Elle s'est isolée. Libre à lui de tenir sa promesse. S'il ne la tenait pas, que ferait-elle? la guerre, mais seule et sans ami, ne pouvant, même par la guerre, sortir de la profonde ornière où elle est entrée pour toujours, et dont ne la tireront pas même cinquante années de guerres de religion.

## CHAPITRE XXII

Ruine et mort de François I<sup>er</sup>. (1539-1547.)

On peut dater d'ici le règne d'Henri II et de Diane de Poitiers. François I<sup>er</sup> n'est plus qu'une cérémonie, une ombre. La réaction règne par Montmorency d'abord, ami de Diane et de l'empereur; puis par les prêtres, les cardinaux de Tournon, de Lorraine, et les cadets de Lorraine, les Guise, généraux du clergé, tous serviteurs et créatures de la triomphante maîtresse.

Comment finit François I<sup>er</sup>? Il meurt huit ans d'avance par une horrible maladie (1539), dont la médecine ne le sauve qu'en l'exterminant. Ses derniers portraits font frémir; leur bouffissure difforme témoigne de l'énergie des remèdes qui ne lui donnèrent ce répit qu'en bouleversant l'homme physique, éteignant l'homme moral.

A ce prix on parvint à pouvoir le montrer, le remettre à cheval, le mener quelque peu à l'armée, à la chasse. Au conseil même, dans quelques circonstances, il voulut décider; mais tout lui échappait. Il était incapable de suite. Sans sa maîtresse ou garde-malade, la duchesse d'Étampes, qui s'indignait, le réveillait parfois, il se fût résigné peut-être; mais elle ne cessait, dans sa haine jalouse contre Diane, de rouvrir les yeux du malade sur sa déchéance réelle. Contre le nouveau roi, si peu Français, si contraire à son père, et qu'on eût cru plutôt un fils de l'empereur, elle élevait, créait un rival, le jeune et brillant duc d'Orléans pour qui elle eût voulu un trône.

Dès le 23 septembre 1538, le roi étant revenu à Compiègne, et souffrant d'un cruel abcès qui le mit à la mort, Montmorency ne perdit pas un moment et inaugura la politique nouvelle en faisant arrêter, poursuivre son ennemi, l'ami de la duchesse d'Étampes, Brion (ou l'amiral Chabot). Il le fit éplucher avec une rigueur extraordinaire par ses légistes à lui, de manière à trouver quelque indélicatesse, quelque abus de pouvoir, péchés communs à tous les favoris.

Tous nos ambassadeurs reçurent en même temps un nouveau mot d'ordre, fort surprenant (ils n'y pouvaient croire) : *de travailler partout pour l'empereur.* Ordre d'agir pour lui auprès du Turc, de lui ménager une trêve. Ordre d'engager l'Allemagne à s'unir contre Soliman. Défense au protégé du roi, au duc de Wurtemberg, d'agir contre les évêchés catholiques, et notification à la diète que le roi s'unissait à l'empereur pour rétablir la religion.

Henri VIII eût volontiers épousé une princesse française. On venait d'en donner une au roi d'Écosse. On s'engage à Madrid à ne faire avec l'Angleterre aucun traité de mariage. Loin de là, on accueille un plan d'un de nos envoyés pour le détrônement d'Henri, le démembrement de son royaume, l'anéantissement de l'Angleterre.

Dans cette année 1539, Montmorency fut la vraie providence de Charles-Quint. Au moment où l'Espagne le menaçait par ses cortès, au moment où Gand révolté décapitait son doyen, comme partisan de l'empereur, au moment où il apprenait les révoltes de ses armées, où tout lui échappait, Montmorency lui met la France dans les mains, le secret de nos négociations avec le Turc et l'Angleterre, lui confie le fil même de notre diplomatie (5 août 1539), jusqu'à trahir la confiance de Gand qui se livrait à nous.

Dans ce mois d'août 1539, un coup heureux délivra Charles-Quint des vieilles bandes espagnoles qu'il ne pouvait ni payer ni contenir. Mis dans la petite ville ouverte de Castel-Novo, quatre mille de ces soldats furent surpris par Barberousse. Six mille, qui étaient à Tunis, furent habilement tirés du fort, embarqués pour la Sicile, et là, à force de serments, le vice-roi les endormit, les dispersa, les égorgea.

Belle délivrance pour l'empereur; mais bonne leçon pour l'Espagne, si mal récompensée! Les levées y furent quelque temps extrêmement difficiles. On aimait mieux la mer, les Indes que le service. A la guerre qui suivit, l'empereur ne demandait que six mille Espagnols, et il ne put en avoir que trois mille

(Navagero). Il se trouva très faible. Les Turcs prirent toute la Hongrie, et ils auraient pris les Deux-Siciles, pour peu que la France eût aidé.

Si quelque chose dut le rendre dévot, ce fut certainement ce miracle qu'à ce moment de ses plus extrêmes nécessités un tel secours lui fût tombé du ciel, celui de son ennemi. Désarmé et sanglant de cette Saint-Barthélemi de ses propres soldats, il se vit gardé par la France. Montmorency le pria de se fier à nous, de venir, de montrer que la France ne faisait qu'un avec l'Espagne et qu'on aurait affaire à elle si on touchait à l'empereur.

Charles-Quint, qui avait fait son testament avant l'expédition de Tunis, le refit avant le voyage de France (5 novembre 1539, *Granvelle*, II, 545, 554). Il y donne Milan au second fils du roi qui épousera une fille de Ferdinand, *pourvu que Ferdinand y consente*. Ce petit mot réservait tout.

Entré en France vers le 20 novembre, il vit longuement Montmorency et les fils du roi, avant le roi, et entra à Paris le 1ᵉʳ janvier 1540. Le connétable tout-puissant avait exigé des villes les fêtes les plus retentissantes, et il fit avertir toutes les cours de l'Europe de cette union intime, définitive, du roi et de l'empereur. Charles-Quint vit très bien le besoin que la coterie régnante avait de lui. Il prit ses avantages, attisant d'une part la rivalité des deux frères, d'autre part ébranlant la fidélité du roi de Navarre, lui faisant espérer que l'infant épouserait sa fille, qui deviendrait la reine de l'Espagne et des Indes.

La duchesse d'Étampes et son protégé, le second fils du roi, auraient été d'avis de retenir l'empereur jusqu'à ce qu'on eût Milan. C'est d'eux que vint sans doute le mot hardi de Triboulet au roi, écrivant sur sa liste des fous célèbres l'empereur, mais disant : « S'il échappe, j'y mettrai Votre Majesté. »

On prétend que le jeune Orléans eut l'idée, avec ses amis, d'enlever Charles-Quint. Cette cour de jeunes gens était fort hasardeuse; elle se piquait de folie, de duels, de sauts périlleux, de courir de toits en toits. L'un d'eux offrait à la duchesse d'Étampes de changer la situation et de rompre la fascination qui retenait le dauphin, par un moyen très simple, en coupant le nez à Diane.

L'empereur n'était pas rassuré. Plus d'un malheur arriva sur sa route. A Bordeaux, il faillit être asphyxié; à Amboise, incendié. Ailleurs, une bûche lui tomba sur la tête. Le roi était furieux des mésaventures de son hôte, et voulait faire pendre tout le monde.

L'empereur crut utile de désarmer à tout prix sa belle ennemie, la duchesse d'Étampes, en faisant briller à ses yeux une offre inattendue, celle de relever la maison de Bourgogne; il eût donné au duc d'Orléans bien autre chose que Milan, *toutes les provinces des Pays-Bas*. Il est vrai qu'Orléans, du vivant de Charles-Quint, n'en eût pas été souverain, mais seulement gouverneur.

La pauvre Gand fut brisée de la réception de Charles-Quint et de son union avec le roi. Chaque fête qu'on lui donna fut comme une bataille perdue par la Flandre. Il ne trouva nulle résistance, brida la ville avec un fort et fit mourir qui il voulait.

Sorti de France à la fin de janvier, en février il se retrouva maître, très solide et très affermi, libre d'examiner ce qu'il voulait tenir de ses promesses. S'il eût donné les Pays-Bas, c'eût été pour le cas où Orléans eût eu des enfants de sa fille ; mais, en échange de ce don incertain, il voulait que le roi, sur-le-champ, se dessaisît du Piémont, ainsi que des droits sur Milan. Montmorency, trompé, désespéré, alla, pour gagner l'empereur, jusqu'à promettre par écrit que le roi l'aiderait contre ses alliés d'Allemagne. Lettre fatale que l'empereur montra et répandit plus tard.

La honte d'être dupe à ce point tira le roi de sa léthargie. Il fit une chose violente. Il maria la fille de sa sœur, contre le gré de sa sœur, au duc de Clèves, capital ennemi de Charles-Quint.

Ce fut une scène très violente et d'une choquante tyrannie. La petite fille, qui avait douze ans et qui était malade, ne voulait pas marcher. Le roi dit à Montmorency : « Porte-la sur ton cou. » Et alors, on vit le connétable, ce premier homme du royaume, faire l'office d'une nourrice ou d'un valet de pied. Il prit l'enfant et la porta devant toute la cour, croyant apaiser le roi par cette humiliation. Et, en effet, il garda encore quelque temps le pouvoir. Mais son grand ami, l'empereur, le brisa, lui donna le coup de grâce, en investissant son fils de Milan (octobre), en brisant ainsi tout espoir, et montrant que Montmorency était ou un traître ou un sot.

Il ne lui restait, après cela, qu'à fuir et se cacher. On satisfit à la colère du roi par la ruine d'un homme qui tenait à Montmorency, du seul de ce parti qui eût servi la France, du chancelier Poyet. Tout le monde lui en voulait pour ses belles ordonnances qui fermaient le trésor aux courtisans. Il avait essayé de couper court à la chicane, de rogner les griffes des procureurs, de leur ôter les faux-fuyants et l'obscurité du latin ; il força la justice de parler français. Poyet eut encore le mérite d'ouvrir l'état civil, d'exiger l'inscription des baptêmes par des actes où signerait un notaire avec le curé. Mais son crime principal fut d'avoir limité la justice ecclésiastique, supprimé ces appels fantasques du plaideur qui, sentant sa cause mauvaise, la tirait du bailliage royal pour la porter devant l'évêque. Grand coup et décisif. Les tribunaux d'évêques devinrent presque déserts.

Qui succède à Montmorency ? Un gouvernement anonyme, le conseil, le fauteuil du roi, où siégera rarement le malade. Les influences principales sont celles d'un âpre fanatique, du cardinal de Tournon, et du cardinal de Lorraine, frère et oncle des Guise, l'homme des grandes et terribles fêtes expiatoires de 1528 et 1535. Un honnête et grossier soldat, Annebaut, qu'ils mettent près d'eux, servira à couvrir dans les choses de la guerre les sourds commencements des Guise, qui, contre l'antipathie du roi, s'étayeront peu à peu d'une popularité militaire.

La toute-puissance des cardinaux, leur royauté réelle, avait déjà déchaîné le fanatisme dans les provinces. Dès la fin de 1538, après l'entrevue de Nice, il est lâché partout. On brûle à Toulouse, à Agen, à Annonay; on brûle à Rouen et à Blois. Le parlement d'Aix, sûr de plaire à Paris, a porté en 1540 un horrible arrêt contre plusieurs villages de Provence, séjour d'une colonie vaudoise, d'*hérétiques et de révoltés*. Le massacre eût eu lieu si les protestants d'Allemagne n'eussent réclamé, si Guillaume Du Bellay, s'adressant au roi même, n'eût obtenu une enquête, et tiré de lui des lettres de grâce (8 février 1541). C'est le dernier triomphe des Du Bellay. Dans la guerre qui doit suivre, Guillaume n'a plus voix au chapitre. Son frère Jean, cardinal, évêque de Paris, dure, en se faisant subalterne. Il s'enfuit à Rome à la mort de François Ier.

L'œuvre de Montmorency subsistait. Nous étions isolés, haïs et méprisés. L'Angleterre était contre nous, l'Allemagne était contre. L'horreur des protestants pour une France persécutrice et fanatique les rapprochait de l'empereur. Charles-Quint, converti à la tolérance par l'approche des Turcs, promettait que les affaires religieuses seraient réglées par un concile assemblé en Allemagne, ou même par une diète d'Empire; jusque-là, *interim*, égalité des deux partis.

La France ne comptait plus, elle était hors du droit de l'Europe. On le vit, en juillet 1541, quand le marquis Du Guast (un homme noir qui ne jurait que par les Borgia) fit assassiner en Lombardie notre envoyé Rincon, qui allait à Constantinople. Il croyait prendre ses dépêches. Mais Guillaume Du Bellay, qui craignait ce malheur, les avait gardées en Piémont pour les faire passer droit à Venise. La vengeance de cet acte atroce était facile. Un bandit italien venait de prendre à Ferdinand une place de l'Adriatique, et il voulait la vendre aux Français ou aux Turcs. Venise eut peur de tels voisins et acheta cette place. Si la France l'avait devancée comme le voulait Du Bellay, elle mettait une forte épine au cœur de la maison d'Autriche.

Ce conseil intrépide eût été accueilli peut-être de François Ier bien portant, comme au soir de Pavie où il envoie sa bague à Soliman. Mais l'abcès avait tout changé en 1538; il était mort à cette époque.

Telles sont les phases bizarres du gouvernement personnel. Le règne de Louis XIV se partage en deux parts : *avant la fistule, après la fistule*. Avant, Colbert et les conquêtes; après, madame Scarron et les défaites, la proscription de cinq cent mille Français.

François Ier varie de même : *avant l'abcès, après l'abcès*. Avant, l'alliance des Turcs, etc.; après, l'élévation des Guise et le massacre des Vaudois, par lesquels finira son règne.

Le meurtre de Rincon comme celui de Merveille en 1534 étaient de ces choses qui pouvaient réveiller le roi.

Deux événements l'engageaient à agir. Ferdinand, battu par les Turcs, les vit prendre possession de toute la Hongrie; et Charles-Quint, qui, pour couvrir ce revers dans l'opinion, avait improvisé une expédition contre Alger, y éprouva un désastre effroyable, repoussé par les Maures, battu, brisé par les tempêtes. Le 3 décembre 1541, il rentre tout seul à Carthagène.

La jeune cour de France, divisée entre les deux princes, Henri de vingt-trois ans, Charles de vingt et un, ne manque pas de crier que c'est fait de l'empereur, qu'il faut tomber sur lui, l'achever. Une arène s'ouvre où veulent briller les deux partis. Les prêtres même y ont leur compte. Le cardinal de Lorraine y voit l'avancement des Guise. Le cardinal de Tournon obtient qu'on constate que la guerre n'est pas luthérienne. Enjoint aux parlements de poursuivre les suspects, aux curés d'exciter les dénonciations.

L'appel fut entendu ; la police passa aux curés ; les listes de communiants aux grandes fêtes, sévèrement examinées, devinrent celles de la vie et de la mort ; on eut peu à chercher : la plupart des martyrs se désignaient eux-mêmes.

Donc, c'est la France catholique contre la catholique Espagne. La France seule en Europe, et n'ayant plus l'appui du parti anti-catholique. Elle ne peut même plus faire de levées en Allemagne. Elle va chercher des soldats jusqu'en Danemarck et en Suède.

Quoi donc ? Il n'y a plus d'hommes en France ? Non, on ne veut plus de Français. « Élevés de la servitude au noble métier des armes, ils sont trop indociles. Les nobles se sont plaints, disant au roi : *Les vilains vont se faire gentilshommes et les gentilshommes vilains.* Donc, on néglige les légionnaires : on revient aux mercenaires suisses. » (Fr. Giustiniani. *Rel. Ven. s. I.*, vol. I, 212, ann. 1538.)

Sur les cinq armées de la France, dans cette dernière guerre, et dans les plus périlleuses extrémités, on hasarda à peine d'avoir douze ou quinze mille de ces dangereux soldats roturiers. Du Bellay les relève fort, et dit qu'ils n'avaient pas leurs pareils aux assauts.

Il fait grand cas aussi des soldats italiens, disant, en trois passages, que « c'étaient les plus aguerris ». La France n'en profite guère. Elle repousse, en 1542, l'effort suprême de l'émigration italienne, qui, sous Du Bellay et Strozzi, lui avait préparé une armée de douze mille hommes.

Rien désormais hors du cercle des Guise. Claude de Guise, avec le cadet des deux princes, Charles d'Orléans, a l'armée du Nord, qui envahit le Luxembourg. Le fils de Claude, François (qui sera le grand Guise), candidat secret du parti, sans titre encore, a l'armée du Midi, sous le dauphin, et envahit le Roussillon.

L'espoir des Guise, le prix de leurs exploits, devait être l'intime alliance de la toute-puissante Diane, astre futur du prochain règne. Ils comptaient à la paix épouser une de ses filles, et serrer le lien d'intrigue qui devait tenir Henri II.

L'affaire du Nord était très importante. Dans l'attaque du Luxembourg, on agissait avec les restes du parti des La Marck, étouffé, non écrasé, par l'empereur. On donnait la main au duc de Clèves, qui lâchait dans les Pays-Bas une masse sauvage d'aventuriers allemands qui se souvenaient du sac de Rome et comptaient sur le sac d'Anvers.

Le succès fut facile au Luxembourg, mais non soutenu. Au lieu de pousser aux Pays-Bas, d'appuyer Clèves, le jeune prince regardait au Midi. Il apprenait que le dauphin, son frère, outre l'armée d'Espagne, s'adjoignait l'armée d'Italie. Il eut peur d'une victoire d'Henri, revint. François I$^{er}$ ne s'effrayait pas moins. Il avait écrit au dauphin de ne pas donner bataille sans lui. Pendant qu'il avance à petites journées, la saison passe. Perpignan, qu'on assiège, résiste. La campagne est manquée, perdue au midi, vaine au nord.

Avec ce grand effort de cinq armées, on n'avait pas entamé l'empereur. A lui maintenant d'attaquer à son tour. Et il allait le faire avec un énorme avantage, s'étant rallié Henri VIII, à qui il offrait la France même, ne se réservant que la Picardie.

Nous recueillîmes le fruit de la sottise avec laquelle nous avions constamment irrité Henri. Nous avions marié à son capital ennemi, le roi d'Écosse, la sœur de François de Guise, mère de Marie Stuart, mère féconde des maux de l'Europe. Le tout-puissant cardinal de Lorraine, et la protectrice des Guise, Diane de Poitiers, firent faire ce mariage royal à une fille cadette des cadets de Lorraine, bientôt veuve et régente pour la romanesque Marie, dont le fatal berceau fut une boîte de Pandore.

L'empereur, déjà sûr d'Henri VIII, s'assure des luthériens. Il laisse là les questions religieuses, et les somme, au nom de l'Empire, au nom de la patrie allemande, de le suivre contre les Turcs et les Français. Soliman est aux portes sur la frontière d'Autriche. Barberousse et sa grande flotte tiennent la mer avec les Français.

La France catholique, gouvernée par deux cardinaux, la France, cruelle pour les chrétiens, suivait le drapeau musulman, le drapeau des pirates et des marchands d'esclaves. Le jeune duc d'Enghien, uni à Barberousse, assiégea Nice. En vain. Les Algériens se dédommagèrent par les pillages et les enlèvements. Mis par nous dans Toulon, ils firent en Provence même leur récolte de filles et leur provision de forçats. L'année suivante, ravage encore plus grand ; six mille esclaves enlevés en Toscane, huit mille au royaume de Naples, spécialement un choix de deux cents vierges prises dans les couvents d'Italie pour la part du sultan.

L'horreur de l'Allemagne pour nous perd le duc de Clèves. Elle l'abandonne ; il est écrasé pour toujours. Coup fatal à la France. Ce petit prince était sa meilleure force, comme son recruteur allemand, le noyau militaire de toutes les résistances de la Basse-Allemagne.

Qui empêchait l'empereur de pénétrer en France? Les Vénitiens, qui suivaient l'armée impériale, remarquent que les grands généraux des temps de Pavie sont morts, et que l'empereur n'a plus que le duc d'Albe, médiocre, ignorant. (Lor. Contarini.)

Charles-Quint, dirigé par des conseillers italiens, ordonne tout lui-même, autant que peut le faire un homme appesanti déjà, maladif, grand mangeur, qui se lève fort tard et tous les jours entend deux messes (Navagero). L'armée de ce malade était à son image, lente et lourde, chargée de bagages infinis, qui se développaient sur une longue file, séparaient, isolaient les troupes, empêchaient l'avant-garde de toucher le corps de bataille. Il eût suffi d'une petite bande leste et hardie pour le couper cent fois.

Heureusement pour lui, le roi de France traîne aussi. Il craint fort la bataille. Où l'empereur s'arrête, il s'arrête, à Luxembourg, à Landrecies. Le roi est trop heureux de ravitailler Landrecies. Voilà tout le succès de cette grande armée. Chacun va se panser chez soi.

Marino, qui était à la cour de France en 1544, dit nettement que la France, abandonnée des Turcs, envahie par les protestants, ses anciens alliés, était aux abois et désespérée. Ce que le roi avait encore le plus à craindre, c'était son peuple qui, s'il y eût eu revers, aurait fait une sauvage et *bestiale révolution* (tumulto bestiale).

Quarante mille Allemands entraient à l'est. Vingt mille Anglais débarquaient à l'ouest. L'empereur avec la grande armée marchait droit vers Paris. Les vues étaient sérieuses. Charles-Quint, qui lisait toujours Comines, savait le mot de Louis XI, *qu'on prend la France dans Paris*. Il s'agissait cette fois d'en finir, ou de détruire François I$^{er}$ et de changer la dynastie, ou de tellement l'asservir, qu'il devînt serf de l'empereur, soldat à son service, sbire et recors impérial pour assujettir l'Allemagne.

Il était trop évident, en présence d'une crise si terrible, que la vieille méthode de faire une diversion en Milanais ne ferait rien, ne servirait à rien. Qu'importait de prendre Milan, si l'on perdait Paris?

Le roi avait en Italie cinq mille Suisses allemands, quatre mille Suisses français, cinq mille Gascons, trois mille Italiens. Cette armée eût dû revenir en hâte, assurant seulement le Piémont. Ce n'était pas l'avis du jeune duc d'Enghien, qui, pour la première fois, arrivait général sur le champ de bataille, comme Gaston de Foix à Ravenne. Enghien, fils de Vendôme et cadet de Bourbon, avait là une occasion de briller, d'éclipser les Guise. La rivalité des maisons de Guise et de Bourbon, qui allait troubler le siècle, se prononçait déjà. Le roi favorisait Enghien et l'opposait aux amis de son fils.

C'est, je crois, de cette manière qu'on doit expliquer l'imprudente permission qu'il donna de livrer bataille. Montluc, envoyé par Enghien pour l'obtenir, en fait honneur à son éloquence gasconne. Quoi qu'il en soit, la chose tourna bien (à Cérisoles, 14 avril 1544).

Nos Suisses et nos Gascons, fortifiés d'une nombreuse noblesse française, accourue tout exprès, et qui se mit à pied, soutinrent l'épouvantable choc de dix mille Allemands que le général impérial, Du Guast, nous lançait d'une colline. Trois cents lances françaises enfoncèrent la cavalerie légère de l'ennemi, qui, poussée sur le flanc de son infanterie, la mit elle-même en déroute. Enghien faillit périr comme Gaston à Ravenne. Il se précipita avec une petite bande de jeunes gens à travers le noir bataillon des Espagnols et le perça de part en part. Fort affaibli, il dut, pour rejoindre les siens, percer encore cette troupe formidable. Il le fit, en sortit, mais presque seul, et ne vit plus les siens ; il crut la bataille perdue. Elle était gagnée, et les nôtres revinrent, rompirent les Espagnols. Bataille infiniment sanglante; selon Du Bellay, douze mille morts.

Quel résultat? Aucun. Sans argent et sans vivres, l'armée fond, se dissipe. Et Charles-Quint avance. Ralenti par la résistance de Saint-Dizier, qu'il prend par ruse, il avance pourtant, et les Français ne lui opposent que leur propre ruine, la dévastation, le désert. Les barbaries de la Provence sont renouvelées sur la Champagne. La France se traite plus cruellement que n'eût fait l'ennemi. L'empereur va toujours poussant le dauphin devant lui vers l'ouest et vers les Anglais, il le leur livre, il le leur donne. Si ceux-ci eussent daigné le prendre, avancé quelques pas, c'en était fait.

L'empereur, qui a pris nos magasins, nos vivres, nourri parmi nous, arrive à treize lieues de Paris, à Crépy en Valois. On en était aux dernières ressources ; on travaillait en vain à faire une armée de séminaristes ou écoliers. Une défaite nous sauva, la perte de Boulogne, que l'Anglais prit et qui inquiéta l'empereur.

Très fatigué lui-même, pris d'un accès de goutte, il pensait qu'après tout, au lieu de faire les affaires de Henri VIII, il valait mieux conserver, exploiter cette misérable France ruinée. Affaiblie à ce point, elle ne pouvait plus que suivre son impulsion. Le roi détruit lui valait moins que le roi asservi et devenu son capitaine. (Traité de Crépy, 18 septembre 1544.)

Le roi, en effet, s'engagea à guerroyer pour lui, à fournir, à payer une armée *contre le Turc* (au fond *contre les luthériens*).

L'affaire avait été brassée de fort bonne heure entre le confesseur de l'empereur et celui de François Ier.

Le roi restituait la Savoie. L'empereur faisait du duc d'Orléans son gendre ou son neveu, le mettant à Milan ou aux Pays-Bas, non comme duc et souverain, mais *comme gouverneur impérial*. En adoptant ainsi le cadet, le tenant sous sa main et se chargeant de sa fortune, il fondait une bonne et solide discorde entre les frères. Et, en effet, le dauphin protesta.

Navagero remarque que la mort avait toujours été du parti de Charles-Quint, l'avait toujours servi. Le premier dauphin, prince de grande espérance, et qui avait infiniment souffert de la captivité d'Espagne, était mort en 1536 (d'épuisement ou de pleurésie?). Son échanson italien avoua l'avoir empoisonné. Tout le monde le crut alors. En 1543, voici le troisième fils du roi, Charles d'Orléans, qui meurt aussi, et, dit-on, de la peste, au grand profit de l'empereur, que cet événement dégageait de sa parole. Il n'eût pas ordonné un crime; mais ses agents, qui, sans scrupule, assassinaient nos envoyés, n'avaient-ils pas dispense, pour la guerre, du poison contre les alliés des Turcs? Rien ne paraît plus vraisemblable.

Au reste, ce ne sont pas les impériaux peut-être que l'on doit accuser. Un mot violent de Henri II, que nous citerons plus tard, montre qu'il haïssait son frère Charles. Ses amis, très peu scrupuleux, les hommes de Diane, ont bien pu le servir, et sans le consulter.

Une troisième mort survint, fort surprenante, celle d'Enghien, de ce Bourbon que François I$^{er}$ venait d'élever si haut en lui faisant gagner une bataille. Qui le tue? Celui même qui profite le plus à sa mort, le jeune Guise. Dans un combat de boules de neige, pour boulette, il lui jette un coffre. Il s'excuse, disant avoir eu ordre de M. le dauphin.

Dès lors il n'y eut plus deux partis. Le roi se trouva seul, et le dauphin fut le vrai roi.

Sa maîtresse avait tout à craindre. On disait que, si la campagne de 1544 avait si tristement fini, la faute en était à elle, qu'elle avait aidé l'empereur à prendre Saint-Dizier et les places où se trouvaient nos magasins.

Le roi, très affaissé, devenait un jouet. On décidait sans lui, ou sur quelque mot vague qu'on lui tirait, les choses les plus graves et les plus terribles affaires, comme le massacre des Vaudois.

Il y avait quatre ans que le peuple infortuné des Vaudois de Provence flottait entre la vie et la mort, condamné en 1540, gracié en 1541, puis incertain de plus en plus à l'approche du nouveau règne. Les Vaudois n'étaient pas d'accord : les uns ne songeaient qu'à la fuite ; d'autres voulaient se défendre et achetaient des fusils. S'ils s'étaient défendus, ils eussent été aidés peut-être par les Suisses. Après l'affaire de Cérisoles, le clergé saisit le moment. On détacha au roi un homme qui avait fort à expier, qui devait ménager les prêtres, l'ami de Barberousse, le capitaine Paulin de La Garde. Il lui parla à Chambord, dit que ce petit peuple était fort dangereux, qu'il faisait de la poudre, qu'il y avait là comme un avant-poste de l'empereur. On était en pleine guerre, à la veille de l'invasion du Nord. Le roi est alarmé; il dit : « Défais-moi ces rebelles. »

Il paraît que Paulin voulut un ordre écrit. Après la paix, le 1er janvier 1545, le cardinal de Tournon écrivit et présenta à la signature du malade *une révocation*, de quoi? De la grâce accordée en 1541. Le roi signa sans lire, comme il faisait le plus souvent (V. le *Procès*, et Muston, I, 107.) Ce témoignage lui est rendu par l'historien protestant et vaudois, qui, plus sérieusement que personne, a épuisé l'examen de l'affaire.

Au reste, cette signature n'était pas tout. Il fallait celle du secrétaire d'État; le cardinal fit signer Laubespin. Il fallait celle du procureur du roi au Grand-Conseil; il refusa. Celle au moins de son substitut; il refusa. Et il fallait encore que le chancelier mît le sceau; il refusa. Le hardi cardinal y mit un sceau quelconque, et donna cette pièce informe à l'huissier du parlement de Provence, qui était à la porte, attendant cette arme de mort.

Elle n'eût pas suffi cependant; elle n'autorisait pas l'exécution militaire. Au-dessous de la signature, d'une écriture tout autre que celle de la pièce, quelqu'un, on ne sait qui, écrivit l'ordre qui livrait ce peuple aux soldats.

Ce qui rendait l'affaire hideuse, c'est que les parlementaires, si zélés contre l'hérésie, étaient des familles seigneuriales qui allaient recueillir la dépouille sanglante des victimes. Ils étaient juges et héritiers.

L'arrêt de 1540 ordonnait de punir *les chefs*. Et la pièce informe de 1545, l'horrible faux, ordonnait d'exterminer tout.

Pour en être plus sûr, on s'adressa à des brigands, aux soldats des galères, dont bon nombre étaient repris de justice, endurcis aux guerres barbaresques. Le président d'Oppède, sans bruit, sans notification, mène lui-même cette bande. Des dix-sept villages vaudois, plusieurs étaient vers Avignon, en terre papale. Mais le légat du pape donna de grand cœur l'autorisation.

Une circonstance curieuse, c'est que, ceux de Cabrières s'étant livrés sur la parole du président, il dit aux troupes de tuer tout. Elles refusèrent d'abord; les galériens se montrèrent plus scrupuleux que les magistrats. Ce ne fut pas sans peine qu'on les mit à tuer, voler et violer.

La chose une fois lancée, il y eut des barbaries exécrables. « Dans une seule église, dit un témoin, j'ai vu tuer quatre cinq cents pauvres âmes de femmes et d'enfants. » Et comment? Avec une furie, des supplices, des caprices atroces, dignes du génie de Gomorrhe. Vingt-cinq femmes, échappées, cachées dans une caverne, sur terre du pape, y furent, par ordre du légat, enfermées, étouffées. Cinq ans après, quand on fit le procès, on retrouva leurs os. Il y eut huit cents maisons brûlées, deux mille morts (au moindre calcul), sept cents forçats. Les soldats, au retour, vendaient à bon compte aux passants les petits garçons et les petites filles, dont ils ne voulaient plus.

La nouvelle ayant éclaté, il y eut un violent débat en Europe. Les Espagnols louèrent. Les Suisses et Allemands poussèrent des cris d'indignation. Cela servit les criminels. Ils firent entendre au roi qu'on n'avait tué que des rebelles, et qu'il ne devait pas souffrir que l'étranger se mêlât de nos affaires.

En quel état se trouvait-il alors? Et que restait-il de lui-même? Les protestants l'excusent, paraissent croire qu'alors il était fini et ne régnait plus.

Vieilleville place en 1538 une scène qui ne peut être de cette année, puisqu'elle suppose l'exil de Montmorency. Je la crois de la fin, des derniers temps où, par la mort de ses fils, le roi se trouva seul; où les gens du dauphin, de Diane et des Guise crurent régner et déjà oublièrent le mourant.

Le dauphin dit un jour devant ses familiers qu'à son avènement il ferait ceci et cela, donnerait tels offices. Et il leur distribua généreusement toutes les charges de la couronne. Un témoin de la scène auquel on n'avait pas pris garde était un simple, vieil enfant et fou *à bourlet*, appelé Briandas. Soit de lui-même, soit poussé par la duchesse d'Étampes, il court au roi, et, fièrement : « Dieu te garde, *François de Valois!* » Le roi s'étonne. « Par le sang Dieu! tu n'es plus roi, je viens de le voir. Et toi, monsieur de Thaïs, tu n'as plus l'artillerie, c'est Brissac. » Et à un autre : « Tu n'es plus chambellan, c'est Saint-André », etc. Puis, s'adressant au roi : « Par la mort Dieu! tu vas voir bientôt M. le connétable qui te commandera à baguette et t'apprendra à faire le sot, Fuis-t'en! Je renie Dieu, tu es mort! »

Le roi fait venir la duchesse d'Étampes. On fait dire au fou tous les noms de ces nouveaux officiers de la couronne. Puis le roi prend trente hommes de sa garde écossaise, va à la chambre du dauphin. Personne. Rien que des pages qu'on fit sauter par les fenêtres. On brise, on casse tout. Mais après qu'aurait fait le roi? Il n'avait pas d'autre héritier. Sa maîtresse, tout à l'heure sans appui et à la discrétion du dauphin, apaisa, arrangea les choses. Le roi se garda seulement des amis de son fils, qui auraient pu l'empoisonner.

Telles furent les amertumes, les expiations de ses derniers jours. La plus grande était de laisser le trône de France à cette triste figure d'Henri II, qui n'avait rien de son père ni de son pays, qui ne représentait que la captivité de Madrid, qui lors même qu'il aurait des succès, des conquêtes, n'irait qu'à la ruine. Pourquoi? En combattant l'Espagne, il ne serait rien qu'Espagnol.

Le songe de Basine et de Childéric se renouvelle ici. Elle vit les descendants de ce roi Franc tomber du lion au loup, du loup aux chiens, et cette dynastie finir honteusement par un combat de tournebroches qui se mangeaient à belles dents.

Un tel fils, de tels petits-fils, ont relevé beaucoup

François Ier par le contraste. Les protestants surtout, qui avaient tant à l'accuser, l'ont traité avec une indulgence qui les honore infiniment. Ils sont même excessifs ; ils lui laissent le titre de *grand*, qu'il ne mérite en aucun sens.

On assure qu'en mourant il devina les Guise. Ces héros intrigants, protégés par Diane, qui mirent leur catholique épée au service d'une jupe fort sale, allaient nuire cruellement à la France, par leurs succès surtout, qui pervertirent l'opinion.

Des mots sauvages ouvrirent le nouveau règne. Pendant l'agonie du roi, Diane et Guise folâtraient et disaient : « Il s'en va le galant! » Et le fils même, aux funérailles, voyant passer le cercueil de son frère qui précédait celui de son père, fit cette bravade fratricide : « Voyez-vous ce belître ? Il ouvre l'avant-garde de ma félicité. »

Au moment de la mort du roi, cent cinquante familles fuirent à Genève, et bientôt quatorze cents, au moins cinq mille individus. Cette élite française, avec une élite italienne, fonda la vraie Genève, cet étonnant asile entre trois nations, qui, sans appui (craignant même les Suisses), dura par sa force morale. Point de territoire, point d'armée ; rien pour l'espace, le temps, ni la matière ; la cité de l'esprit, bâtie de stoïcisme sur le roc de la prédestination.

Contre l'immense et ténébreux filet où l'Europe tombait par l'abandon de la France, il ne fallait pas moins que ce séminaire héroïque. A tout peuple en péril, Sparte pour armée envoyait un Spartiate. Il en fut ainsi de Genève. A l'Angleterre elle donna Pierre Martyr, Knox à l'Écosse, Marnix aux Pays-Bas, trois hommes et trois révolutions.

Et maintenant commence le combat! Que par en bas Loyola creuse ses souterrains. Que par en haut l'or espagnol, l'épée des Guise, éblouissent ou corrompent!... Dans cet étroit enclos, sombre jardin de Dieu, fleurissent, pour le salut des libertés de l'âme, ces sanglantes roses, sous la main de Calvin. S'il faut quelque part en Europe du sang et des supplices, un homme pour brûler ou rouer, cet homme est à Genève, prêt et dispos, qui part en remerciant Dieu et lui chantant ses psaumes.

# APPENDICE

*De la méthode.*

Un événement fort grave est arrivé récemment dans le monde scientifique, il faut bien qu'on se l'avoue.

L'histoire de France est écroulée.

Je veux dire l'histoire doctrinaire, l'histoire quasi-officielle dont notre temps a vécu sur la foi de certaine école. Une main forte et hardie a enlevé au système la base où il reposait.

C'était un axiome partout écrit, enseigné, professé dogmatiquement et docilement accepté, transmis du plus haut au bas, de la Sorbonne aux collèges, aux moindres écoles, que « quatorze cents ans de despotisme avaient fondé la liberté ».

D'où suivait que celle-ci devait, non pas amnistier, mais honorer le despotisme. « Père et mère honoreras. »

L'école historique née de 1815 nous enseignait que nos défaites furent toutes des degrés heureux de cette initiation. Toutes les victoires de la force se trouvaient légitimées. La philosophie faisait plus. Elle proclamait sa formule : « La victoire est sainte, le succès est saint. »

Dans l'exagération croissante et le progrès du paradoxe, après l'apologie des victoires barbares, féodales, royales, vint l'éloge des victoires du catholicisme, de l'Inquisition, de la Saint-Barthélemi (dans la bouche d'un républicain).

Ce fut le *Consummatum est*. — Quiconque refusait de subir la tyrannie du système recevait la qualification d'écrivain systématique. Si la conscience résistait, si la critique indocile trouvait dans l'examen des faits des raisons de ne pas se rendre, on souriait de pitié ; on opposait à toute preuve d'érudition la preuve décisive, palpable, actuelle ; on frapppait de la baguette la pièce probante, l'œuvre et le dernier fruit des siècles : le gouvernement constitutionnel.

Deux hommes, à ma connaissance, ont résisté à cet entraînement.

L'un, c'est mon vénérable maître Sismondi, qui, dans l'œuvre plus faible sans doute de ses dernières années, n'en a pas moins lutté contre ce système immoral par sa vigueur républicaine et la générosité de son caractère.

L'autre, c'est moi. Je résistai par l'amour des réalités et le sentiment de la vie, qui domine dans tout cœur d'artiste, et qui, sans effort, sans dispute, lui fait fuir et détester les mortes créations que les scolastiques quelconques échafaudent contre la nature et la création de Dieu.

Par le cœur seul et le bon sens, par ma naturelle impuissance d'accepter un optimisme barbare sur cet océan de malheurs, je restai moi, libre du système des historiens hommes d'État.

Aujourd'hui que la réalité, inexorable et terrible, les a violemment réfutés, ils se maintenaient encore par une certaine attitude, affectant de ne pas voir l'anéantissement de leurs théories. Mais voici qu'une voix s'élève, respectueusement ironique. (Quinet, 15 avril 1855, *Philosophie de l'histoire de France*.) Elle les prie de faire savoir ce qu'est devenue la pierre sur laquelle ils avaient bâti. On ne méconnaît nullement leurs mérites de détail, leurs recherches et leurs découvertes : loin de là, on les console, en leur disant qu'après tout, si l'ensemble manque, il leur restera d'avoir éclairé tels points spéciaux. Seulement, avec douceur, sans bruit et sans violence, on écarte le petit plâtrage qui honorait encore un peu les dehors de la construction décrépite. On se permet de regarder dessous. Mais quoi ! dessous c'est le vide, l'abîme. Et la base est partie.

Pour nous, qu'ils ont mis au ban depuis si longtemps, est-ce par rancune que nous constatons cette ruine ? Point du tout. Nous nous sommes toujours fié au temps pour faire tomber ce qui doit tomber. Nous allâmes toujours devant nous, sans nous amuser aux disputes. Mais aujourd'hui, à une époque où l'âme, fortement avertie, cherche à se prendre à quelque chose (quelque chose qui sera sa perte ou son renouvellement), on ne peut laisser ainsi les masures encombrer le sol, faire ombre et garder la place, empêchant que rien n'y vienne.

Arrière, faux docteurs et faux dieux !

Page 9-28. — *Le Turc, les Juifs.*

Dans ce chapitre et les suivants, *la Presse, la Banque, la Réforme de Luther*, nous avons dû poser les questions dominantes du siècle avant de les voir se débattre en France. Cette méthode était la seule logique.

La question dominante et souveraine se présente dès le premier chapitre : La Révolution se fera-t-elle *par la Renaissance* et la création d'un nouvel esprit, ou *par la Réforme* et le renouvellement de l'esprit chrétien ?

Le signe du nouvel esprit est la réconciliation du genre humain, l'adoption même des proscrits, des maudits, des Turcs, des Juifs, des tribus sauvages, etc., dans lesquels l'humanité européenne reconnaîtrait des frères. Cette reconnaissance, préparée pour l'Orient dans la trop courte époque des quinze premières années de Soliman, est ajournée par l'effroi de l'Europe, par l'horreur qu'inspirent Barberousse, les ravages des Barbaresques.

De nos jours, l'œuvre de rapprochement s'est avancée par le commerce et la colonisation, par la science et par la critique. L'humanité s'éveille avec bonheur dans l'idée consolante de son identité. Nous vivons, nous fraternisons, nous combattons avec les Turcs.

Mais ce n'est plus seulement cet Orient occidental du monde musulman qui nous apparaît comme frère. L'immensité du monde chinois se révèle comme une autre Europe au bout de l'Asie. La religion bouddhique, avec ses trois cents millions de croyants, y répond au christianisme, et comme nombre, et comme morale, et comme hiérarchie, comme monachisme, etc. Ce surprenant Sosie de la religion occidentale que nous venons de découvrir est-il ou n'est-il pas vraiment frère du christianisme ? Celui-ci le reconnaîtra-t-il ou le repoussera-t-il ? Oui ou non, selon le caractère que le christianisme revendique pour lui-même comme essentiel et constitutif. Si le christianisme met son essence dans la promesse du monde à venir, dans l'espoir du salut, dans l'intérêt, il n'est pas le frère du bouddhisme, il peut le repousser. S'il veut se définir la religion de la charité, il reconnaîtra le bouddhisme comme son frère, comme un autre lui-même ; il ne déclinera cette fraternité et cette ressemblance qu'en déclarant que la charité n'est point essentielle au christianisme.

Le clergé se garde bien de toucher cette question. Il laisse une philosophie complaisante insister sur *les différences* des deux religions, c'est-à-dire sauver et défendre le christianisme comme unique et miraculeux. Pour nous, *les ressemblances* nous semblent bien autrement frappantes. C'est au cœur de juger. Qu'il dise si le charme moral de la légende évangélique ne se retrouve pas tout entier dans la légende bouddhique, avec sa placide sainteté, même ses tendances féminines à la quiétude monastique. Il faut être bien déterminé à ne rien voir pour nier une ressemblance de famille qui n'est pas seulement dans les grands traits généraux de la face et dans l'expression, mais dans les menus détails, dans les petits signes fortuits, jusque dans les plis et les rides. Non seulement les deux frères se sont ressemblé en naissant, mais dans le progrès de la vie ; ils ont changé et vieilli de la même manière.

A ces dictées du cœur et du bon sens répondent entièrement les résultats de l'érudition. Que de fois je les recueillis (dans cette heureuse amitié de trente ans!) de la bouche aimable et chère, autant que grave, d'Eugène Burnouf!... Oui, chère et regrettable à jamais ! Je passe tous les jours, le cœur plein d'amers regrets, devant cette maison, où tous nous prîmes *le lotus de la bonne loi*, devant ce savant cabinet, si bien éclairé, soleillé, où, dans les jours d'hiver, nous réchauffions notre pâle science occidentale à son soleil indien. L'émanation régulière des langues, exactement la même en Asie, en Europe, la génération correspondante des religions et non moins symétrique, c'était son texte favori et mon ravissement.

Voilà ce que j'ai emporté de cette maison : sa lumière (qui est ma chaleur), sa parole limpide, où je voyais si bien naître d'Orient, d'Occident, le miracle unique des deux Évangiles. Touchante identité ! deux mondes séparés si longtemps dans leur mutuelle ignorance et se retrouvant tout à coup pour sentir qu'ils sont un, comme deux poumons dans la poitrine ou deux lobes d'un même cœur !

Mot sacré de la Renaissance! Là, je l'ai bien senti ! l'*unité de l'âme humaine*, la paix des religions, la réconciliation de l'homme avec l'homme et leur embrassement fraternel.

Un mot encore sur ce premier chapitre. Comment personne ne s'est-il avisé d'une chose si facile et si belle, de réunir tant d'histoires ravissantes, qui sont dans Burnouf et ailleurs, en un même *Évangile bouddhique* ? Comment n'a-t-on pas publié dans un format populaire la merveille du *Zend-Avesta* ? Comment les Juifs n'ont-ils pas traduit leur magnifique histoire d'Iozt ? Comment ne traduisent-ils pas de français en allemand la *Kabbale* de M. Franck, un chef-d'œuvre de critique ; et d'espagnol en français les *Juifs d'Espagne* de M. José Amador de los Rios ?

Le point capital peut-être de l'histoire des Juifs, c'est l'effort qu'ils ont fait à certaines époques pour sortir de l'usure, et l'inepte fureur avec laquelle les chrétiens les y repoussaient. (Voir particulièrement les édits de 1774, 1775, 1777.)

Page 29. — *La Presse, le chevalier Hutten* (1512, 1516.)

La source principale où j'ai puisé constamment est la belle édition de M. Münch (Berlin, 1821), en cinq volumes, riche de renseignements, d'éclaircissements historiques et biographiques, qui éclairent singulièrement cette époque. M. Zeller a donné une courte, mais excellente biographie d'Hutten (Rennes, 1849). On croit trop généralement qu'Hutten ne fut que le pamphlétaire des disputes éphémères du temps. On voit en le relisant qu'il vit toujours, qu'il est plein d'à-propos comme athlète permanent de la Révolution. Tel cri, sorti d'un cœur si chaleureux, vibrera à jamais : celui-ci, par exemple, dans sa lettre à l'Électeur de Saxe : « Qui veut mourir avec Hutten pour la liberté de l'Allemagne ? » La parfaite douceur de ce grand homme paraît à plus d'un trait. Il voit pour résultat de la Révolution « l'union de tous les peuples, la paix, la fraternité universelle ; plus de haine, même pour les Turcs. » (*Hutteni Opera*, III, 603.)

Pages 45-78. — *La Banque, l'élection impériale, les Indulgences* (1516, 1519.)

Ces quarante pages, entièrement neuves, sont sorties des documents publiés par M. Le Glay, *Négociations entre la France et l'Autriche*, tome II. On y suit parfaitement le fil de l'intrigue financière. M. Mignet, dans l'excellent morceau qu'il a publié sur l'élection de Charles-Quint, met dans une fort belle lumière le côté politique, en laissant sur le second plan l'action de la banque et de l'argent, que j'ai mise en première ligne.

Page 50. — *Les voyages éternels de François I$^{er}$ de château en château.*

La difficulté que les ambassadeurs avaient à le joindre est frappante dans les *Négociations* (édit. Le Glay), et le gaspillage infini d'une telle vie est sensible dans les *Comptes de la bouche* que possèdent les Archives. Ils donnent plus d'un curieux détail : « Tant pour le sucre de bouche à l'apothicaire du roy », etc.

Page 61. — *Sur la dépopulation de l'Amérique.*

Une perte non moins regrettable que celle des hommes est celle de la civilisation et des arts de ces peuples, bien plus avancés qu'on n'a dit. Les Mexicains étaient arrivés à connaître, à peu de chose près, la grandeur de l'année. M. de Humboldt (*Nouvelle Espagne*, I, 370) explique, avec une grande modération qui frappe d'autant plus, cette horrible destruction, cette chute à la barbarie. Le peuple sous les missionnaires, retomba partout à l'ignorance, dans une espèce d'enfance et d'imbécillité que n'ont nullement les Américains restés indépendants et comme on dit, sauvages, hors de l'abrutissement des missions.

Page 78-80. — *La couronne de Hongrie, la sainte couronne des héros, le palladium de l'Europe.*

L'unité de cette histoire, la nécessité d'en suivre le fil central entre la France, l'Italie et l'Allemagne, m'impose un cruel sacrifice : c'est de ne rien dire ici du héros de l'Europe, qui finit, s'éclipse du moins au seizième siècle. Ce héros est le peuple hongrois. Ajournera-t-on toujours ce que lui doit l'histoire?... Notre De Gérando est mort! irréparable perte!... Le savant Téléki vient de mourir. La grande histoire de Fesler attend encore un traducteur. Et cependant d'infâmes et menteuses compilations paraissent, fleurissent de toutes parts. — Les Hongrois ne daignent répondre. — S'ils parlent, c'est pour le monde (*Atlas* anglais). — Je vois avec bonheur un Français plein de cœur et de talent, M. Chassin, entrer avec éclat dans ces études (*Huniade*). Puisse-t-il payer la dette de nos cœurs à ce peuple entre tous héroïque, qui de ses actes, de ses souffrances, de sa grande voix forte, nous relève et nous fait plus grands ! On lui accorde volontiers la vaillance ; mais cette vaillance n'est que la manifestation d'un haut état moral. Dans tout ce qu'ils font ou qu'ils disent, j'entends toujours : *Sursum corda !*

Tout ce qui nous est revenu de leurs paroles en 1848 est purement et simplement sublime. Un paysan vient s'engager : « — Jusqu'à quand ? — *Jusqu'à la victoire.* Un enfant se présente aussi pour être soldat : « Mais tu es trop petit... — *Je grandirai devant l'ennemi.* » Ce qui étonne le plus de ce peuple, c'est son silence. Il laisse les journaux ignorants dire, répéter que la Révolution hongroise fut aristocratique. — Chose pourtant vraie en un sens. La nation entière est une aristocratie de vaillance et de dignité. Il y a là cinq millions de chevaliers. Et pas un paysan ne s'estime moins que le premier palatin du royaume. On le voit dans les chants innombrables, guerriers ou satiriques, que 1848 a inspirés, surtout dans l'œuvre de leur premier poète, Petœfi, le boucher de Pesth.

Page 85. — *La musique était née.*

Le plus simple des hommes qui lirait seulement les chroniques d'avant le seizième siècle, puis celles du seizième, serait parfaitement éclairé sur la question. Il verrait les premières toutes muettes et sombres de silence, les autres, au contraire, resplendissantes de lumière et de chants. Le chant devient alors universel et populaire. Tous les événements tristes ou gais, les combats, les supplices même, se passent au milieu des cantiques. « Là, tel fut mis à mort pour avoir chanté des psaumes sous un rocher. » Ailleurs : « Il chanta dans les flammes, et la foule étouffait sa voix par des hymnes à la Vierge, *Ave maris stella*, etc. » Voilà les passages que vous trouvez continuellement dans les chroniques et catholiques et protestantes. On en ferait un énorme volume.

Nul doute que le Moyen-âge n'ait eu aussi des mélodies. A côté des beaux chants de la messe qui nous viennent d'Orient, l'antique chanson gauloise trouva toujours des accents vifs, agrestes, chœurs de moissons ou de vendanges, plus rythmiques que ceux des offices.

L'Église, de bonne heure, dans sa haine des formes mondaines, négligea, dédaigna la mesure, en même temps qu'elle favorisait la sculpture roide et longue qui fait de l'homme une momie, supprime les articulations et ce qu'on peut appeler les rythmes du corps. La nature a mis le rythme partout. L'Église le supprima partout, en haine de la nature.

Mais, aux moments émus, la nature revient invincible ; le rythme reparaît, du moins au battement du cœur trop oppressé, ou par l'intervalle des soupirs. Dans la tremblotante complainte du pauvre Gotteschalck, persécuté déjà au neuvième siècle, dans ce doux chant coupé de larmes, n'y a-t-il pas un rythme de douleur ? Et il y en a un certainement de fureur et d'effroi dans le chant des persécuteurs, l'hymne dominicain compilé de vingt autres, le véhément *Dies iræ*. (Coussemaker, 94, 115.)

Le silence profond des chroniques, qui ne parlent jamais d'aucun chant, nous autorise à croire que ces hymnes d'Église qui resserraient plutôt les cœurs furent peu dans la bouche du peuple. Ils sont très méridionaux, nullement dans le caractère de la France, opposés, nous pouvons le dire, à l'aimable génie de nos aïeux.

Tout cela, au reste, est purement *mélodique*. Le Moyen-âge connut-il le contre-point et *l'harmonie ?* Le contre-point double n'apparaît certainement qu'au seizième siècle. (Voir Kiesewetter et Fétis.) — On connut de bonne heure les règles élémentaires de l'harmonie ; mais on en fit le plus baroque usage. Du plain-chant grégorien, où la division des sons est imparfaite, et qui n'admet ni rythme ni sons complexes, on passa de bonne heure à des combinaisons scientifiques fort compliquées, dont la difficulté absorbait toute l'attention. Ni goût, ni sentiment, ni inspiration musicale.

Les patients rechercheurs de ces curiosités, fort tentés de les admirer, avouent pourtant eux-mêmes, quand ils sont de bonne foi, que la plupart furent dignes de figurer aux *Fêtes de l'âne*. Les chants d'Hucbald, au dixième siècle, réputés très suaves alors, effrayent tellement M. Kiesewetter, qu'il décide « que jamais il n'y eut oreille assez barbare pour les supporter un instant ». Mais MM. Fétis et Coussemaker disent et prouvent qu'on les supportait. (Coussemaker, p. 18.) Un manuscrit de 1267, qui du reste témoigne des progrès déjà faits, arrache cependant cet aveu à son admirateur : « Dans l'ensemble, il déchire l'oreille. » (Fétis, *Revue de M. Danjou*, octob. 1847, p. 222.)

On devient plus savant, mais aussi plus absurde, n'attachant de mérite qu'à la complication, à la difficulté. Les maîtres de chapelle des princes du quinzième siècle mettent les paroles du *Credo*, du *Sanctus*, sur le thème d'une chanson grivoise, et brodent là-dessus mille ornements bizarres. Le charivari est au comble, charivari moral et musical. On ne disait plus la *messe du Sanctus*, mais la *messe de Vénus la belle*, de *l'Ami Baudichon*, ou la *messe d'Adieu mes amours*. Ajoutez des idées grotesques et puériles d'exécution matérielle : s'il s'agissait de nuit, de mort, les notes étaient noires ; si de fleurs, de prairies, les notes étaient vertes ; rouges, si l'on parlait de sang, et autres pauvretés.

Toutes ces misères duraient encore au seizième siècle. Le charivari augmentait. J'entends dire que le *Marignan* du très fameux Josquin des Prés, qu'on a essayé d'exécuter récemment, est un affreux tapage.

Enfin vinrent le protestantisme et les psaumes admirables de Goudimel. Enfin le concile de Trente, éclairé par ces psaumes, demanda la réforme de la musique catholique. Rome en chargea l'élève de Goudimel, l'aimable Palestrina, grand homme qui néanmoins fut impuissant pour faire école. Ce qui est mort est mort. (Voir Baini, *Memorie di Palestrina*, 1828, et l'excellent article de M. Delécluze, ancienne *Revue de Paris*, qui résume et juge très bien cet important ouvrage.)

Page 89. — *Le lollard... Chant de lolo, à bercer les enfants.* (Voir mon *Histoire de France au Moyen-âge*, liv. XII, chap. I.)

Lolhardus, lullhardus, lollert, lullert. (Mosheim, *De beghardis et beguinabus*, Append., p. 583.) — En vieil allemand, *lullen, lollen, lallen*, chanter à voix basse ; en allemand moderne, *lallen*, balbutier. En anglais, *to lull*, bercer. En suédois, *lulla*, endormir.

Page 92. — *La table* (de Luther)... *où moi-même si longtemps admis j'ai trouvé tant de fruits divins dont mon cœur vit encore.*

Oui, les années heureuses où j'ai vécu lisant l'œuvre de Luther (l'exemplaire allemand de la Mazarine, unique à Paris), ces années m'ont laissé une force, une sève, que Dieu me conservera, je l'espère, jusqu'à la mort. Malheureusement mes *Mémoires de Luther*, qui donnent l'homme au vif, ont deux défauts : d'abord une préoccupation trop grande du point de vue théologique (très secondaire, car le peuple n'y sentit que l'éveil moral). L'autre défaut, c'était ma timidité, mon hésitation. Nourri hors du catholicisme, n'en ayant point souffert, sans rapport avec lui que par ma curiosité archéologique, je le ménageais d'autant plus ; je retenais mon souffle de peur de rien faire envoler de la poussière de ces vieux temps.

Page 98. — *La famille catholique. La tradition paternelle y est moins forte. L'enfant reste un individu.*

Que penser de l'ignorance de nos faiseurs de systèmes qui vous disent gravement encore : « Le catholicisme réunit, le protestantisme divise. Le protestant, c'est l'individu », etc. Eh ! pauvres gens, étudiez donc un peu, observez, voyagez. Regardez-moi, le soir, la famille protestante unie dans la lecture commune. Observez cette femme, comme elle écoute le touchant commentaire, la pieuse réflexion du mari ! comme tous deux sentent et comprennent d'un même cœur ! Leur profonde unité imprime au cœur de l'enfant une autre Bible encore. Il n'oubliera jamais le regard attendri dont sa mère surprit l'esprit saint dans les yeux émus de son père. Voilà la tradition forte. Il y a un peu loin de cela à la traduction scolastique donnée par l'homme officiel à un enfant distrait qui ne comprend guère et ne retiendra pas. L'autre, élevé dans la famille vraie, à ce puissant foyer, qu'il aille en Amérique, qu'il s'enfonce aux forêts, loin de toute demeure humaine, qu'il vive pionnier solitaire, il ne sera point seul. Il a avec lui la tradition. Quelle ? Est-ce ce volume qu'il emporte partout, l'Encyclopédie juive, mêlée de tant de choses ? Non, mais ce volume, qu'il le lise ou non, il a été sur la table sacrée. La simple couverture, maniée, usée par ces chères mains, que de choses elle dit ! Dans les nuits les plus sombres, la lueur y revient de la lampe de famille, la divine lumière de ce tendre regard que son père et sa mère échangèrent devant lui dans un moment de sainteté.

Page 108. — *Rome ne perdit pas un moment.*

Léon X, dans sa bulle *Exsurge* (*error* 35), et la Sorbonne, dans sa *Determinatio*, condamnent spécialement cette hérésie de Luther : « Brûler les hérétiques, c'est contre le Saint-Esprit. » Il persévéra toute sa vie dans cette magnifique hérésie. On peut le prouver par cent passages. Même dans sa colère contre les paysans révoltés, qui ne veulent pas l'écouter, il ne se dément pas; il condamne leurs actes, non leurs croyances. Sa plus grande sévérité est de conseiller le bannissement pour les blasphémateurs qui enseignent leurs blasphèmes. Castalion, dans l'écrit où il blâme la mort de Servet, s'appuie principalement de l'autorité de Luther. On peut dire que c'est à ce grand homme que remonte la tradition de la tolérance.

Page 130. — *L'heureuse, l'aimable occasion de l'affranchissement de l'Angleterre, Anne Boleyn.*

Je ne suis pas de ceux qui aiment à attribuer les grands effets aux petites causes. Personne ne sent plus que moi la vigoureuse spontanéité des commencements de l'Église d'Angleterre, que M. Merle d'Aubigné a mis dans une si belle lumière d'après les contemporains. Il faudrait cependant ignorer l'énorme influence de la Couronne sous les Tudor pour ne pas sentir que l'exemple d'Henri VIII dut décupler la force du mouvement commencé. Peu le suivirent dans sa doctrine, tous dans sa séparation de Rome. Ce dernier point fut l'essentiel. Je n'hésite pas, p. 241, à l'appeler un roi *protestant*. La série des portraits d'Henri VIII est infiniment curieuse à étudier. Tout le monde connaît celui d'Holbein. Nos Archives en possèdent un très soigné et très bon en tête du traité de 1546. Il est placé assez bizarrement entre deux cariatides deminues, jolies et indécentes. Le sceau, d'or massif, et d'un fort relief, est d'un travail allemand. (Armoire de fer. *Trésor des Chartes*, J, 651, pièce 53.)

Page 141. — *Le vieux trésorier Semblançay, homme sûr et estimé.*

Mis à mort en 1527, à l'époque où l'on recherche les traitants. Le *Bourgeois de Paris* (publié par M. Lalanne en 1854) croit qu'il n'était pas innocent. Entre autres récits de sa mort, j'en ai lu un remarquable dans une petite Histoire inédite de François I$^{er}$ (de 1515 à 1530), généralement assez judicieuse. (Ms. de la Bibliothèque de l'université de Turin, petit in-folio d'environ 200 pages.)

APPENDICE

Page 162. — *Nous possédons la lettre autographe et olographe que Marguerite adressa à son frère.*

Publiée par Génin, en tête de la seconde partie des *Lettres*. Le savant éditeur, qui avait d'abord préféré une autre interprétation, la modifie sur l'exposé des faits. Il nous écrit que la nôtre lui semble bien plus admissible. Nous aurions hésité à l'adopter si nous n'avions pour nous l'avis définitif du pénétrant critique. La profondeur et l'innocence du sentiment de Marguerite sont singulièrement marquées dans les vers pathétiques qu'elle adresse, pendant la captivité de son frère, à une enfant, sa nièce, fille du roi, qui venait de mourir à huit ans. (Voir *Captivité de François I$^{er}$*.)

Pages 167-182. — *Le connétable de Bourbon.*

Les documents officiels (Le Glay, Weiss, Lanz, etc.) donnent peu ou rien, sauf la minute informe du traité de Bourbon avec l'empereur (dans les papiers Granvelle). Heureusement toutes les dates et le beau récit de la page 201 nous sont fournis par Turner, d'après les mss. anglais. Un fait très grave et inconnu se trouve dans une pièce inédite de nos Archives. C'est qu'au moment où Bourbon quitta si brusquement le roi et fut suivi des nobles, le Grand-Conseil frappa un coup sur la noblesse en condamnant à mort Charles de Caesmes, seigneur de Lucé, et ses adhérents, pour rapt et inceste commis en la personne de Gabrielle d'Harcourt. (*Archives*, J, 903, arrêt du 17 mars 1523.)

Page 195. — *Le roi rendit aux seigneurs le pouvoir de juger.*

C'est probablement à cette époque que se rapporte le bruit qu'on avait répandu et auquel il fait allusion plus tard : « Pour autant que j'ay entendu qu'il y en a de si méchans qui ont osé semer cette parole que je voulois faire les gentilshommes taillables. » (*Archives de Turin*, Discours de François I$^{er}$, septembre 1529.) Cette collection immense contient vingt-huit volumes in-folio de pièces pour le seul règne de François I$^{er}$ (copies du dix-septième siècle.)

Page 197. — *Le roi et Diane de Poitiers; un volume de lettres.*

Ce dernier mot est inexact; il n'y a que trois pages (in-4°) de lettres du roi à Diane et dix pages de Diane au roi, d'après des originaux *entièrement autographes* (p. 217). Il semble que ces lettres soient *adressées à François I$^{er}$* et avant 1531, avant la mort du mari de Diane. Ce sont celles d'une femme inquiète, surveillée, mal reçue des parents du mari au retour des voyages qu'elle faisait à la cour. Elle dit expressément : « Mon mari (223). » Il y a un mot qui semble indiquer que François Ier enrichissait ce mari pour lui faire avaler la chose : « Si vous plaît faire entendre à mon beau-père et belle-mère que vous n'avez fait ce bien à leur fils *que pour cette raison* (222). » Ceci ferait croire à l'authenticité des vers trouvés par M. Esmangart sur un rouleau de plomb à Gentilly :

> En ce doux lieu, le roi François premier
> Trouve toujours jouissance nouvelle.
> Qu'il est heureux !... Car ce lieu lui recèle
> Fleur de beauté, Diane de Poitiers.

Dans le recueil où nous trouvons les lettres de Diane (*Poésies et Correspondance intime de François Ier*, éd. A. Champollion), je trouve une lettre bien tragique sous le nom, supposé peut-être, de madame de Bonnivet (serait-ce madame de Chateaubriant ?) : « Sire, vous estes délibéré à me laisser mourir ? Ne savez-vous que les deux en prison use de poison, et mes enfants et moy ne mangeons autre chose. C'est pour l'amour de vous que l'on me fait tant de mal, et vous l'endurez !... De Crèvecœur, 7 janvier. »

Page 205. — *Pavie et Madrid.*
Les Archives du Vatican ne sont pas sans intérêt pour cette époque. C'est à ce moment où le pape voulait tromper les deux partis qu'il envoie au jeune empereur ce conteur libertin Balthazar Castiglione, 20 novembre 1524. Après Pavie, éperdu de peur, il demande passage au général impérial pour ses agents (qui vont armer l'Angleterre contre l'empereur.) (Extraits des actes et lettres du Vatican, *Archives*, carton L, 379.)

Page 214. — *Défaite de Pavie.*
J'omets ici beaucoup de circonstances accessoires, entre autres la fuite d'Alençon avec l'arrière-garde. Il eut le malheur d'arriver le premier de tous les fuyards à Lyon, fut accablé de reproches par sa femme et sa belle-mère, mourut de chagrin ou de fatigue. — La balle d'or est dans D. Juan Antonio de Vera, *Vie de Charles-Quint.*

Page 251. — *Sur Chambord.*
Voir la belle et exacte description de M. Henri Martin, et le plan (étage par étage) conservé à la Bibliothèque, d'après l'état ancien du château.

Page 260. — *Bourbon trompe le pape.*

Charles-Quint ignorait-il entièrement ce que faisait Bourbon? Il semble que Castiglione, envoyé par le pape pour amuser l'empereur, est maintenant employé par l'empereur à amuser le pape. Castiglione écrit de la cour impériale à Clément VII qu'il recevra bientôt la visite du confident de l'empereur, Paul Arétin. Le 31 mars 1527, le connétable écrit au pape que, malgré la trêve, son armée s'obstine à avancer, et qu'il est forcé de marcher aussi pour éviter un plus grand mal. La lettre est en italien, mais signée en français : « Votre très humble et très obéissant serviteur, Charles. (Du camp impérial.) » (Extrait des actes et lettres du Vatican, *Archives*, carton L, 384.)

Page 275. — *La France, après Venise, fut le grand renégat qui, le Turc aidant, défendit la chrétienté contre elle-même.*

Ce point de vue si juste est très finement indiqué dans la belle introduction de M. Charrière (*Négoc. de la France avec le Levant*, t. I$^{er}$). Comment la presse n'a-t-elle pas fait ressortir davantage l'importance de ce grand travail, si neuf et si intéressant?

Page 284. — *Charles-Quint se venge sur les enfants de François I$^{er}$, envoie leurs domestiques aux galères, les fait vendre*, etc.

Ce fait choquant est constaté, non seulement par les réclamations de François I$^{er}$, mais par les aveux de Charles-Quint, aveux plusieurs fois répétés (dans les papiers Granvelle).

Page 306. — *Vaudois des Alpes... Le doux génie de la contrée, les fées (ou les Fantines).*

Un mot de M. Muston, dans sa première édition, avait vivement excité mon intérêt. Je fis appel à son obligeance, et j'eus le bonheur d'en recevoir cette réponse. C'est la dernière relique de cet innocent paganisme, le dernier souffle et la suprême haleine de ces pauvres petits êtres qui vivaient encore dans les fleurs.

| | |
|---|---|
| Ay vist una Fantina | J'ai vu une Fantine |
| Que stendava là mount, | Qui étendait là-haut |
| Sa cotta néblousina, | Sa robe nébuleuse |
| Al' broué de Bariound | Aux crêtes de Bariound. |
| | |
| Una serp la séguia | Un serpent la suivait, |
| De coulour darc en cel, | De la couleur de l'arc-en-ciel, |
| Et sù di roc venia | Et sur les rocs elle venait |
| En cima dar Castel. | Vers la cime du Castel. |

| | |
|---|---|
| Comme 'na fiour d'arbroua, | Comme une fleur de clématite, |
| Couma nèva dal col, | Comme neige du col, |
| Possava su la broua, | Elle passait sur la côte, |
| Senz'affermiss' ar sol. | Sans appuyer au sol. |
| | |
| Avioù perdu ma féa ; | J'avais perdu ma brebis ; |
| La Fantina me di : | La Fantine me dit : |
| Ven coum mi sù la scea : | Viens avec moi sur la colline, |
| Et la troubérou li. | Et je la trouvai là. |

### FRAGMENT.

— Cosa fasè-ve çi, bella spousinotta ?
— Il ay pers lou camin, et scarsa mia cotta,
Li broussè m'an perdù, saignou souta di pê,
Et me sentou may pi d'endar fin d'ay casè.
— Paoura bergira ! ven ; ven pura, brisa mia !...

### TRADUCTION.

— Que faites-vous ici belle petite épousée ?
— J'ai perdu le chemin, et déchiré ma robe.
Les broussailles m'ont égarée ; je saigne sous les pieds,
Et je ne me sentirai jamais d'aller jusqu'au hameau.
— Pauvre bergère ! viens : viens seulement, ma petite...

« Voilà tout ce que je possède en fait de documents originaux relatifs aux Fantines. Voici maintenant ce qu'on m'en a dit dans mon enfance, et encore ne sont-ce que des vieillards à qui j'en ai entendu parler. Les vieux montagnards pouvaient bien en parler à un enfant, mais s'en fussent tu devant une personne raisonnable.

« Les Fantines ne se voyaient que de loin, mais ne se laissaient jamais approcher.

« Lorsqu'au temps des moissons une mère déposait le berceau de son enfant dans les blés, elle était rassurée par la pensée qu'une Fantine venait en prendre soin pendant son absence, le consoler, le bercer s'il pleurait, lui chanter confusément pour l'endormir, écarter de son front les mouches piquantes, etc.

« Si dans les rochers arides s'épanouissait une magnifique fleur, c'est qu'une Fantine l'avait arrosée, cultivée, etc.

« Lors d'une inondation, un berceau entraîné sur les flots vint aborder sans accident au rivage : c'était une Fantine qui l'avait dirigé. »

Telle est la lettre du bon et savant historien des Vaudois, leur première gloire en ce temps. C'est une belle singularité de ce petit peuple d'occuper par l'histoire une place si haute en Europe. Rien de plus grand dans notre littérature que la trilogie vaudoise du naïf Gilles, de l'éloquent Léger et du vaillant Arnaud. (*La glorieuse rentrée des Vaudois*, par M. Arnaud, colonel et pasteur des vallées.) De nos jours, cette inspiration s'est retrouvée dans Muston. La première édition de son histoire contient une délicieuse description du pays (réimprimée récemment). La seconde, complète et refondue entièrement, est précieuse par les renseignements qu'il a recueillis dans toutes les archives de l'Europe. Ce noble et savant homme, qui rajeunit en vieillissant, nous donne en ce moment, sur cette histoire si dramatique, un poème plein de beaux vers : l'*Israël des Alpes*.

Page 365. — *La vie de Rabelais est impossible* pour qui voudrait tout éclaircir ; mais, quant à l'aspect principal, la bonté, la grandeur de ce beau génie, il a été mis en complète lumière. Un jeune paysan de Normandie, dans un village, sans autre secours que la sagacité pénétrante d'un esprit fin et tendre, très réfléchi sous sa forme naïve, a suivi et senti le mystère de la Renaissance dans Rabelais, Molière et Voltaire. Ce mystère peut se dire d'un mot (celui de Vasari sur Giotto) : « Il a mis la bonté dans l'art. » Bonté et tolérance, ardente humanité, ce fut l'âme commune de ces grands hommes. La foule inintelligente n'avait vu en eux que l'esprit critique ; ils ont attendu jusqu'à nous leur révélation. (*Rabelais, Molière, Voltaire*, par Eugène Noël. Trois petits volumes in-18.)

Page 380. — *En 1540, Paul III approuve les constitutions des Jésuites.*
La même année, il institue une confrérie du *Sacré-Corps* de Jésus. Serait-ce le premier nom des Jésuites, qui plus tard si habilement exploitèrent le Sacré-Cœur ? (Extrait des actes du Vatican, *Archives*, carton L, 379.) L'histoire des Jésuites a été fort éclaircie par l'ouvrage de M. Alexis de Saint-Priest sur leur suppression, d'après les documents conservés au ministère des Affaires étrangères. Nulle part ils n'ont été plus finement appréciés que dans le beau livre, tout récemment publié, de M. Lanfrey : *L'Église et la Philosophie au dix-huitième siècle*, 1855.

Page 401. — *Le roi malade.*
Les persécutions recommencent à l'instant même. Un inquisiteur converti au protestantisme est brûlé à Toulouse. (Voir la procédure aux *Archives*, carton J, 809.)

Page 402. — *L'ami de la duchesse d'Étampes, Brion (ou l'amiral Chabot.)*

Peut-être a-t-on dit trop de mal et d'elle et de lui. Leur crime à tous les deux fut surtout d'avoir défendu les protestants, ou plutôt l'humanité. La sœur de la duchesse, madame de Cany, était elle-même protestante. (*Lettres de Calvin*, édition Bonnet, t. I, p. 281.) — Je ne vois jamais au Louvre la belle et rêveuse statue du pauvre Chabot, un chef-d'œuvre de la Renaissance, sans penser aux belles paroles qu'il prononça devant le roi. François I<sup>er</sup> parlant un jour des plaintes que faisaient les protestants sur la mort des leurs, brûlés en France et en Angleterre, l'amiral fit cette réflexion : « Nous faisons des confesseurs, et le roi d'Angleterre fait des martyrs. » Il fallait quelque courage pour dire alors si hautement qu'en envoyant les protestants à la mort on faisait des confesseurs de la vérité. (Extrait des actes et dépêches du Vatican, *Archives*, carton L, 384.)

Page 420. — *Le légat d'Avignon donna l'autorisation pour poursuivre le massacre sur terre papale.*

Il semblerait même que la première impulsion vint de lui et qu'il offrit d'aider. Voir une curieuse pièce manuscrite, le procès-verbal original de l'exécution, que l'exécuteur Paulin de La Garde conservait précieusement à son château d'Adhémar, et qui est maintenant aux *Archives d'Aix*.

Page 423. — *Les Guise.*

Nous avons vu parfaitement, à l'époque des affaires d'Isly et autres, les moyens simples et grossiers par lesquels on fait des héros à force de réclames. Ces moyens sont fort employés au seizième siècle. Telle fut certainement une chanson, assez mesurée pour le roi (donc faite avant sa mort), dans laquelle on le montre appelant la France au secours par sa fenêtre de Madrid. Le premier qui accourt pour délivrer le roi, c'est Guise. (*Bulletin de la Société d'histoire de France*, t. I des *Documents*, p. 276.)

Page dernière. — *Quatorze cents familles françaises* s'établirent à Genève, en huit années seulement, sous le règne de Henri II : c'est le chiffre donné par M. Gaberel. (*Histoire de l'Église de Genève*, t. I, p. 346.) Le *Registre des réceptions de la bourgeoisie*, que j'ai compulsé aux Archives de Genève, donne un chiffre inférieur; mais il est visiblement incomplet et mutilé. Voir sur le temps antérieur la *Chronique de Bonnivard*, le *Journal du syndic Ballard* et la belle *Chronique de Froment* (1855), éditée avec un soin infini, admirable, par M. Revilliod. Beaucoup de pièces inédites et de renseignements curieux ont été publiés dans l'excellent *Bulletin de la Société de l'histoire du protestantisme*, spécialement par M. Read, et dans la *France protestante* de M. Haag.

J'ai réservé Genève pour le règne de Henri II, ainsi que plusieurs détails essentiels sur l'histoire intérieure de l'administration de François I$^{er}$, et de la politique de Charles-Quint, sur le changement progressif qui fit du Flamand un Espagnol, etc.

FIN DU TOME HUITIÈME.

# TABLE DES MATIÈRES

|  | Pages |
|---|---|
| Avertissement. — Des sources de la critique. — Du sujet de ce volume. | 1 |
| Chapitre Iᵉʳ. — Le *Turc*, les *Juifs*. (1508-1512.) | 9 |
|     Progrès irrésistibles des Turcs. | 10 |
|     Le *grand canon* d'Albert Dürer | 13 |
|     Persécutions des Maures d'Espagne. | 14 |
|     Persécutions des Juifs. | 15 |
|     Excellence de la famille juive. | 21 |
|     Les dominicains et Grain-de-Poivre. | 23 |
|     Reuchlin défend les Juifs. | 24 |
|     Fraternité de l'Orient et de l'Occident. | 27 |
|     Anquetil-Duperron et Burnouf. | 28 |
| Chapitre II. — *La Presse.* — *Hutten.* (1512-1516.). | 29 |
|     L'Allemagne plus vivante que la France | *ibid.* |
|     *Epistolæ obscurorum virorum.* (1514.) | 33 |
|     Victoire de la Presse | 37 |
|     Vie d'Hutten. | 38 |
|     Il se retire chez l'archevêque de Mayence. | 42 |
| Chapitre III. — *La Banque.* — *L'élection impériale et les indulgences.* (1516-1519.) | 45 |
|     Banques juive, italienne, allemande | *ibid.* |
|     La banque et les peintures d'Augsbourg | 48 |
|     Tous les rois étaient jeunes et prodigues. | 49 |
|     Danger de l'Europe | 55 |
|     Génie exterminateur de Sélim. | 56 |

## TABLE DES MATIÈRES

|  | Pages |
|---|---|
| CHAPITRE IV. — *Suite.* (1516-1519.) | 60 |
| Culte meurtrier de l'or | 61 |
| Extermination des Américains | *ibid.* |
| Brocantage des indulgences | 62 |
| La Hongrie couvrait encore l'Allemagne | 64 |
| Les Électeurs | 66 |
| Les Fugger font l'élection | 67 |
| Adresse de Marguerite d'Autriche | 71 |
| Ses calomnies contre la France | *ibid.* |
| Juin 1519, Charles-Quint élu empereur | 75 |

CHAPITRE V. — *Réaction contre la Banque. — Melancolia. — Luther* . . . 78

    L'Allemagne a conscience de la situation . . . 79
    La Melancolia d'Albert Dürer . . . 81

CHAPITRE VI. — *La musique. — Luther.* . . . 86

    Chants de Luther . . . *ibid.*
    Origines populaires de la musique . . . 88
    Grandeur de Luther ; la joie héroïque . . . 91

CHAPITRE VII. — *Suite. — Luther.* (1517-1523.) . . . 96

    Luther a épuré la famille . . . 98
    Il a rendu la lecture populaire . . . 99
    Ses précédents . . . 101
    Sa prédication . . . 103
    La diète de Worms. La Wartbourg . . . 111
    Humanité et tolérance de Luther . . . *ibid.*
    Son embarras au milieu des femmes réfugiées chez lui . . . 114

CHAPITRE VIII. — *La cour de France. — Camp du drap d'or.* (1520.) . . . 116

    La querelle de Charles-Quint et de François I<sup>er</sup> . . . 119
    Ils courtisent Henri VIII . . . 120
    La cour au Camp du drap d'or . . . 127
    Juin 1520, l'entrevue . . . 128-129
    Anne Boleyn . . . 130
    François I<sup>er</sup> irrite Henri VIII . . . 134

CHAPITRE IX. — *La guerre. — La Réforme. — Marguerite.* (1521-1522.) . . . 137

    1521-1715. — Guerre de deux siècles . . . 138
    Dès le début François I<sup>er</sup> manque d'argent . . . 141

# TABLE DES MATIÈRES

Pages

| | |
|---|---:|
| Fureur des impériaux | 144 |
| Le roi ne défend point le peuple | 146 |
| Mouvement religieux de Meaux | 148 |
| Marguerite y prend part | 150 |
| Son portrait | 152 |
| Ses lettres et sa passion | 155 |
| Brutalité de son frère | 160 |
| 1522. — Sa mère nous fait perdre l'Italie | 164 |

CHAPITRE X. — *Le connétable de Bourbon.* (1521-1524.) . . . . . 167

| | |
|---|---:|
| Il était Gonzague et Montpensier | 168 |
| Sa puissance royale | 173 |
| La reine mère veut l'épouser | 174 |
| Il traite avec l'empereur | 176 |
| La noblesse et les parlements le favorisent | 181 |

CHAPITRE XI. — *Défection et invasion du connétable.* (1523-1524.) 183

| | |
|---|---:|
| Son traité avec Charles-Quint et Henri VIII | 186 |
| L'invasion de 1523 | 188 |
| Fuite de Bourbon | 191 |
| Désaccord et retraite des Anglais et impériaux | 193 |
| Saint-Vallier sauvé par Diane de Poitiers | 196 |
| Mort de Bayard | 197 |
| Bourbon envahit la Provence. (1524.) | 198 |

CHAPITRE XII. — *La bataille de Pavie.* (1525.) . . . . . . . 204

| | |
|---|---:|
| Le roi assiège Pavie | 205 |
| Il passe l'hiver dans une villa italienne | 207 |
| Caractères de ces villas | *ibid.* |
| L'Italie du Corrège | 209 |
| La bataille (8 février 1525) | 212 |

CHAPITRE XIII. — *La captivité.* (1525.) . . . . . . . 215

| | |
|---|---:|
| Le roi envoie sa bague à Soliman | 216 |
| Il s'humilie devant Charles-Quint | *ibid.* |
| Ses poésies | 218 |
| Demandes de l'empereur | 220 |
| Embarras du vainqueur. — Révolutions | 223 |
| Dure captivité du roi en Espagne | 225 |
| Sa maladie, voyage de sa sœur | 227 |
| La France trahit-elle l'Italie ? | 228 |
| Conspiration de Pescaire | *ibid.* |

## TABLE DES MATIÈRES

Pages

**Chapitre XIV.** — *Le traité de Madrid et sa violation.* (1525-1526.)   239

    Le roi abdique. .................................................. 240
    L'Europe se rapproche de la France .............. 241
    L'Espagne s'intéresse au captif ...................... 242
    Comédie du traité de Madrid .......................... 246
    Le portrait du Titien ....................................... 248
    Le retour, la nouvelle maîtresse ..................... 250
    Chambord ......................................................... 251

**Chapitre XV.** — *Le sac de Rome.* (1527.) ..................... 254

    Tortures de l'Italie ........................................... 255
    L'armée de Bourbon et de Frondsberg .......... 258
    Bourbon à Rome, sa mort, 6 mai. .................. 262
    L'Europe peu émue du sac de Rome. ............ 263
    Erreur de Machiavel et de Michel-Ange ....... 265
    *La peste de Florence*, par Machiavel ............ 266
    Le tombeau des Médicis .................................. 268

**Chapitre XVI.** — *Soliman sauve l'Europe.* (1526, 1529, 1532.) ... 271

    Discipline et modération des Turcs. ............... 272
    Venise seule comprenait l'Orient. ................. *ibid.*
    Les vizirs civilisateurs .................................... 275
    Notre envoyé Rincon ...................................... 277
    Le génie d'Ibrahim ......................................... 278
    Sa victoire de Mohacz. (1526.) ...................... 282
    1528. — Échecs de François Ier en Italie ..... 285
    Il traite à Cambrai (1529) et trahit ses alliés. 286
    Soliman échoue devant Vienne ...................... 292
    Isolement de François Ier. ............................ 295
    Troisième invasion de Soliman. (1532). ......... 296
    Roxelane. — Mort d'Ibrahim. (1536). ............ 300

**Chapitre XVII.** — *La Réforme française.* (1521-1526.) ..... 303

    Les Vaudois des Alpes. ................................... 305
    Réforme en France, aux Pays-Bas, en Angleterre. 309
    Charles-Quint a l'initiative des persécutions. 311
    Les premiers martyrs français ........................ 314
    Le roi sauve Berquin ...................................... 315
    Appel de Zwingli à François Ier. .................. *ibid.*

**Chapitre XVIII.** — *Réforme en France et en Angleterre.* (1526-1535.) 317

    Marguerite désespère de convertir son frère . *ibid.*
    Passion d'Henri VIII et son divorce. ............. 321

# TABLE DES MATIÈRES

|  | Pages |
|---|---|
| Mutilation d'une image à Paris (1528) | 325 |
| Béda et les Cappets, Ignace de Loyola | 326 |
| Supplice de Berquin (1529) | 332 |
| Lutte de la Sorbonne contre le roi | 333 |
| Il crée le Collège de France (1529) | 334 |

**CHAPITRE XIX.** — *On tourne le roi contre la Réforme.* (1530-1535.)  337

| La Réforme crée partout des écoles | 338 |
|---|---|
| Le roi pouvait choisir encore en 1532 | 340 |
| Affront qu'on lui fait à Milan. (1533.) | 342 |
| Les fanatiques menacent Marguerite | 343 |
| Placards protestants à Blois | 345 |
| Supplices pendant tout l'hiver (1535) | 346 |
| La Sorbonne obtient la suppression de l'imprimerie | 349 |
| Immense extension du protestantisme | 350 |

**CHAPITRE XX.** — *François I$^{er}$ et Charles-Quint en 1535. — Fontainebleau. — Le Gargantua*  352

| Maladie du roi et de Charles-Quint | 353 |
|---|---|
| Le roi à Fontainebleau. — Les artistes | 354 |
| Rabelais comme créateur de notre langue | 361 |
| Il ne doit rien à ses prédécesseurs | 363 |
| Sa vie | 365 |
| Son principe d'éducation | 367 |
| Le *Gargantua* est-il protestant? | 370 |

**CHAPITRE XXI.** — *Rome et les Jésuites. — Invasion de la Provence. — François I$^{er}$ cède à la réaction.* (1535-1538.)  372

| Les *Exercitia* de Loyola ont paru vers 1522-1525 | *ibid.* |
|---|---|
| Réforme et réaction catholique | 374 |
| Loyola ordonne l'obéissance jusqu'au péché mortel inclusivement | 378 |
| Le pape pousse le roi à envahir l'Angleterre. (1534.) | 381 |
| Le roi appelle Barberousse en Italie | 382 |
| Charles-Quint, vainqueur à Tunis, outrage le roi | 383 |
| Invasion de Provence | 388 |
| Puissance du parti du dauphin; Montmorency, Diane de Poitiers | 392 |
| Embarras de l'empereur; trêve de Nice (1538) | 395 |

**CHAPITRE XXII.** — *Ruine et mort de François I$^{er}$.* (1539-1547.)  401

| Maladie terrible de François I$^{er}$ | *ibid.* |
|---|---|
| Voyage de l'empereur en France (1540.) | 404 |
| Montmorency dupé, disgracié; gouvernement des cardinaux | 407 |
| Assassinat de Rincon, guerre. (1541-1543.) | 408 |

|  | Pages |
|---|---|
| Bataille de Cérisoles. (1544.) | 415 |
| Charles-Quint impose le traité de Crépy | 417 |
| Mort du jeune fils du roi et d'Enghien | ibid. |
| Massacre des Vaudois. (1545.) | 419 |
| Fureur du roi méprisé de son fils; sa mort. (1547.) | 432 |
| Sinistres prémices du nouveau règne | 423 |
| L'Europe sera sauvée par Genève | 424 |

# APPENDICE.

| | |
|---|---|
| De la méthode, ruine de l'histoire doctrinaire | 425 |
| Du christianisme bouddhique et de Burnouf | 427 |
| Hutten, la Banque, etc. | 429 |
| Comptes du roi, Amérique, etc. | ibid. |
| Dignité morale de la Hongrie | 430 |
| De la musique au Moyen-âge | ibid. |
| Les fées des Alpes Vaudoises | 437 |
| *Rabelais*, par Eugène Noël | 439 |
| Jésuites, inquisiteur brûlé, Chabot | 440 |
| Du massacre des Vaudois | ibid. |
| Chanson pour les Guise | ibid. |
| Documents protestants | ibid. |

FIN DE LA TABLE DU TOME HUITIÈME.

IMPRIMERIE E. FLAMMARION, 26, RUE RACINE, PARIS.

# ŒUVRES COMPLÈTES

DE

## J. MICHELET

ÉDITION DÉFINITIVE, REVUE ET CORRIGÉE

### DÉTAIL DE L'ŒUVRE COMPLÈTE

| | |
|---|---|
| **Histoire de France** (Moyen âge, Temps modernes, Révolution, XIX$^e$ siècle)........ | 26 vol. |
| **Vico**........................................... | 1 vol. |
| **Histoire romaine**............................... | 1 vol. |
| **L'Oiseau. — La Mer**............................ | 1 vol. |
| **Luther** (Mémoires)............................... | 1 vol. |
| **Le Peuple. — Nos Fils**........................... | 1 vol. |
| **Le Prêtre. — Les Jésuites**....................... | 1 vol. |
| **La Montagne. — L'Insecte**....................... | 1 vol. |
| **L'Amour. — La Femme**.......................... | 1 vol. |
| **Précis d'histoire moderne. — Introduction à l'Histoire universelle**................. | 1 vol. |
| **La Bible de l'Humanité. — Une année du Collège de France** (1848)................ | 1 vol. |
| **Les Origines du Droit. — La Sorcière**... | 1 vol. |
| **Les Légendes du Nord. — La France devant l'Europe**.................................. | 1 vol. |
| **Les Femmes de la Révolution. — Les Soldats de la Révolution**..................... | 1 vol. |
| **Lettres inédites adressées à M$^{lle}$ Mialaret (M$^{me}$ Michelet)**........................... | 1 vol. |
| TOTAL....... | 40 vol. |

*Prix de chaque volume 7 fr. 50.*
(Envoi franco contre mandat ou timbres).

www.ingramcontent.com/pod-product-compliance
Lightning Source LLC
Chambersburg PA
CBHW051824230426
43671CB00008B/831